高等学校酒店管理专业本科系列教材

邮轮运营管理

YOULUN YUNYING GUANLI

◎主　编　郝庆智
◎副主编　程芸燕

重庆大学出版社

内容提要

本书立足邮轮旅游业人才培养需求，围绕邮轮运营管理的基本职能和业务流程设计全书内容。全书共分为八章：第一章邮轮运营管理概述阐述了邮轮和邮轮运营管理的基本概念和知识；第二章至第七章分别阐述了邮轮人力资源管理、邮轮服务管理、邮轮航线设计、邮轮旅游产品设计、邮轮产品营销管理、邮轮安全管理的基本理论和工作内容及要求；第八章邮轮政策与法规介绍了国内外邮轮业主要政策与法规。本书内容丰富，每章都配有本章概要、学习目标、开篇导读、知识链接、拓展阅读、复习思考题、推荐阅读等。本书在编写上力求突出行业特征和应用特色，同时将课程思政元素有机融入各章教学内容。

本书适合应用型本科院校旅游管理、酒店管理及其他与邮轮旅游相关专业使用。

图书在版编目（CIP）数据

邮轮运营管理 / 郝庆智主编 . -- 重庆：重庆大学
出版社 , 2023.12
高等学校酒店管理专业本科系列教材
ISBN 978 - 7 - 5689 - 4085 - 6

Ⅰ . ①邮… Ⅱ . ①郝… Ⅲ . ①旅游船—运营管理—高
等学校—教材 Ⅳ . ① F590.7
中国国家版本馆 CIP 数据核字（2023）第 199233 号

邮轮运营管理

主 编　郝庆智

副主编　程芸燕

策划编辑：尚东亮

责任编辑：夏　宇　姜来富　　版式设计：尚东亮

责任校对：谢　芳　　　　　　责任印制：张　策

*

重庆大学出版社出版发行

出版人：陈晓阳

社址：重庆市沙坪坝区大学城西路21号

邮编：401331

电话：（023）88617190　88617185（中小学）

传真：（023）88617186　88617166

网址：http://www.cqup.com.cn

邮箱：fxk@cqup.com.cn（营销中心）

全国新华书店经销

重庆升光电力印务有限公司印刷

*

开本：787mm×1092mm　1/16　印张：16　字数：352千

2023年12月第1版　　2023年12月第1次印刷

印数：1—2 000

ISBN 978 - 7 - 5689 - 4085 - 6　定价：48.00元

本书如有印刷、装订等质量问题，本社负责调换

前　言

邮轮旅游业是当今休闲度假领域中具有举足轻重地位的产业之一。自 2006 年歌诗达邮轮进入中国市场，开辟首条以中国港口为母港的国际邮轮航线以来，中国邮轮旅游业从无到有，迅速走上了发展的快车道。短短十余年间，中国连续超越德国、澳大利亚和英国，一跃成为仅次于美国的全球第二大邮轮旅游市场，并推动亚太地区成为北美和欧洲之后的第三大区域市场。虽然 2020 年初的全球新冠疫情使邮轮旅游业遭到了严重冲击，但在全球疫苗接种率不断提升、新变异病毒毒性明显弱化、相关特效药物接连获批以及邮轮公司防疫体系全面升级等多重因素共同作用下，国际邮轮旅游业的恢复不断加速。可以预见，中国作为全球最具潜力的邮轮旅游新兴市场，其邮轮旅游业在疫情过后将会得到更大的发展。

随着邮轮旅游业的快速发展，邮轮旅游专业人才培养成为我国邮轮旅游市场的迫切需求。邮轮旅游业是交通运输业与旅游及住宿业相融合的新业态，其岗位要求与传统旅游及住宿业存在明显差异，所以邮轮旅游教育对于我国旅游教育界来说还是一个新兴的事物，尤其是相关专业教材还十分匮乏。本书立足于满足邮轮旅游业差异化、个性化的人才培养需求，围绕邮轮运营管理的基本职能和业务流程设计全书内容，特别重视学生应用能力的培养，适合应用型本科院校旅游管理、酒店管理及其他与邮轮旅游相关专业使用。

本书在编写上具有以下三个特点：

1. 突显行业特征。本书在内容选取上立足于"旅游行业"这条主线，重点介绍邮轮服务管理、邮轮航线设计、邮轮产品设计等邮轮运营管理中与旅游行业直接相关的内容。同时将重要的专业名词、行业术语进行英文标注，充分突显邮轮旅游业的国际化特征，提升教材的行业适用性。

2. 强化应用特色。本书紧密结合邮轮运营管理相关行业标准和岗位要求，力求突出邮轮运营管理的应用。在体例上每章开篇都设有本章概要、学习目标、开篇导读，在章节中插入拓展阅读、知识链接，在每章末尾设有复习思考题、推荐阅读，从而有助于学生自主学习和思考，促使学生的应用能力得到有效提升。

3. 融入课程思政。本书结合各章教学内容实际，通过拓展阅读或知识链接的形式融入课程思政元素，将党的二十大精神有机融入专业教育，从而实现知识传授、能力培养与价值引领三位一体的教学目标，使专业课程充分发挥"育人功能"。

本书由桂林旅游学院郝庆智担任主编，负责全书框架的拟定和统稿、定稿工作，桂林旅游学院程芸燕担任副主编，协助主编进行全书的统稿、定稿工作。具体编写分工如下：第一章由崔慧玲编写；第二章由郝庆智、陈化冰编写；第三章由苏筱丹编写；第四章由陆宝福编写；第五章由李淑贤编写；第六章由赵蕙婷编写；第七章由程芸燕编写；第八章由程芸燕、郝庆智编写。

本书在编写过程中参考了许多专家的著作，并引用了一些相关资料，虽在参考文献中尽量详尽列出，但或有遗漏，在此深表歉意，并对相关专家及其单位表示诚挚的谢意。

由于编者水平有限，书中难免存在疏漏和不妥之处，敬请各位专家和读者批评指正。

郝庆智

2023 年 5 月 8 日

目　录

第一章　邮轮运营管理概述

【本章概要】

　　当今社会，越来越多的人喜欢慢节奏且舒适的休闲旅游，而豪华邮轮旅游则成为满足人们这种需求的最佳选择。搭乘豪华邮轮在浩瀚的大海上航行，面对着一望无垠的蓝天碧海，呼吸着扑面而来的清新空气，悠闲地躺在甲板上享受日光浴，同时还可以享受高水平的服务和丰富的娱乐观光活动，享受惬意和美妙的生活。当前，邮轮旅游已成为国际旅游业增长最快的领域之一。因此，邮轮产业也被誉为"漂浮在海上的黄金产业"。为了更好地进行邮轮运营管理，我们首先需要了解什么是邮轮，邮轮运营管理包括哪些基本内容，以及邮轮运营管理的基本模式。

【学习目标】

　　理解：邮轮的基本概念和发展历程。

　　熟悉：邮轮的分类。

　　掌握：邮轮运营管理的基本内容和基本模式。

【开篇导读】

皇家加勒比游轮公司的经营模式

1. 清晰的品牌定位和经营理念

　　皇家加勒比游轮（Royal Caribbean Cruises Ltd.，RCCL）主要以奢华的邮轮设计和细致周到的管家式服务吸引高层次消费群体。公司自1969年成立以来，通过不断的合作和收购来走集团化道路，但是与嘉年华集团相比，其能一直占领国际邮轮市场第二的位置，主要取决于高端化的市场定位。截至2023年1月，公司旗下总共7个系列25艘邮轮，每艘都极尽奢华，充分体现贵族风格。皇家加勒比游轮通过在豪华邮轮基础上提供人性化的贴身服务，使游客真正得到尊贵的享受。由于公司市场定位高端，比较符合美国人的消费观念，因此，其50%以上的市场份额都在美国本土。2008年金融危机后，定位高端的皇家加勒比游轮损失惨重，公司计划将50%以上的市场份额定位于欧洲、亚洲和南半球。同时，未来几年，公司将放缓新运力投放市场的速度，保持供需之间的平衡，以获得有利的定价权。

2. 不断追求技术和服务创新

皇家加勒比游轮对技术和服务创新的追求可谓不遗余力。1969 年成立至今，皇家加勒比游轮在全球邮轮历史上留下了光辉灿烂的足迹，旗下多艘大型邮轮凭借当时史无前例的吨位、大胆创新的设计屡屡打破世界邮轮纪录。2009 年 12 月和 2010 年 12 月，公司旗下的"海洋绿洲号"和"海洋魅力号"先后投入运营。这两艘姊妹船的排水量均为 22.5 万吨，是当时世界上最大的邮轮。这两艘邮轮还引入社区理念，把邮轮空间划分为不同的主题区域，以满足不同游客的需求。2011 年 2 月，公司推出"阳光计划"，继续扩张船队规模，全力打造 2 艘新一代邮轮。凭借丰富的经验和独步业界的创意，公司在新一代邮轮设计中凝聚了现有邮轮中最出色的创意，并在此基础上增加了新的设计理念。在服务方面，公司不断推出新的船上娱乐项目，为游客创造更加丰富多彩的体验。

3. 重视健康、安全和环保理念

皇家加勒比游轮致力于保护游客和雇员的健康、安全，同时，通过高效地利用资源把对环境的负面影响降到最低。公司内部建立了一个统一的部门来监测全球安全，包括海事安全、医疗和公共健康以及环保安全，该部门由不同领域致力于提高公司应急响应水平的技术专家组成。皇家加勒比游轮在邮轮上安装了技术先进的废水处理装置，并且还在不断地投资新技术，例如在邮轮公共场所安装摄像机以及在最新的邮轮上利用太阳能等。公司开展的"拯救波浪"行动致力于将环境影响最小化，并对"海洋绿洲号"收到的大量"绿色"赞美非常自豪。

资料来源：殷翔宇. 国外邮轮企业经营模式［J］. 水运管理，2013，35（4）：16-21.

阅读思考：皇家加勒比游轮公司的经营模式有何特点？

第一节　邮轮基本概念和分类

一、邮轮的定义

邮轮（Cruise Ship），原意是指海洋上定线、定期航行的大型客运轮船，众所周知的"泰坦尼克号"（Titanic）就是这种邮轮。"邮"字本身具有交通的含义，过去跨洋邮件总是由这种大型快速轮船运载，故此得名。随着航空业的出现和发展，原来的跨洋型邮轮基本上退出了历史舞台。现在所说的邮轮，实际上是指在海洋中航行的旅游客轮，客轮上配有较齐全的生活和娱乐设施，专门用于休闲度假。

邮轮的前身是远洋客轮。在飞机尚未出现的年代，一旦游客的目的地需要跨越大海，便只能选择远洋客轮。只要上船，便至少要待几周甚至数月。那个时候，客轮只是运输旅客的工具。1958 年 6 月，飞越大西洋的飞机投入商业服务，飞机从此正式成为民用运输工具。追求时间与效率的旅客纷纷转乘飞机，几个小时便能完成旅程，没人愿意花上数周时间，最终使得跨海客轮生意日渐惨淡，因此远洋客轮便开始谋求转型，为有钱有闲的游客提供舒适的旅行服务，这便推动了现代邮轮的诞生。

随着航空业的出现和发展，原来的跨洋型客轮基本上退出了历史舞台。现在所说的邮轮，是指配备了生活、休闲、娱乐与度假等各类设施，纯粹用于观光游览与休闲度假等活动，在海洋中航行的大型旅游轮船。现代邮轮上的生活、娱乐设施齐全，旅客可以选择在海上、沿途停靠的港口城市或海岛附近进行观光游览。

现代邮轮和远洋客轮的区别，不在于船体大小，而在于两者的定位不同。远洋客轮是海上客运工具，其定位是把旅客运送到大洋彼岸，其生活、娱乐设施也是为了给旅客提供舒适行程；而现代邮轮本身就是旅游目的地，其生活、娱乐设施是海上旅游中的一个重要组成部分，靠岸是为了观光或完成海上旅游行程。

二、邮轮的分类

（一）根据邮轮吨级规模分类

船舶的排水量和总吨位是对船舶大小进行分类的单位依据。邮轮的分类通常可用排水量、总吨位（Gross Tonnage，GRT）两个指标，并结合载客量（Paxapacitiy）或者标准底层床位（Lower Berth，LB）来衡量。就邮轮规模而言，一般按注册总吨位划分为小型、中型、大型和超大型；就载客量而言，少于 1 200 人为小型邮轮，1 200～2 600 人为中型邮轮，2 600～4 000 人为大型邮轮，4 000 人以上为超大型邮轮（表 1-1）。

表 1-1　邮轮船型的吨级分类标准

分类	注册总吨位	载客量
小型邮轮	5 万吨以下	1 200 人以下
中型邮轮	5 万～10 万吨	1 200～2 600 人
大型邮轮	10 万～15 万吨	2 600～4 000 人
超大型邮轮	15 万吨以上	4 000 人以上

邮轮的规模是影响游客体验的主要因素。大型邮轮的典型特征是拥有多个泳池、博彩中心、多种就餐选择以及多种活动；小型邮轮根据各自的品牌特色，舍弃了一些设施，娱乐设施有所减少，但是舱房的档次和服务水平有明显提升。

1. 小型邮轮

注册总吨位小于 5 万吨，或者载客量小于 1 200 人的邮轮，通常被划分为小型邮轮。小型邮轮可以使游客更靠近岸边和水面，穿过大型邮轮无法穿越的海峡，也可以逆流而上开展旅游活动。小型邮轮更加注重目的地的历史文化或自然风光等，尽管缺少大型娱乐活动，但却能使游客更贴近陆地景观，为其带来更为真实的航行感受。

2. 中型邮轮

注册总吨位为 5 万 ~10 万吨，或者载客量在 1 200 ~ 2 600 人的邮轮，通常被划分为中型邮轮。由于大型邮轮已经演变为漂浮在海上的度假村，因此选择搭乘中型邮轮可以得到更加接近传统邮轮的体验。中型邮轮可以提供各式各样的娱乐设施，船上的装饰也很有特色。由于船舶吃水深度较小，可以驶入很多拥有历史沉淀和文化底蕴的邮轮老港观光。

3. 大型邮轮

注册总吨位在 10 万 ~15 万吨，或者载客量在 2 600 ~ 4 000 人的邮轮，通常被划分为大型邮轮。大型邮轮犹如水上移动的城市，一般配备有健身房等设施，并提供各式各样的餐饮，夜晚通常有现场表演。由于大型邮轮吃水深度较大，必须航行于深水区域和无水上障碍物的航线，无法驶入水深有限的水域或需要通过桥梁的水域。

4. 超大型邮轮

注册总吨位在 15 万吨以上，或者载客量超过 4 000 人的邮轮，通常被划分为超大型邮轮。随着科学技术的不断进步，船舶可以获得极好的操纵性，越来越多的邮轮建造商把焦点集中在邮轮大型化上，邮轮的注册总吨位以及载客量不断被刷新。

20 世纪 70 年代以来，邮轮同货轮一样，也在经历不断大型化的过程。受规模经济效益的驱动，以及船舱要求的提高（阳台房、宽敞）和娱乐设施多样化的需求，邮轮公司对新造船舶的大型化定位趋势已经确立。大型邮轮能够提供更多的娱乐活动，能够给游客带来超凡的体验，已经成为邮轮发展的重要趋势。

随着邮轮大型化的发展趋势，10 万 ~15 万吨的大型邮轮已经成为现阶段的主流，15 万吨以上邮轮在船队中的比例越来越高。最新数据显示，2018—2027 年，10 年间共有 99 艘邮轮在建或拟建，其中 2018—2022 年，5 年间共有 81 艘，平均每年建造 16 艘。未来 10 年在建或将建的超大型邮轮（17 艘）占 17.2%、大型邮轮（22 艘）占 22.2%、中型邮轮（15 艘）占 15.2%、小型邮轮（45 艘）占 45.4%。

邮轮大型化和巨型化趋势较为明显，新造邮轮基本在 10 万吨以上，皇家加勒比游轮旗下拥有 5 艘绿洲级巨型邮轮，分别是"海洋绿洲号""海洋魅力号""海洋和悦号""海洋交响号""海洋奇迹号"，分别于 2009 年、2010 年、2016 年、2018 年、2022 年下水，使得世界最大邮轮的纪录一直被皇家加勒比游轮占据。目前，世界上最大的邮轮为"海洋奇迹号"，总吨位达 23.7 万吨，客房数量达 2 867 间，标准载客量达 5 518 人，最大载客量达 6 988 人，船员数量达 2 300 人，引领了世界邮轮大型化、巨型化的发展趋势（表 1-2）。

表 1-2　皇家加勒比游轮旗下巨型邮轮基本参数

邮轮名称	下水时间	总吨位	标准载客量	最大载客量	建造厂商
海洋绿洲号	2009 年	22.5 万吨	5 492 人	6 296 人	STX 法国
	船员数量	长度	造价	建造工时	内仓房数
	1 800 人	361.8 米	14 亿美元	大于 1 000 万小时	496 间

续表

邮轮名称	楼层	吃水	宽度	高出水面	运营区域
海洋绿洲号	16 层	9.1 米	63.4 米	72 米	加勒比海
	最近翻修	船速	甲板楼层	邮轮母港	外舱房数
	2016 年	22 节①	24 层	劳德岱尔堡	2 210 间
海洋魅力号	下水时间	总吨位	标准载客量	最大载客量	建造厂商
	2010 年	22.5 万吨	5 492 人	6 296 人	STX 法国
	船员数量	长度	造价	建造工时	内舱房数
	2 100 人	360 米	15 亿美元	大于 1 000 万小时	478 间
	最近翻修	船速	甲板楼层	邮轮母港	外舱房数
	—	23 节	16 层	迈阿密	2 222 间
海洋和悦号	下水时间	总吨位	标准载客量	最大载客量	建造厂商
	2016 年	22.7 万吨	5 492 人	6 360 人	STX 法国
	船员数量	长度	造价	建造工时	内舱房数
	2 100 人	362 米	14 亿美元	大于 1 000 万小时	478 间
	最近翻修	船速	甲板楼层	邮轮母港	外舱房数
	—	22 节	18 层	劳德岱尔堡	2 222 间
海洋交响号	下水时间	总吨位	标准载客量	最大载客量	建造厂商
	2018 年	23 万吨	5 494 人	6 780 人	STX 法国
	船员数量	长度	造价	建造工时	内舱房数
	2 175 人	362 米	14 亿美元	大于 1 000 万小时	506 间
	最近翻修	船速	甲板楼层	邮轮母港	外舱房数
	—	22 节	16 层	迈阿密	2 269 间
海洋奇迹号	下水时间	总吨位	标准载客量	最大载客量	建造厂商
	2022 年	23.7 万吨	5 518 人	6 988 人	大西洋造船厂
	船员数量	长度	造价	建造工时	内舱房数
	2 300 人	362 米	13 亿美元	大于 1 000 万小时	—
	最近翻修	船速	甲板楼层	邮轮母港	总舱房数
	—	22 节	18 层	上海	2 867 间

---

① 1 节（kn）=1 海里 / 小时 =1.852 千米 / 小时

（二）按照邮轮档次划分

依据国际邮轮协会2005年拟定的邮轮等级评定标准，按照邮轮的档次可将现代邮轮划分为奢华型、高级型、现代型、经济型和专业型。

1.奢华型邮轮

虽然海洋邮轮通常都会用"奢华"一词来形容，但是真正奢华型邮轮仍然在品牌定位、设施设备以及服务质量等方面具有绝对的优势。目前，银海邮轮、世鹏邮轮、水晶邮轮、丽晶七海邮轮、赫伯罗特邮轮等品牌仍然被公认为真正奢华型邮轮品牌的代表。

在船舶吨位上，奢华型邮轮通常吨位不大，容纳的游客数量相对较少。在内部设施上，奢华型邮轮设备十分豪华，设施完善，其住宿空间以及公共空间都经过精选设计，配备贴身管家服务的尊享套房占有绝对高的比例。如意大利银海邮轮旗下的"银影号""银风号"等邮轮均为全套房型邮轮。在用餐选择上，奢华型邮轮让游客拥有世界一流的美食与美酒，如丽晶七海邮轮在其最新船只上配备了开放式厨房。在活动安排上，奢华型邮轮更加强调格调与氛围，如水晶邮轮为游客打造语言类、音乐类、摄影类课程，世鹏邮轮扩展其船只上的水疗中心和健身中心。在航线设计上，奢华型邮轮的航线多样化且富有情调，让游客获得深入而又独特的体验。在服务质量上，奢华型邮轮提供周到服务，专注于对游客的个性化呵护，一些奢华型邮轮品牌以"六星级"来体现其高端的服务品质。在价格水平上，奢华型邮轮一直坚持维护其昂贵的票价，但同时也为游客缔造"一价全包式"的便利，水疗按摩池、雪茄吧、美食等皆包含在票价之内，一些邮轮还为游客免费提供皮划艇、浮潜装备、登山杆和手杖等。

"空间比率"与"游客员工比"这两个指标常常用来对奢华型邮轮进行评定。其中，空间比率等于邮轮的注册总吨位除以载客量，用以表示邮轮上人均拥有的自由活动空间。空间比率越高，游客越能感受到邮轮的宽敞。一般而言，邮轮空间比率越高，其航线产品的日均价格也就越高。常见邮轮的空间比率一般在1:（20～40），奢华型邮轮的空间比率可以高达1:（60～70），游客的个人空间非常宽敞舒适。游客员工比等于邮轮的载客量除以员工数量。现代海上邮轮常以较低的游客员工比闻名于世，区别于其他邮轮3:1或2:1的游客员工比，奢华型邮轮的游客员工比几乎可以达到1:1。

2.高级型邮轮

高级型邮轮提供上乘的设施、精致的美食、高端的服务与完美的行程，包含很多带有阳台的客舱，通过多种多样的娱乐活动吸引各年龄段的顾客群。高级型邮轮的空间比率以及游客员工比略次于奢华型邮轮，但高于业界平均水准。冠达邮轮、精钻会邮轮为高级型邮轮的典范，但又各具特色。冠达邮轮为游客提供尊享的英国皇家贵族式服务，游客有很多机会在正式晚宴上盛装出席。精钻会邮轮则在目的地上更加用心，游客不仅可以在船上享受异彩纷呈的活动，而且可以在目的地港口停留更长时间，以更好地体验当地的文化与生活。高级型邮轮的产品定价较高，但低于奢华型邮轮。游客搭乘高级型邮轮，在获得优越感的同时，也必然会感觉物超所值。

3. 现代型邮轮

现代型邮轮是邮轮旅游市场上的主流，为游客提供多样化、大众化的邮轮旅游产品。从邮轮大小上来看，现代型邮轮从几万吨、十几万吨到二十几万吨不等。住宿体验多种多样，内舱房、海景房、套房应有尽有。餐饮选择多种多样，既有免费餐饮，又有收费特色餐厅。娱乐活动多种多样，剧院、赌场、免税商店、青少年活动中心应有尽有。健身项目多种多样，如轮滑、溜冰、冲浪、攀岩、高尔夫、篮球等均有。邮轮航线多种多样，但符合大众市场的普遍需求，并不求新求异。现代型邮轮总体气氛比较轻松，皇家加勒比游轮、歌诗达邮轮等为现代型邮轮的代表。值得注意的是，这种划分并不是绝对的，很多现代型邮轮也在为提供高端邮轮旅游产品而努力。

【知识链接】

史上首艘 22 万吨级豪华邮轮梦幻起航

2009 年 10 月 30 日，历经近六年时间的精心打造，享誉全球的美国皇家加勒比国际游轮公司又一创世纪之作——"海洋绿洲号"（Oasis of the Seas），从芬兰库尔库 STX 船厂正式起航，开始为期 12 天的越洋之旅，前往位于美国佛罗里达州迈阿密罗德岱堡的邮轮母港。

"海洋绿洲号"邮轮长 360 米、宽 64 米，吨位达 22.5 万吨，拥有 16 层客用甲板、24 部客用电梯、4 个 7 500 马力的船头助推器、2 700 多间客房，其中，多套客房是豪华装修的复式套房，可搭载 5 400 多名乘客和 2 000 多名船员。

这艘集冲浪公园、真冰溜冰场、悬臂式按摩泳池、攀岩墙、皇家大道等众多创新元素的豪华邮轮，囊括业内多个"第一"，并首次将"社区"概念引入到邮轮度假生活之中。游客可在旅游休闲之余，于"中央公园""百达汇欢乐城""皇家大道""游泳池和运动区""水疗和健身中心""娱乐世界"以及"青少年活动区"七大社区中结识来自世界各地的朋友，体验与众不同的设计元素。在海上首个中央公园内亲近自然，挑战 9 层楼高的高空滑绳，乘坐最为梦幻的手工制造旋转木马，享受复式套房舒适的居住感受以及欣赏海上水幕剧院的奇幻表演，这一切如梦幻般的假期体验都将在"海洋绿洲号"上——呈现。

资料来源：皇家加勒比国际游轮官网.

4. 经济型邮轮

在邮轮旅游市场中，还有一些运营时间较长或者经过翻新的邮轮，这类邮轮通常归类为经济型邮轮。在邮轮发展的历史上，有很多著名的邮轮运营时间长达近半个世纪，但目前邮轮市场上投放的船只大多船龄较小，船龄高于 20 年的邮轮不及邮轮总量的 1/4，而且载客量较少，现代邮轮船队正呈现年轻化的趋势。经济型邮轮由于运营时间较长，设计比较经典，虽然在船体大小以及设施设备上略逊于其他类型邮轮，但同样为游客提供了多样的航线、丰富的船上活动以及细心周到的服务，且邮轮航次价格低廉，比较适合缺乏邮轮旅游经历、追求较高性价比的邮轮旅游者。在我国邮轮旅游产业发展初期，本土邮轮公司购置国外邮轮，经翻新改造后在中国母港开设航线，多半属于经济型邮轮之列。

5. 专业型邮轮

专业型邮轮在文化旅游、科学考察和轻度探险等方面独具特色，比较适合有经验的邮轮旅游者。该类型邮轮起源于 2003 年挪威的海达路德邮轮开辟的南极航线。专业破冰船船体结构坚固，纵向短，横向宽，钢板厚于一般船舶，遇冰层时将翘起的船头部分"爬"上冰面，靠船头部分的重量把冰压碎；或者先倒退一段距离，然后开足马力冲上冰层，把船下的冰层压碎，如此反复，就开出了新航道。海达路德破冰级邮轮虽区别于专业破冰船，但同样适应极地恶劣的航行环境，载客人数较少，配备专业登陆艇和探险队，为游客提供稀有的南极登陆机会。虽没有商业性的娱乐设施，舱房也略显狭小，却拥有资料丰富的极地图书馆，也有极地科学家为游客提供各种各样的极地知识讲解和答疑。

【知识链接】

前进号

"前进号"（Fram）以挪威极地探险家弗里乔夫·南森的极地探险船 Fram 号命名。1893—1912 年的近 20 年间，"前进号"驰骋于南北极海域，先后为弗里乔夫·南森、奥托·斯韦德鲁普、奥斯卡·威斯汀、罗尔德·阿蒙森等众多极地探险家冲锋陷阵。

19 世纪末，挪威造船师柯林·阿切尔为北极探险先驱弗里乔夫·南森特别设计建造了一艘三桅帆船——Fram 号（挪威语意为"前进"）。38.9 米长、10.36 米宽的船体显得短粗，这种与众不同的造型能够有效抵御浮冰的挤压，船舵和螺旋桨也能收回到船内。船上还配有一台为照明提供电力的风力发电机，加之船舱良好的隔热处理，使船员可以在船上生活长达 5 年之久。总之，这都是为了实现南森将船冻结在北极浮冰中，并随洋流漂向北极点的探险计划。

尽管洋流没能将南森带到北极点，但在长达 3 年的探险历程中，首次出征的前进号经受住了种种考验且平安返航，其卓越的极地海域航行能力有目共睹，得到了众多探险家们的青睐。在 1910—1912 年人类首次抵达南极点的伟大探险竞赛中，前进号是罗尔德·阿蒙森登陆南极大陆的得力座驾，并最终载着胜利者们凯旋。她在南北两极创造了比任何其他木质船都更接近极点的记录：北纬 85°57' 和南纬 78°41'。

1935 年，前进号博物馆在挪威首都奥斯陆建成，这艘满载荣誉的探索之船得到了妥善保护，接受众人的瞻仰直至今天。而她的探索精神，正在 2007 年建成的第二代前进号上延续着，依旧驰骋于南北极的狂风、巨浪与坚冰之中。

图 1-1 第一代"前进号"

图 1-2 第二代"前进号"

第二代"前进号"是海达路德船队中最新、最豪华的一艘游轮,为南北极水域特殊定制。代表了目前最先进的技术标准,游轮的加固船体保证了行经冰冻水域时的安全性。前进号共有127间客舱,其内部装饰风格和内饰的选择都彰显出斯堪的纳维亚和格陵兰风情。游轮的全景休息大厅和宽阔的甲板区能够让游客尽情欣赏极地的优美风光。在提供安全航行的同时力求为客人提供舒适享受。

【拓展阅读】

中国首艘!国产极地探险邮轮下水,开"邮轮中国造"先河!

2019年9月6日上午,招商局集团在江苏海门基地举行中国首制极地探险邮轮命名交付暨邮轮基地奠基仪式。此次交付的"1号邮轮"是招商局工业集团(简称"招商工业")极地探险邮轮系列项目的首制船,也是中国造船史上第一艘极地探险邮轮,开辟了"邮轮中国制造"的先河。"1号邮轮"的顺利交付,也标志着招商工业完成进军邮轮建造领域的第一步。同时,招商工业邮轮制造基地、邮轮配套产业园、国际邮轮城也于当日正式开工。

"1号邮轮"是由招商工业与美国 SunStone 公司签订建造7+3艘极地探险邮轮合同的首制船,于2018年3月16日在招商工业海门基地开工建造。该邮轮船长104.4米、宽18.4米、设计吃水5.1米、船舶总吨位8 035吨、最高航速16.3节,设有135个舱室,可承载254人。在一年半的建造周期内,技术团队攻克了薄板焊接变形、安全返港、振动噪声控制、复杂协同作业等一百多项技术难题,顺利下水、试航,比合同工期提前两个月交付。

该船型采用乌斯坦的"探索系列"邮轮设计。该设计运用了其创新型 X-BOW 船艏,X-BOW 能够保证船舶在相对恶劣海况下操作比传统船艏更安全、快速和高效。X-BOW 独特的外形和对甲板遮蔽的特性,能够最大程度地减少波浪飞溅,避免甲板湿滑、结冰,从而提高了船上乘客的安全。邮轮船舱比传统邮轮有更多的空间,设计师可以根据客户要求在此处加入大型观光台、水下观景室、休息区、电影院、儿童游戏室或者健身房、按摩区等等。在 X-BOW 的两翼,还可以设计延伸至船体外的观景亲水平台。所有客舱均配有舒适的双床或大床、独立浴室,80% 的房间设有私人阳台。在七号甲板艉部设有直升机(AIRBUS H130)停靠平台,可带旅客翱翔于南北极高空。

极地探险邮轮是专门为极地探险爱好者打造的邮轮，与普通邮轮相比，极地探险邮轮具备极地抗冰能力，兼具探险和旅游的功能；与探险船相比，极地探险邮轮的服务设备和设施要更先进、更舒适，可以为旅客提供邮轮旅行应有的服务质量和客舱环境。这一类邮轮可以深入极地冰川和峡湾等，并且可以在较多登陆点登陆探险。该艘"1号邮轮"具备四大技术亮点：

一是具备安全返港功能。该邮轮是首个采用安全返港技术的新型极地探险邮轮，当邮轮驾驶室遭遇失水或失火的紧急情况下，可操控安全返港控制台，依靠邮轮自身冗余动力安全返回就近港口；而且即使在恶劣海况下，安全返港续航能力也可以达到1 500海里，完全满足邮轮返回港口的航行距离。需要注意的是，该项设计以往只运用于大中型邮轮，为建立更安全的极地乘运保障，招商工业在同类型邮轮中首个运用该项技术，可大大提高邮轮遇险后的生存率和返港途中在船人员的安全。

二是抗冰等级高。该邮轮按照最新的极地参数标准打造，确保邮轮在极地区域航行时能达到更高的安全和环保要求。邮轮符合较高的船舶抗冰等级1A级标准，也就是该级别的船舶能在布满浮冰（浮冰最大厚度为1米，没有密集碎冰）的河道上仍以较快的速度保持航行。目前在同级别的旅游用船只上，抗冰等级均没达到该标准。

三是防寒设计。邮轮上增添的系统防寒设计，人员防寒装备等，充分满足救生艇使用情况下的防寒需求，这在国内也为首创。

四是符合极地环保要求。该邮轮完全满足《极地水域运营船舶国际准则（极地准则）》的要求，满足ICE CLASS 1A（MACHINERY）、POLAR CLASS 6（HULL）冰极符号及POLAR CAT-B极地服务区域的要求，在极地区域航行时将更安全和环保。同时，该邮轮也充分满足USPH（美国公共卫生署）对空气质量、淡水质量、食品安全、黑灰水处理方式等公共卫生安全方面的设计和建造要求。

资料来源：澎湃新闻 2019-09-06

阅读思考：邮轮实现"中国制造"对我国邮轮产业及经济发展有何重要意义？

图1-3 1号极地邮轮乘客餐厅

图1-4 1号极地邮轮乘客客房

图1-5　1号极地邮轮公共空间

图1-6　1号极地邮轮驾驶舱

第二节　邮轮业发展简史

一、第一阶段：19世纪上半叶至19世纪末

19世纪上半叶，得益于科学技术的进步，人类航海史上揭开了光辉的一页。1801年，"夏洛特·邓达斯号"（Charlotte Dundas）轮船投入使用，成为第一艘蒸汽驱动的船舶。1818年，蒸汽动力客运轮船"沙瓦纳号"（Savannah）承载着8名乘客从美国纽约到英国利物浦，完成了历时28天的首次横跨大西洋的航行。此后，随着英国与美洲新大陆之间的商业往来日益频繁，很多船务公司开始利用横跨大西洋的班轮来运送邮件和包裹，其中英国铁行渣华公司（P&O）在1837年率先开办了海上客运兼邮件运输业务。此后相继出现了很多船务公司将业务延伸到这一新兴领域，并展开了激烈的竞争。1839年5月，加拿大人塞缪尔·库纳德在维多利亚女皇的支持下取得了英国与北美间运输邮件的承包权。1840年，塞缪尔·库纳德在友人的协助下，创办了世界上第一家邮轮公司——英国北美皇家邮件船务公司，又名冠达邮轮，从此翻开了世界航运史的新篇章。冠达邮轮公司至今依然活跃在邮轮市场上。1845年，大名鼎鼎的"泰坦尼克号"邮轮的船东英国白星航运公司（The White Star Line）成立，在其后的几十年里，英国白星航运公司成为冠达邮轮在英国国内的主要竞争者。

尽管"邮轮"在19世纪上半叶已经出现，但当时的邮轮并不具备旅游功能，仅作为客运及邮件运输工具使用。19世纪中后期，随着邮轮的穿梭往来，船务公司发现通过招揽旅客乘坐邮轮可以增加利润，因而开始设计专门用于客运的船舶，这使邮轮的功能逐渐由运送邮件向承载旅客转换。冬季的天气并不适合跨洋航行，一些船务公司将横跨大西洋的业务转让给竞争者，然后让自己的船只驶向更加温暖的海域，方便人们去游览一些异国的港口，去呼吸有利于身体健康的海上空气，或者在船上做一些有趣的事情。这一时期，邮轮旅游的雏形初步显现。

二、第二阶段：19世纪末至20世纪初

1901年冬季，"维多利亚·路易斯公主号"（Prinzessin Victoria Luise）邮轮以避寒航行的方式航行于地中海地区，开启了邮轮航运史的新篇章。此后，也出现了一些环游世界的航线，如冠达邮轮的"卢可尼亚号"（Laconia）客货两用邮轮在1922年率先完成环游世界的壮举，海上邮轮的航线自此开始逐渐扩大至大西洋两岸海域、中美洲加勒比海海域以及南太平洋海域等。1912年，号称永不沉没的"泰坦尼克号"遭遇了人类航海史上的空前劫难，让人们见识到海洋的可怕。尽管如此，人们对远洋邮轮的需求依然有增无减，大量欧洲移民乘邮轮移居美国和加拿大，远洋邮轮体积越来越大、速度越来越快，使该时期成为远洋邮轮的黄金岁月。

远洋航行中，人们为了打发单调漫长的航行时间，在船上建立起简易的酒吧和简单的娱乐设施。随着经济的高速发展，朴实的邮轮日渐奢华，且成为财富、品位和强大力量的象征，如今停靠在美国加利福尼亚长滩的"玛丽王后号"（Queen Mary）邮轮就曾经是大英帝国的骄傲，法国的"诺曼底号"（Normandie）邮轮同样在世界客船史上享有较高名望。各家邮轮公司都有自己的特色及偏向性，诸如冠达邮轮在20世纪中前期注重速度；英国白星航运公司则是极其重视内部的装饰和乘船的舒适感；法国跨大西洋航运公司（French Liner）的船则以内外兼修著称，简约的甲板布置、现代化的艺术装饰给邮轮一种摩登的感觉。这些远洋船只船型巨大，如同漂浮的城市，又似豪华的宫殿。

在远洋客运时期，邮轮公司为了赚钱，常常将邮轮内部分为两个或三个等级舱。头等舱接待有钱人，二等舱容纳中产阶级，三等舱或统舱提供给普通老百姓。一等舱和三等舱有明显的差别，一等舱的旅客在高雅的环境中，聆听身穿燕尾服的音乐家演奏，睡在舒适的客舱里；三等舱的乘客只能吃些简单的食物，与自己的同伴一起睡在放满两层或三层床铺的巨大客舱里。在船上的任何地方，都不会允许这两个不同等级的人混合在一起。

由于经济条件所限，这一时期的邮轮主要以交通运输为目的，不管是乘坐三等舱的劳苦大众，还是乘坐一等舱、二等舱的有钱人，都要忍受无聊而漫长的旅途和匮乏的淡水、物资。为节省路途时间，邮轮不到必要时不会停靠补给，纯属没有中途间歇的沿线运输。虽然这一时期邮轮旅游已萌芽，但利用邮轮开展度假业务尚未取代远洋运输的主导地位。

【拓展阅读】

经典邮轮赏析——泰坦尼克号邮轮

"Titanic"在英文中的意思是"巨大的"。"泰坦尼克号"在所处的时代也的确是海上的巨无霸，无人能及。1912年4月，"泰坦尼克号"首航，从英国出发，计划到美国纽约，航行4天后遇冰山沉没，给世界留下了痛苦的记忆。

在其后的一个世纪里，"泰坦尼克号"被多次搬上荧屏和荧幕，成为世界各国人民家喻户晓的重大历史事件。20世纪末，电影《泰坦尼克号》的上映，让人们窥探到了邮轮生活的奢华盛况，激发了人们对邮轮生活的向往，更在全世界掀起搭乘邮轮旅游的热潮。

船名："泰坦尼克号"（图1-7）

船东：英国白星航运公司

船长：269.06米

船宽：28.19米

吨位：64 328吨

载客量：2 224人

员工：891人

首航时间：1912年4月

图1-7　"泰坦尼克号"邮轮

【拓展阅读】

经典邮轮赏析——诺曼底号邮轮

"诺曼底号"邮轮是有史以来最豪华的巨型邮轮，至今仍然给人一种梦幻般的感觉。许多前所未有的豪华装置都在"诺曼底号"上首次出现——第一烟囱和第二烟囱间的运动场和网球场；第一个温水循环的大型室内游泳池；第一个邮船上可以演出电影和轻歌剧的剧场；第一个采用柔光照明和室内广播系统；第一个在全体旅客舱室普及冷暖空调等等。时至今日，诺曼底号也被国际客船界评价为历史上最宏大、最漂亮、最豪华的邮船，在世界客船史上享有较高的名望。

1935年5月29日，5万多人聚集在勒哈弗尔码头上，观看"诺曼底号"首航纽约的仪式。乐队奏起了《马赛曲》，无数的彩色飘带漫天飞舞。在人们的欢呼声中，"诺曼底号"起航了。"诺曼底号"在处女航当中，第一天的平均航速就达到了29.76节。根据抵达纽约港后的统计，平均时速达到了29.98节——新的横渡大西洋纪录由此诞生。邮轮在缓缓驶进纽约邮船码头的时候，升起了一条长30英尺的蓝飘带，崭新而豪华的"诺曼底号"很快赢得了好评。

船名："诺曼底号"（图 1-8）

船东：法国跨大西洋航运公司

吨位：83 423 吨

首航时间：1935 年

退役时间：1942 年

图 1-8 "诺曼底号"邮轮

【知识链接】

蓝飘带奖

蓝飘带奖是一项荣誉称号，颁发给横渡大西洋速度最快的船。在 19 世纪 30 年代之后的近 160 多年中，它在大西洋邮轮界一直享有极高的知名度和诱惑力。它的评选方法是计算邮轮的平均时速，评选范围包括德国的汉堡—纽约航线、英国的南安普顿—纽约航线、法国的勒阿弗尔—纽约航线、意大利的热那亚—纽约航线等。

蓝飘带奖发端于 1833 年，那时有一艘名叫"皇家威廉号"的英国蒸汽船，第一次不依靠自然力量横渡了大西洋。今天看来这艘小得可怜的船，靠明轮驱动，平均速度只有 4.5 节，但它却预示着人类完全征服海洋时代的到来。当时参与横渡大西洋客运业务的各家船运公司，为标榜自己的实力，纷纷以速度最快作为追求目标，逐渐形成一个约定俗成的惯例：哪艘邮轮能够以最快的平均速度横渡大西洋，就有权在主桅杆顶上升起一条长长的蓝色飘带。蓝飘带奖分为东行和西行两种，因为受到大西洋流的影响，东行的速度要高于西行的速度。

赢得蓝飘带奖，特别是在处女航中赢得蓝飘带奖，这是大西洋两岸每个邮轮公司和每艘邮轮船长最大的荣誉。

三、第三阶段：第二世界大战期间至 20 世纪中叶

20 世纪上半叶，远洋邮轮的黄金时代被破坏性的战争所打破。1939 年，第二次世界大战爆发，很多远洋邮轮被交战国征用并进行改装，用来运送士兵和军用物资，并发挥了重要作用。其中，冠达邮轮公司的"玛丽王后号"邮轮由于在第二次世界大战期间的卓越贡献，受到英国首相丘吉尔的高度赞赏，在战后也受到乘客的追捧。第二次世界大战结束后，远洋邮轮又恢复了跨洋运输，直到喷气式飞机作为运输工具出现。

在当时"玛丽王后号"是一艘非常现代化的邮船，其内部装修采用传统的英式装潢，使其显得尊贵、豪华和舒适。第二次世界大战前的黄金时代，"玛丽王后号"不断穿梭于南安普敦和纽约之间，成为追求时髦的欧洲贵族、富商、社会名流们争先恐后的目标，船上的乘客名单如同欧洲的要人名录一般。

第二次世界大战期间，"玛丽王后号"接受了战时改装，所有的高级家具、护墙板、帷幔、油画、吊灯、地毯等全部拆除，原有的油漆也被打磨光，漆成便于在海上隐蔽的灰色。"玛丽王后号"往返于大西洋的运输线上，先后运兵 75 万人。第二次世界大战结束后，由于"玛丽王后号"在战争期间的卓越贡献，受到首相丘吉尔的高度赞赏："由于两艘王后号邮船的卓越表现，运送了大量的人力和物力资源到欧洲战场，因此使得战争得以提前一年结束"——这是对该邮船的最高评价。

随后，"玛丽王后号"在英国开始重新装修，恢复邮船的身份，整套的高级家具、地毯、硬木护墙板、吊灯、黄铜装饰、壁画、雕塑、游泳池、酒吧等又都回到船上。由于战争期间的卓越表现和非凡经历，战后搭乘"玛丽王后号"邮轮横渡大西洋的乘客越发增多。

1967 年，"玛丽王后号"结束第 1 001 次横渡大西洋的航行，作为海上酒店与博物馆栖泊在美国加利福尼亚州的长滩，成为南加州最为著名的景点之一。

四、第四阶段：20 世纪 60 年代至 21 世纪初

20 世纪 60 年代，航空公司开始了喷气式飞机飞越大西洋的商业性服务，使横渡大西洋的耗时由几天缩短为几小时，旅行变得更为方便快捷，追求时间和效率的旅客纷纷乘飞机这种新型的交通工具。这使以交通为目的的船务公司感到了巨大压力。于是，众多船务公司开始谋求转型，寻求新的商业模式，而那种提供丰富的娱乐活动、美味可口的食物、优质完善的服务、快捷且方便的游船成为人们新的选择。这种游船不再有打包的货物运输，而是以游玩、休闲为重点，古板的房间变成了舞厅和赌场，同时还在船上安装了电梯、空调等现代设备。很多游客乐于选择这种旅行方式，且相信这种现代的船只会带领他们找到以往那种航海的感觉。到 20 世纪 80—90 年代，邮轮被越来越多的游客所青睐，邮轮旅游蓬勃发展起来，成为世界旅游休闲产业不可或缺的一部分。

时至 21 世纪，冠达邮轮打造的超豪华的"玛丽王后 2 号"（Queen Mary 2）邮轮成为航行于横跨大西洋航线的唯一邮轮。邮轮不再是运输工具，也很少横跨大洋航行，这样便

避免了风浪等危险；邮轮在航行期间更为频繁地停靠港口，既保证了物资的充足供给，又让游客玩乐而不感乏味。更重要的是，现代邮轮早已成为航行在水域的"五星级酒店"和"移动的度假村"。美国皇家加勒比游轮巨资打造的22万吨级姊妹船"海洋绿洲号"和"海洋魅力号"，大胆引入商业社区和中央花园的概念，让昔日的邮轮望尘莫及。高档的设施、丰富的娱乐项目，加上各邮轮公司精心开发的魅力航线，让乘坐邮轮成为今时今日最有诱惑力的旅行方式之一，每年都有成千上万的旅游者会选择搭乘邮轮去旅行。

从严格意义上来讲，现代"邮轮"实际上已经变成名副其实的"游轮"，主要以旅游休闲度假为目的，成为搭载人们进行旅游活动的载体。不过，绝大多数人还是习惯称之为"邮轮"。

第三节　现代邮轮运营管理基本内容

一、运营管理的定义与内涵

运营管理是促成组织成功或失败的根本，其本质在于根据客户需求生产优质的商品和提供良好的服务。可以想象一下，如果你登上一艘邮轮，乘务员接连两次不能正确提供你所要的服务，前台接连算错了你的账单，那么可以说这个邮轮企业很难取得成功。由于顾客的需求和愿望在不断地增加，因此运营在社会中所扮演的角色越来越重要。从某种程度上来说，运营对任何组织来说都具有核心重要性。运营就是组织为社会提供商品或服务的过程，这个过程将组织的业务和顾客的需求连接在一起。

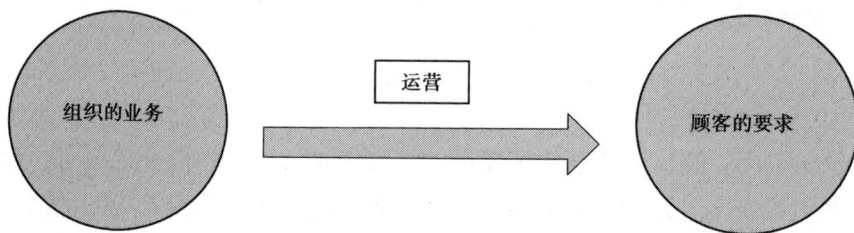

图 1-9　运营将组织的业务与顾客的需求连接在一起

每个组织都有其运营职能，不论是否明确地将它叫作运营。传统的观点认为，运营是关注于原材料的获得、产品的转化和把这些产品提供给顾客的过程。另一种观点认为，运营就是企业所做的事。你可以问一家零售店主这样的问题："你通常在干什么？"他会回答说："我在卖货。"卖东西和运营有什么不同？在这种情况下没有不同，因为销售也包括将货物的所有权从零售商到购买者转移过程的运营。如果零售商店的销售过程运营得好，顾客就会回来一次又一次地购买。一个医院治疗它的病人，我们可以认为："那不就是药的作用么？"是的，但你不应只看到那些治疗病人的医生和护士，还有整个组织去支持他们的工作，例如：设备管理、配备人员、办备食物等。所有的这些都在运营管理的职能范围之内。因此，认识到运营管理贯穿于一个组织是很重要的。运营在不同的组织中以不同的方式存在于整个组织里。运营既包含有形产品的转换过程，也包含无形产品的转换过程。

在组织内部，运营管理职能部门的职责通常被描述为：生产本组织的产品和服务，并提供给内部或外部的顾客或用户。因此，运营管理是对组织向社会提供产品或服务整个流程的计划、设计、组织和控制。运营管理给我们提供了一个认识运营的途径，它可以帮助我们在一个有序的氛围之中设计、管理、推进组织的运营。运营管理者或者运营经理（Operations Manager）就是设计、管理和改进组织工作过程的人。

二、现代邮轮运营管理基本内容

邮轮公司根据其邮轮的功能属性，其业务运营的核心部分是为邮轮游客提供独具特色的邮轮旅游产品，使邮轮游客获得愉悦的海上旅游度假体验。围绕这一目标，各大邮轮公司有效整合内部资源与外部环境，努力拓展最具潜力的业务领域，探索最具竞争优势的发展模式。

尽管邮轮公司的规模大小不同，但各大邮轮公司的业务内容基本一致，主要包括处于核心地位的产品开发、市场拓展、巡航运营以及为其提供保障的物资采购、港口协调、公关维系、财务控制、雇员管理等多个方面。

（一）核心业务

1. 产品开发

游客搭乘邮轮旅游，是为了获得惬意的邮轮假期。邮轮公司在经营的过程中，需要充分调研游客的需求，围绕游客需求以及自身的经营优势来进行邮轮旅游产品的开发与航次安排。通常情况下，邮轮公司会根据市场状况进行船只的运营调度，以年度为单位进行邮轮航期表的发布。在具体的邮轮旅游航次中，还需要充分考虑船上活动安排、岸上观光安排、服务接待以及辅助项目等内容。

2. 市场拓展

邮轮公司参与市场竞争，需要综合运用整体营销手段，拓展邮轮旅游消费市场，获取高额的经营利润。在市场拓展中，要与市场进行信息沟通来赢得目标消费者的注意，要以良好品牌形象的树立来促进邮轮旅游产品的销售。不同邮轮公司会根据各自的具体情况，采取人员推销、广告宣传、营业推广等方式来实现销售增长及市场拓展的目的。

3. 巡航运营

在邮轮旅游航次运营中，邮轮公司为游客提供从登船到离船的全过程服务，部分邮轮公司还会为游客提供登船前到离船后的延伸服务。无论是客舱住宿、餐饮选择、休闲娱乐，还是岸上观光导览，均以实现顾客满意为目的。邮轮旅游产品具有服务产品的典型特征，具有生产与消费的同时性，故而巡航运营是邮轮公司关注的业务核心。

（二）运营保障

为了保障核心业务的顺利进行，提升邮轮海上巡游安全以及游客航次体验的舒适度，邮轮公司需要进行一系列工作，包括船舶设备维修保养、船舶燃料物料供应、船员招聘培训考核、对客服务质量监控、邮轮港口业务协调、安全与环保制度制定等。

1. 安全与环保制度制定

邮轮在海上航行，安全至关重要。为了保障船舶航行安全，国际海事组织等颁布了一系列海事安全法规。目前影响力较大的国际海事公约有 SOLAS 公约、STCW 公约、MARPOL 公约和 MLC 公约等。

2. 船舶设备维修保养

SOLAS 公约规定了船舶海上安全管理相关的船舶构造、设备及操作方面的最低标准，邮轮公司要根据国际公约规定，执行各项安全法规规定，进行船舶设备的定期维修与保养，消除可能造成船舶航行风险的各类安全隐患，为游客提供完美的海上假期。

3. 船舶燃料物料供应

邮轮被誉为漂浮在海上的度假村，食品饮料、生鲜蔬果、洗护用品、舱内设施等消耗量巨大，需要庞大的邮轮用品供应商和物流体系。邮轮公司需要根据自身需求来制定邮轮用品供应方案，恰当选择供应商进行物资采购，致力于打造最佳的全球邮轮供应体系。

4. 邮轮港口业务协调

邮轮港口是游客上下船的集散枢纽，辅助邮轮公司发布邮轮到达实时信息，提供邮轮停泊，上落访客及行李、货物，并为游客提供安全、整洁的候船环境。邮轮公司在经营的过程中，还要做好与港口的对接工作，及时提供邮轮航次安排，缴纳港口管理费和服务费，共同维护港口运营秩序。

5. 船员招聘、培训、考核

船员招聘、培训、考核是邮轮公司人力资源管理中一个非常重要的环节。现代邮轮经营活动能否正常运营，能否为游客提供高质量的服务，取决于邮轮员工的业务能力和服务水平等综合素质；而员工素质的高低、能力的强弱又与员工招聘、培训等工作密切相关。适当地激励员工有助于维护公司的形象和价值。

6. 对客服务质量监控

服务质量管理是为了实现服务质量评价而进行的所有管理活动。服务质量管理有利于防止服务过程中的差错，有利于树立邮轮公司形象，有利于增强邮轮公司的竞争力。为了更好地提供对客服务、提升服务质量，有必要对服务质量的构成与评价进行剖析和监控。

第四节　现代邮轮运营管理模式

一、现代邮轮运营管理基本模式

运营模式是邮轮公司依据自身的经营目标和战略选择，将所拥有的资源进行有效配置，从而确定业务范围、价值定位以及为实现这一定位而采取的方式方法的总和。运营模式的选择以邮轮公司的价值增长为目的。

（一）运营模式的不同点

由于业务范围和竞争战略的不同，各大邮轮公司的运营模式也具有不同的特点：

①业务范围不同。邮轮公司的经营规模具有显著差异，必然会导致邮轮公司业务范围不同。小型邮轮公司开辟大众化的邮轮旅游线路，船上的生活方式和娱乐方式较为随意，能够吸引初次参加邮轮旅游的游客以及更为年轻的游客。大型邮轮公司实力雄厚，拥有强大的分销系统，邮轮航线和船上活动也更为丰富，可以满足更多层次游客的需求。

②竞争战略不同。全球最大邮轮集团——美国嘉年华邮轮走规模化发展道路，在降低经营成本的同时，旗下子公司仍旧保持各自的经营风格。美国皇家加勒比游轮突出其高端、创新特色，致力于为新顾客与回头客提供超凡的度假体验和娱乐体验。亚洲邮轮业的先驱品牌——丽星邮轮经营模式更为独特，博彩收入占据邮轮运营总收入的很大比重。

【拓展阅读】

嘉年华邮轮开辟新的运营模式

1972 年，泰德·阿丽森用 1 美元和承担了所有债务的形式买下了一艘船——"加拿大帝后号"（Empress of Canada）。当时的"加拿大帝后号"不能与豪华的荷美邮轮、公主邮轮等媲美，因为它与竞争者相比老旧不堪。为了减少燃料消耗，游船不得不以缓慢的速度行驶，并且中途较少停靠。

但是，阿丽森把这一劣势转变成一种新的游船营销方法——"趣味巡游"，它将夜总会、赌场、各种表演、24 小时送餐服务和足够使游客闲不下来的活动搬到船上，使得游船本身成为一个旅游目的地。

游船还注重吸引第一次巡游的游客，构建一个家庭收入在 2.5 万~3.5 万美元（其他巡航线都在 5 万美金以上）的细分市场。它向游客提供的 3 日游和 4 日游，使第一次巡游的人不需要花很多时间和金钱就能出游。

嘉年华邮轮公司把自己定位为邮轮目的地，它占领了年轻人的细分市场。

（二）运营模式的共同点

尽管业务范围和竞争战略不同，但各大邮轮公司的运营模式仍然具有一些共同的特点。

一是虽然各邮轮公司规模差异较大，但是都追求规模效益，追求降低经营成本和经营风险。二是各邮轮公司都有准确的市场定位和清晰的品牌形象，并以此提高游客的认知度与忠诚度。三是各邮轮公司目前的收入来源主要是船票收入，但船票外收入所占的比重也不容小觑。四是在营销渠道的选择上，邮轮旅游代理商的作用十分重要，但同时各邮轮公司自身的营销网络也在不断加大。五是各邮轮公司均注重健康、安全、环保的经营理念，具有高度的社会责任感，具有完善的经营保障体系。如意大利地中海邮轮公司深知其对于环境所肩负的责任，通过出色的环境运营管理工作成为第一家荣获法国国际检验局"8珍珠奖"的邮轮公司。此外，地中海邮轮公司还与联合国儿童基金会开展长期合作，致力于为全世界儿童提供各种各样的活动和帮助。

二、邮轮运营管理中的相关术语

邮轮行业是靠数字驱动的，行业中一些计算数字的术语被广泛运用，因此，了解以下术语的定义极为重要。

邮轮运营天数（Operating Days）。一般指一年中邮轮载客的实际天数，需要扣除船干坞期、船舶闲置期、船舶重新定位期（如果不载客）、新船出厂或新投入旅游市场期等非实际运营的天数。按惯例通常邮轮一年运营365天，那么下一年则运营355天。

底层床位（Lower Berth）。行业惯例是每个船舱按两个标准床位计算，为员工提供的船舱不计算在内（如演员、托儿所看护、技师以及管理人员）。

运力／载客能力（Available Berth Days）。对于一艘邮轮而言是运营天数乘以可销售床位，对于一个船队而言是所有船舶的加总。

满舱率（Load Factor）。基于邮轮单航次计算为实际载客量／标准载客量。平均满舱率可以反映行业运营水平。盈亏平衡点的满载率是个很重要的财务指标。在邮轮业因为固定成本远大于变动成本，盈亏平衡点的满载率一般都很高。

收费乘客（Revenue Passengers）。一般包括全价、乘坐完整航次的乘客；互为母港航次（Interporting）的非全程乘客（乘客在中间港口上下船）；享受折扣价的乘客，如旅行社考察或培训、领队、邮轮公司员工。不应该包含免费乘客，如管理层或VIP。

平均邮轮航程时长（Average Cruise Length）。一般指航季内航次时长（或者一年内）。航程时长是一个平均数。

平均每日票价（Average Per Diem）。主要分为两种：按宣传手册上价格计算的APD，以及根据实际运营情况计算的实际APD。实际APD是邮轮公司票价收益情况的指标之一，和宣传手册APD的差异来自于实际船票收入或满舱率。一般来讲，邮轮航线越长，平均票价APD越小。

佣金（Commission）。由邮轮公司支付给旅行社，通常行业佣金标准是10%～15%。部分零售商（批发商）通过协商可以获得更高的佣金，邮轮公司也会为特定航线的销售采用公开或非公开的奖励佣金制度。

三、国际邮轮公司收入分析

表 1-3 2015 年两大邮轮公司年报数据对比 单位：美元

		嘉年华集团（纽交所上市）截至 2015 年 11 月底运营 99 条船		皇家加勒比集团（纽交所上市）截至 2015 年 12 月底运营 44 条船	
		2015 年	2014 年	2015 年	2014 年
邮轮营运收入	船票收入 /ALBD	150	156	165	169
	+ 船上消费及其他 /ALBD（每床每晚总收入）	50	50	61	63
	= 总收入	200	206	226	232
	− 佣金、运输及其他	28	30	38	39
	− 船上成本	7	7	15	17
	− 其他	——	——	——	——
	= 净收入（每床每晚净收入）	166	169	173	175
邮轮营运成本	佣金、运输及其他	28	30	38	39
	+ 船上成本	7	7	15	17
	+ 船员工资及附加	24	26	24	24
	+ 燃油成本	16	27	22	27
	+ 食品成本	13	13	13	14
	+ 其他成本	33	32	28	31
	邮轮营运成本	120	135	139	153
	+ 市场销售、行政费用	27	27	30	30
	= 总邮轮营运成本 /ALBD	147	162	169	183
	− 佣金、运输及其他	28	30	38	39
	− 船上成本	7	7	15	17
	− 其他	0.2	0.3	——	2
	= 净邮轮营运成本 /ALBD	112	125	115	124
	折旧摊销	21	22	21	22
	运营利润	33	23	24	27
	净利润 /ALBD	23	16	18	22

续表

		嘉年华集团（纽交所上市）截至 2015 年 11 月底运营 99 条船		皇家加勒比集团（纽交所上市）截至 2015 年 12 月底运营 44 条船	
		2015 年	2014 年	2015 年	2014 年
销售实绩	乘客邮轮天数	81 018 075	79 115 950	385 523 060	36 710 966
	运力（舱位 × 运营天数）ALBD	77 307 323	75 999 952	36 646 639	34 773 915
	满载率	104.8%	104.1%	105.1%	105.6%
	净利润率	14%	9%	10%	11%

资料来源：聊之旅旅行社 2020-04-21

从国际邮轮公司的财务分析表中可以看出，邮轮公司收入来源主要包括船票收入和船上消费收入。船票包括了床位费用、三餐费用、表演费用等船上所有免费娱乐项目的费用，船上消费包括酒吧消费、收费餐厅消费、岸上旅游消费、免税店消费、照片点消费等船上的收费项目。国际邮轮公司的惯例是船票价格并不高，主要是靠船上收费项目增加收入来达到营利的目的。

（一）邮轮船票净收入

邮轮船票净收入（Net Pax Revenue）是指总载客能力乘以平均每日票价减去佣金。总载客能力是由两个因素组成的，邮轮载客能力以及满舱率。涉及的具体因素包括邮轮的不同舱位等级、每个舱位等级所包含的舱位数，按照每舱位两个床位来计算，运营天数按照每年 365 天减去邮轮在干船坞休船的天数。

影响邮轮船票净收入的因素很多，船舶大小、底层床位数量、运营时间、平均航程长度等，包括船票不同舱位等级的定价都将影响船票的收入。当然，分销渠道的佣金比例也会直接影响邮轮船票净收入。

根据上述 2015 年两家邮轮集团财报，按照船票总收入分摊到每床及每个可运营日，计算得到嘉年华集团和皇家加勒比集团的每床每晚船票价格分别为 150 美元和 165 美元，折合人民币 1 005 元和 1 106 元（美元汇率 6.7）。两大邮轮集团全年满舱率均在 104% 左右。

（二）船上收入

船上收入一般来源多样，主要包含酒吧和酒精饮料销售、船上商店、水疗、美发及摄影部、博彩、岸上游销售、收费餐厅、房间内的付费电视、通信费用（电话，网络）、潜水等收费项目。

根据 2015 年财报显示，嘉年华集团和皇家加勒比集团每床每晚的船上收入分别为 50 美元和 61 美元，折合人民币 335 元和 409 元，占每床每晚总收入的 25% 和 27%。

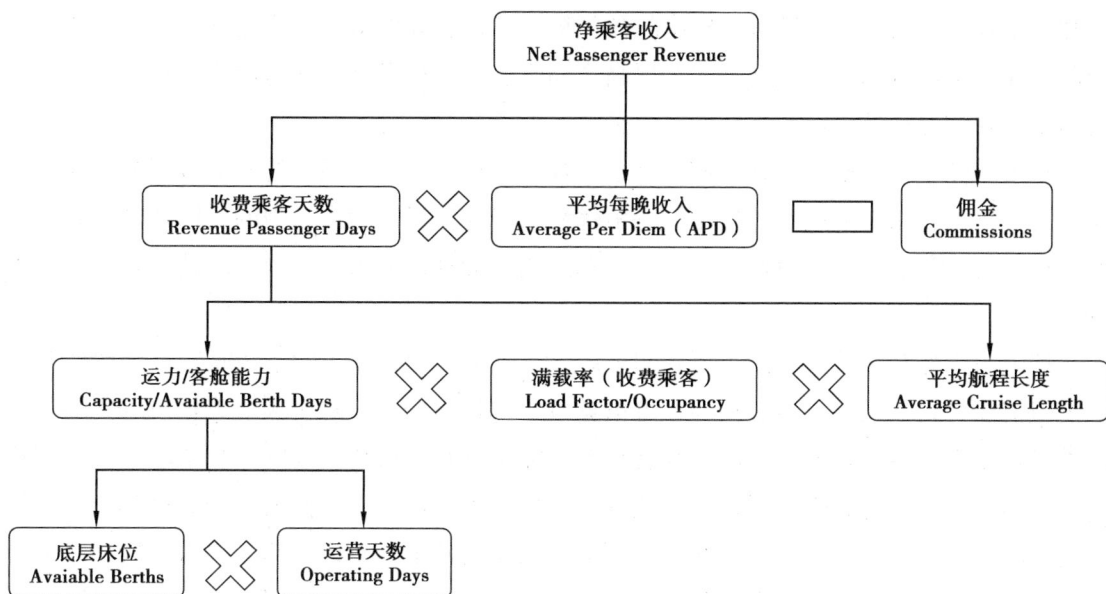

图 1-10 邮轮船票净收入影响因素

不同类型的邮轮船票收入与船上收入比例有所不同。在大众型邮轮市场，船上收入和乘客收入一样重要，船上收入占总收入的 20%~30%；在豪华邮轮市场，船上收入重要性略低，主要因为所有的元素都包含在票价里（例如饮料、岸上游），而且邮轮船票价格相对于大众型邮轮产品而言本身已经很高。

四、国际邮轮公司成本分析

两大邮轮公司的财务分析显示，邮轮在运营过程中涉及的主要成本为邮轮运营成本和其他运营成本。邮轮运营成本包括佣金成本、船员工资成本、燃油成本、食品成本、港口使用费、维修保养费用等，其他运营成本包括市场营销费用和行政费用。

由上表看出，两大邮轮公司的佣金占船票收入的 20% ~ 25%，这更说明了各类船票销售渠道的至关重要性。

船员工资、燃油成本及酒店运营成本为邮轮运营成本中三项最大的支出。

按照邮轮的运营成本，分摊到每床及每个可运营日，计算得到 2015 年嘉年华和皇家加勒比集团的每床每晚运营成本分别为 147 美元和 169 美元，折合人民币 985 元和 1 132 元。

五、国际邮轮公司盈利模式——获取船上二次消费

随着邮轮船舶规模经济化特征越来越明显，船舶逐渐呈现出大型化的趋势。船上的各类消费功能也在不断扩充，除了传统的餐厅、酒吧、免税商店、大型剧场、泳池等基本功能外，近期新下水的很多邮轮还配备各类体育活动设施，包括攀岩、篮球场、冲浪池，以及延伸出船体的升降观景舱等。丰富的娱乐设施为游客提供了多样的选择，其中岸上游、

酒吧、赌场、免税商店是销售额较高的盈利项目，饮料和酒水的销售毛利率较高。通过给予游客在船上广阔的公共活动空间，提高产品吸引力，尽可能多地赚取船上收入是当前邮轮市场主要的盈利模式。

在市场竞争日益激烈和邮轮需求日趋多样化的环境下，主题化的船上盈利模式应运而生。主题化邮轮旅游形成了差异化的竞争优势，成为世界邮轮市场中的热销产品。利用主题化进行衍生产品销售，设计多样化、主题鲜明的活动，成为当前全球邮轮新兴的船上盈利模式。

船上收入作为邮轮公司的主要利润来源，占据船公司总收入的近30%，因为船票几乎只能覆盖船公司的运营成本。在存在价格竞争的邮轮市场中，对于大众邮轮市场，邮轮旅行的需求是高价格弹性的，而船上收费活动的需求则是低价格弹性的。受金融危机、运营成本高增长、大众邮轮市场船票价格战等多方面因素的影响，当前船票的销售收入几乎只能与邮轮公司运营成本持平，有些情况下甚至低于运营成本总额。船上收入是提高净资产收益率的重要部分，在维持船票价格的同时，尽可能扩充船上消费项目并进行较高的定价，因而近几年船上收入的增长幅度是超过船票的销售收入的。总的来说，邮轮上由于其销售商品的独特性、唯一性，只要服务和质量能让消费者满意，消费者自然愿意购买，而且邮轮提供给消费者更便捷的购买方式，尽可能减少现金交易。

【复习思考题】

1. 早期邮轮与现代邮轮有什么区别？
2. 现代邮轮的发展经历了哪几个阶段？
3. 现代邮轮公司运营管理的基本内容有哪些？
4. 国际邮轮公司运营模式有什么特点？

【推荐阅读】

［1］李霞.邮轮文化［M］.北京：经济管理出版社，2021.

［2］《亲历者》编辑部.坐邮轮游世界［M］.北京：中国铁道出版社，2018.

［3］古镇煌.邮轮旅行秘笈［M］.北京：中信出版社，2016.

第二章 邮轮人力资源管理

【本章概要】

随着知识经济时代的到来，在人类所拥有的一切资源中，人力资源已逐渐超过物质资源、金融资源，成为企业的核心资源。人力资源对企业发展的重要作用已成为业界共识，人的因素也相应地成为企业实现自身战略目标的关键因素。人力资源同样是邮轮公司的宝贵资源。邮轮公司能够高效运作、在邮轮航次中为游客提供高质量的服务以获得顾客满意，在很大程度上取决于员工的业务水平与综合素质。人力资源管理对于现代邮轮运营具有至关重要的作用。

【学习目标】

理解：邮轮公司组织管理、人力资源管理和人力资源规划的含义。

熟悉：邮轮公司的组织结构及主要的组织部门；邮轮公司人力资源规划的分类。

掌握：邮轮公司人员规划，邮轮船员招聘及程序；邮轮员工培训类型和作用；邮轮船员结构及岗位要求。

【开篇导读】

中国邮轮市场面临人才争夺战

随着中国邮轮经济的快速发展，选择邮轮旅游的游客越来越多，邮轮海乘人员岗位缺口日益扩大。美国皇家加勒比游轮、意大利歌诗达邮轮以及国内的蓝梦邮轮等邮轮公司正在国内展开一场激烈的邮轮人才争夺战。

一般情况下，邮轮的乘客与员工比例大约为2.2∶1，在一些中小型奢华邮轮上，会达到1.5∶1，一艘邮轮的服务人员少则八九百人，多的甚至达到2 500人。邮轮提供娱乐、运动、休闲、疗养、观光等多种多样的项目和服务，导致邮轮服务呈现多样性，相关的服务岗位有100多种，且每种岗位要求的技能和素质都不一样。

如皇家加勒比"海洋航行者号"上有1 200名员工，来自43个国家。其中菲律宾籍员工最多，占员工总数的 35%～36%。海洋航行者号的餐饮经理管理 750 名员工，厨房有 130 多个厨师，加上洗碗工一共有 200 多人；客房部有 104 个客舱服务员，18 个洗衣房员工；娱乐总监管理大约 100 人，其中包括 13 名演员、10 名冰场演员、25 名乐师、13 名技术人员、7 名道具人员等。

前厅部属于邮轮宾客服务部，主要负责接待、结账、问询、投诉等。除了前厅部门之外，邮轮宾客服务部还设有礼宾专员、离船专员、文件处理专员、翻译专员等。前台接待任职要求是有 1 年客服工作经验，有一定的财务知识，能够识别外币，其中英语是重要的考核标准，性别和相貌与酒店招聘相比更为宽松。翻译专员要至少会说 8 种语言，而且不包括印尼语等世界非通用语言。文件处理专员要协调游客岸上观光事宜，需要具备较高的英语能力、沟通能力、写作能力等，能够与海关等部门进行邮件交流。这么多不同的岗位，最基本的要求就是专业的技能以及语言的能力，而后者也是中国籍员工所面临的最大难题。

邮轮服务人员不仅要会英语，还需要有一定的跨文化交流能力，这不仅仅是面对各国宾客的需要，对团队本身的沟通和交流也同样重要。同时，在邮轮上工作几个月甚至更长时间，远离家乡和亲人，长期在海上漂浮，可能会产生孤独感等，所以，邮轮服务人员还必须要有良好的心理承受能力。

资料来源：新京报 2016-10-19 及邮轮学院 2021-02-22.

阅读思考：人力资源管理对于邮轮公司应对人才竞争有何作用？

第一节　邮轮公司组织管理

一、邮轮公司组织管理的含义

组织是一个合作系统，一个邮轮公司就是一个组织。邮轮公司在全球范围内开展业务运营，需要在管理中进行分工和协作，以实现既定的组织目标。邮轮公司组织管理是指通过建立邮轮公司的组织结构，划分职务或职位，明确责权关系等，以使邮轮公司组织中的成员互相协作、共同劳动，从而有效实现邮轮公司组织目标的过程。邮轮公司组织管理的基本内容是设计、建立、保持一种邮轮公司组织结构，并根据环境变化对这种组织结构进行调整。

二、邮轮公司组织结构

要做好邮轮公司的组织管理，首先要科学设计邮轮公司的组织结构。合理的组织结构是邮轮公司正常运转的保证，也是其进行人力资源管理的前提。组织结构是指在共同实现组织目标的过程中，连接组织成员和组织内部各个职能机构的方式，以及这种方式所形成的形态。组织结构往往表现为一个纵横交错的网络，其中纵向层次约定了组织成员和机构之间的隶属关系和领导关系，横向部门形成了同一个层次上的不同单位或部门之间的协作关系。组织总是依据一定的结构而建立，然而组织结构又并非一劳永逸，新的环境将导致新的组织结构的出现。

从全球范围来看，各大邮轮公司规模大小不同，组织结构也略有不同。小型邮轮公司运营邮轮及航线较少，内部组织结构分工也较为粗略，按照职能不同主要设置市场部、巡航部、技术部、财务部、人事部等部门（图 2-1）。

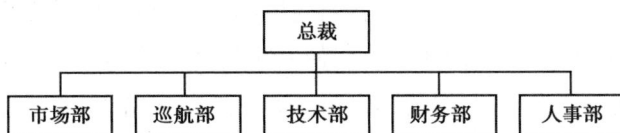

图 2-1　小型邮轮公司组织结构图

大型邮轮公司员工成千上万，一般实行董事会之下的总裁负责制，内部组织结构分工也更为精细。董事会主席或者首席执行官（CEO）作为董事会成员出现，既是行政一把手，又是股东权益代言人，对企业经营负有责任。总裁是仅次于首席执行官（CEO）的第二行政负责人，在邮轮公司负责具体的业务运营。总裁之下根据业务职能的不同还设有销售副总裁、采购副总裁、财务副总裁等。一般来讲，大型邮轮公司设有市场与销售、巡航运营、质量监控、技术支持等主要业务部门，以及财务审计、环保合规、物资采购、港口协调、人力资源等职能部门。

三、邮轮公司主要的组织部门

（一）岸上组织部门

邮轮公司岸上组织部门是邮轮公司运营管理的中枢，为邮轮公司的发展提供战略决策，为邮轮市场的拓展提供实施策略，为邮轮巡航运营提供必要的人力、物力以及技术支撑，同时协调各方关系，保证邮轮公司运营良好，实现既定的经济效益与社会效益。

1. 人力资源部门

人力资源部门是对邮轮公司中各类人员形成的资源进行管理的部门。人力资源部门对邮轮公司人力资源的合理配置和公司所需人才的及时补充负责，对公司招聘的员工素质负责，对及时合理解决公司与员工的劳动争议负责，对已获批准的奖惩决定执行情况负责，对薪酬测算数据的合理准确负责。邮轮公司人力资源部门管理的两大基石是工作分析评价和人员素质测评，邮轮公司通过实施人力资源管理，来全面提升其核心竞争力，支撑和保障其可持续发展和永续经营。人力资源部门一般设有招聘、绩效、薪酬、员工关系管理等岗位。

2. 市场销售部门

邮轮公司的市场与销售部门是其组织架构中的重要部门，一般设有产品市场、市场开发、市场宣传、销售支持等分部门或岗位。产品市场部门负责邮轮公司新产品的开发战略，其工作重点是发现创新的源泉，完成新产品的定义。市场开发部门负责现有产品的定位和市场推广战略，通过给予市场明确的产品和价格信息来获得区别于竞争对手的价值体现。市场宣传部门负责与市场进行有效沟通，激发市场需求，工作重点是宣传手段和方法。销售支持部门向邮轮旅游代理商提供销售支持，包括产品培训、竞争分析、销售技巧、销售工具等。小型邮轮公司的市场与销售部门并没有如此严格的划分，大型邮轮公司也可能有其他人员配置方式，但实现的市场与销售功能是一致的。随着邮轮公司全球化品牌扩张进程的加快，为进一步了解当地顾客，以便对市场变化快速做出反应，邮轮公司还会在世界各地设立负责市场与销售工作的办事处，从而在全球范围内更好地销售和推广邮轮品牌。

3. 物资采购部门

物资采购部门是邮轮公司中负责物资设备采购的专业性职能部门，需要做好供应商管理、采购计划管理、招标管理、价格管理、质量合同管理以及综合管理等工作。物资采购是保障邮轮正常巡航运营的重要环节，需要建立完善的供应商管理体系，做好新产品考察、比价采购、供货问题协调以及质量监控等工作。基于邮轮巡航运营航线的全球化特点，邮轮物资船供更是一项复杂的任务，涉及通关、报税、监管、转关、物流查验等多项业务门类。物资采购部门会考察邮轮靠泊港的实际情况，在全球采购中与利益相关方合作，共同建设区域性的邮轮物资配送基地，以更好地服务于每艘邮轮的巡航运营。

4. 财务审计部门

财务与审计部门负责邮轮公司的财务管理和对子公司的财务审计监督，其宗旨是强化内部控制，确保公司资产的安全和资金的合理使用。该部门负责在对邮轮公司的经营事项进行确认、计量和记录的基础上，对外披露财务报告和相关财务信息，负责对资金、债权、债务、成本等项目进行综合分析管理，为邮轮公司经营提供决策依据，负责组织完成各项审计工作，并落实审计调整事项。通过财务管理与审计，可以评判邮轮公司财务状况和经营状况，透视邮轮公司战略的成败，预测邮轮公司的财务走向，其最终目的仍然是实现邮轮公司经营的利润最大化。

除以上四个较为典型的职能部门外，较大型的邮轮公司还设置有专门的技术支持部门、质量监控部门、环保合规部门和港口协调部门等。技术支持部门负责处理和解决邮轮巡航运营中出现的各类技术问题。质量监控部门负责对邮轮巡航运营的整体质量进行测量、监控、分析和激励，将抽象性的"质量"转化为实实在在的产品品质。环保合规部门负责践行绿色环保的宗旨，根据相关法规执行邮轮环境管理计划。港口协调部门负责与邮轮航行中靠泊港口的协调与对接工作。

（二）船上组织部门

邮轮公司船上组织部门是邮轮为游客提供巡航运营服务的实际操作部门，主要包括航海部门、技术部门、医疗部门、酒店部门等。船上组织部门可以划分为安全航行部门和对客服务部门两大类。邮轮安全航行部门承担为游客提供邮轮海上安全航行保障的各项任务，负责邮轮安全航行、港口联络、设备维护、燃料供应、防止油污等各项工作。邮轮对客服务部门承担邮轮在航行过程中游客的接待与服务工作，其主要职责是完成客舱、餐饮、休闲娱乐、宾客服务等各项任务，确保游客度过一个愉悦的海上假期。

第二节　邮轮公司人力资源规划

邮轮公司人力资源管理就是恰当地运用现代管理职能，通过合理的招聘、选拔、录用、培训和激励等手段，实现邮轮公司人员配备的优化组合，调动邮轮公司员工的积极性，建立良好的邮轮公司劳动关系，以实现邮轮公司组织目标的过程。邮轮公司要实现有效的人力资源管理，首先需要进行合理的人力资源规划。

一、邮轮公司人力资源规划的含义

邮轮公司人力资源规划是邮轮公司根据发展战略的要求，对于未来人力资源的供给与需求状况进行预测，对现有人力资源存量进行分析与规划，制定相应的人力资源获取、利用、保持和开发策略，确保邮轮公司对人力资源在数量和质量上的需求，使邮轮公司个人和组织获得长远利益的管理活动。

邮轮公司人力资源规划有利于确保公司发展过程中对人力资源的需求，保障人力资源管理活动的有序进行，合理控制各项人力资源成本，同时调动邮轮员工的工作积极性和创造性，为邮轮公司的经营运作提供强有力的人员保障。人力资源规划是邮轮公司人力资源管理的重要组成部分，是人力资源管理各项工作的依据。

二、邮轮公司人力资源规划的分类

（一）按层次分类

1.人力资源总体规划

包括与组织的总体规划有关的人力资源规划和目标任务的说明、有关人力资源管理的各项政策和有关说明、内部人力资源的供给与需求预测、外部人力资源情况与预测、人力资源净需求等。

2.人力资源业务计划

包括员工招聘计划、员工培训开发计划、员工晋升计划、人力资源保留计划、裁员计划等。

（二）按内容分类

1. 战略规划

战略规划是根据公司总体发展战略目标，对公司人力资源开发和利用的方针、政策和策略的制定，是各项人力资源具体计划的核心。

2. 组织规划

组织规划是对公司整体人力资源框架的设计，主要包括组织信息的采集、处理和应用，组织结构图的绘制，组织调查、诊断和评价以及组织机构的设置等。

3. 制度规划

制度规划是公司人力资源总体规划目标实现的重要保证，包括人力资源管理制度体系建设的程序以及制度化管理等内容。

4. 人员规划

人员规划是对公司人员总量、构成和流动的总体规划，包括人力资源现状分析、公司定员、人员需求和供给预测、人员需求和供给平衡等内容。

5. 费用规划

费用规划是对公司人工成本、人力资源管理费用的整体规划，包括人力资源费用的预算、核算、结算以及人力资源费用控制等。

三、邮轮公司人员规划

邮轮公司进行人员规划主要包括三个方面的内容，即人员结构规划、人员数量规划和人员质量规划。

（一）人员结构规划

人员结构规划又称为层级规划，即确定合理的人员分层分级结构，是人员数量规划和人员质量规划的基础。要做好人员结构规划，需要对公司的职位进行分类、分层，然后对公司现有人员结构进行诊断，并给出未来人员结构的优化建议。

按照工作地点的不同，邮轮公司的工作岗位可以分为两种：一是岸上工作岗位（Onshore Position），主要涉及管理、预订、市场、销售、客户服务、技术、人力资源等领域。二是船上工作岗位（Onboard Position），主要涉及船舶安全航行以及游客接待服务等领域。邮轮公司的人力资源管理部门必须科学合理进行岸上及船上工作岗位设置，从而更好地推动公司发展战略目标的实现。

（二）人员数量规划

人员数量规划又称为定员编制，是根据邮轮的经营方向、规模、档次、业务等情况，确定邮轮的岗位设置，规定必须配备的各类人员的数量。

影响邮轮公司定员配备的因素是多方面的，比如公司规模、船队规模以及邮轮设计等级等。公司规模和船队规模越大，所需要的员工数量也就越多。绝大多数邮轮拥有大规模的设施与活动，这就需要雇用大量的员工以确保游客的需要。在一艘大型邮轮上，按照员工与游客之比约为1∶3的比例计算，通常会有上千名工作人员。而在一些设施设备和服务水平更为完善的高端邮轮上，员工与游客比几乎可以高到1∶1。例如"玛丽王后2号"（Queen Mary 2）堪称"世界邮轮之最"，可以容纳2 600多名乘客，配备1 250多名船员；"嘉年华征服号"（Carnival Conquest）可以容纳3 700名客人，配备1 200名船员；"嘉年华成功号"（Carnival Triumph）可以容纳2 758名客人，配备1 100名船员。此外，邮轮公司在员工定员配备方面具有很大的灵活性，通常会根据季节以及市场需求的变化进行调整。

（三）人员质量规划

人员质量规划又称为任职要求规划，目的是确定各岗位所需要的人员的素质与能力。岸上管理层人员的配备是邮轮公司经营成败的关键，需要经过严格的测评和考核。船上工作同样需要高素质的管理人员和服务人员去完成，他们在不同岗位履行各自的职责和义务，在确保安全航行的同时为游客提供既周到又富含个性化的服务。

邮轮公司人员结构规划、人员数量规划以及人员质量规划三者相辅相成、同时进行，这是一项系统而又庞大的工作。公司管理层需要根据邮轮公司的经营目标设定部门、细分岗位，并对每一职位都要进行职位分析，确定该职位的工作目的、职责、内容、环境、所需知识与技能要求等，同时确定现在及未来对员工数量的需求情况，据此制订详细的计划并实施。

第三节　邮轮公司人员招聘与培训

船员招聘是人力资源管理中一个非常重要的环节，是寻找并筛选合适的申请人来填补岗位空缺的过程。对船员的培训和督导工作，是邮轮公司加强管理、改善经营、提高服务质量、稳定客源、增加收入的重要手段。培训又是服务人员提高能力、发挥作用、争取晋升、体现价值的有效途径。现代邮轮经营活动能否正常进行，能否为游客提供高质量的服务，取决于邮轮员工的综合素质、业务能力和服务水平，而员工素质的高低、能力的强弱又与员工招聘、培训等工作密切相关。

一、招聘工作的重要性

（一）招聘工作是增补新员工的有效途径

一般情况下，邮轮员工的流动性比较大，容易产生岗位空缺。原因可能有以下几种：邮轮企业之间的人才竞争，邮轮企业内部的员工调配，因意外事故而产生的自然减员，老员工退休，设置新的服务项目等。弥补这些岗位空缺的主要途径就是招聘新员工，从而使员工队伍保持稳定，使正常的经营不受影响。

（二）招聘工作是促进员工队伍优胜劣汰的重要手段

员工队伍应当保持稳定，但这种稳定是相对的，员工的适当流动是合理的，适当的流动可以使员工队伍保持活跃，促进整体素质的提高，从而提高服务质量，提高经营业绩。

招聘工作就是通过对应聘人员在德、能、勤、技等方面的考核，择优录取，让更符合岗位要求的员工从事相应的工作。有利于优秀员工的流入和不良员工的流出，使员工队伍处于良性流动状态。

二、船员的招聘及程序

（一）邮轮船员的招聘

凡是在邮轮上工作的人员统称为船员，根据职位高低和工作部门不同可以再进行具体的分类。不同职位和部门的船员各司其职，为乘客提供最优质的服务。船的综合素质决定了服务的质量，所以对于船员的招聘是邮轮人力资源管理的大事，各邮轮公司的 HR 一定要慧眼识英才。

招聘可以分为内部招聘和外部招聘，应采用内部培养和适当引进相结合的方法，以保证邮轮人力资源的有效利用和持续开发。

1. 内部招聘

内部招聘，就是从邮轮内部工作人员中发现和挖掘人才，主要途径有：

①提升。从内部提拔一些合适人员来填补职位空缺是组织招聘常用的办法，它可以使邮轮公司迅速从员工中提拔合适的人到空缺的职位上。内部提升给员工提供了机会，使员工感到组织中是有发展机会的，个人职业生涯发展是有前途的。同时由于被提升的人员对组织较为了解，他们能很快地适应新的工作环境。

②工作调换。工作调换是指职位级别不变，工作岗位调整。工作调换可以给员工提供多种从事相关工作的机会，为员工能提升到更高一层职位做好准备。

③工作轮换。工作调换一般用于中层管理人员，并且在时间上往往可能是较长的，甚至是永久的，而工作轮换则一般用于有发展潜力的员工，使其能够积累各个岗位的工作经验，为下一步的晋升做准备。

④内部人员重新聘用。邮轮公司会接受由于员工个人原因导致的辞职，但如果员工以后想重新回来工作，公司会重新聘用。

2. 外部招聘

内部招聘虽然有许多优点，但其明显的缺点是人员选择范围小、数量有限。所以，邮轮人力资源部门还必须注重人员的外部招聘。途径主要有：

①借助网络。邮轮公司一般都是国际型的大公司，招聘的员工遍布世界各地，网络招聘是最方便、最快捷的招聘方式之一，一方面可以通过商业性的职业网站发布招聘信息，另一方面也可以在自己公司的主页上发布招聘信息。

②借助中介。为了提高服务水平，适应来自世界各地旅游者的需要，邮轮公司倾向于从世界各地招聘员工，这就需要从各地选择合适的邮轮招聘代理商或招聘中介进行代理招聘。邮轮公司提供招聘岗位的岗位职责，由招聘代理商的专业招聘团队设计专业的招聘方案，并负责整个招聘过程中信息发布、搜索人才、收集和遴选简历、进行人才评估等各个环节的工作，根据邮轮公司的需要，提供符合邮轮职位要求的人选，供邮轮公司选择。代理招聘简单快捷，不仅更有针对性，而且在一定程度上可以节约招聘成本、降低招聘风险，因此被各大邮轮公司广泛采用。

3. 员工推荐与申请人自荐

邮轮公司还可以通过现有员工推荐的方式雇佣员工，这样既可以节约招聘成本，又可以获得忠诚且可靠的员工。另外，对于毛遂自荐的应征者，邮轮公司也应该给予礼貌且及时的答复。

（二）招聘程序

1. 制订招聘计划

根据邮轮岗位对员工的特殊要求，制订相应的招聘计划，根据职位说明书的要求，制订招聘标准。

2. 确定招聘渠道

可以在网络或纸制媒体上刊登广告从社会上招聘，也可以直接从专业团体或行业协会招聘，还可以通过中介机构或私人推荐招聘。

3. 审阅应聘资料

通过应聘报名表或履历表了解应聘者的相关情况，包括姓名、年龄、住址、技能、文化程度、健康状况、工作经历等，以初步判断应聘者是否能达到职位的要求。

4. 面试

面试是通过与应聘者面对面的交谈，观察应聘者的表情、动作姿态、谈话态度、思维广度、回答速度以及心理素质，评价应聘者是否适宜邮轮职位、是否具有培养潜力等。邮轮上的很多工作岗位会与顾客密切接触，因此，招聘者需要评价应聘者的性格，诸如是否善于与人相处、是否有专业态度、是否有上进心以及注重外表等。有实际技能、知识和领悟能力的应聘者很可能成为有价值的邮轮员工。

5. 技能测试

这是考核应聘者实际技能的重要环节。技能测试可以从两方面进行：一是通过口试或笔试以测试其理论修养；二是通过具体操作测试其实际能力。

6. 核实资料

首先，通过应聘者的证明人进行核查，以核实应聘表中的情况是否属实，进一步了解其学习情况和工作经历。其次，通过原单位或雇主了解其以前的工作态度、工作业绩、个人品质、健康情况等。根据面试、技能测试、核实材料，可以对应聘者能否适应工作做出基本判断。

7. 办理相关证件

①海员证、船员服务簿。通过相关海事部门专业考核所获得的海上从业证书。

②护照、签证与工作邀请函。通过邮轮公司面试之后，员工会接收到邮轮公司寄出的工作邀请函。员工持工作邀请函与护照办理相应的签证手续。

③健康证、国际预防接种证。国际上对出、入国境人员均有卫生检疫要求，需要办理健康证以及国际预防接种证。

依据工作邀请函上的时间前往邮轮上岗。

三、船员的培训

（一）培训的含义和类型

培训是一种有组织的管理训诫行为。为了达到统一的科学技术规范、标准化作业，通过目标规划设定、知识和信息传递、技能熟练演练、作业达成评测、结果交流公告等流程，让员工通过一定的教育训练，提高水平，达到预期的目的。

邮轮员工培训是一个系统的过程，它通过提高员工的技能水平，增强员工对邮轮公司规划和理念的理解，改进员工的工作态度，提高员工个人能力和工作要求之间的契合程度。常见的邮轮员工培训包括入职培训（Induction Training）和在岗培训（In-Service Training）两种类型。

1. 入职培训

入职培训又称为岗前培训，是邮轮员工在正式进入邮轮工作之前所接受的培训。入职培训的目的是让新员工对邮轮工作特性与岗位职责有一个初步的了解。对于很多第一次上邮轮工作的员工来说，进入陌生的环境，往往会感受到压力，比如环境与人员的陌生、经验与岗位的短暂不适、理想与现实的落差等，从而导致不能全身心地投入工作，既不利于邮轮的经营，也不利于员工的自身发展。入职培训可以缓解员工的焦虑和困惑，帮助员工快速消除陌生感并尽快融入工作环境，培养员工对邮轮工作的积极态度。

邮轮公司新员工的入职培训一般为2周至1个月，采取集中课堂培训的方法，并对每个人的培训效果进行严格评价。主要内容是：公司培训师向新入职员工介绍公司创建背景、经营理念、品牌特色、客源状况、组织结构、规章制度等，以帮助员工融入企业文化，培养员工的归属感。培训师在新员工培训方面有很多优势，比如：丰富的邮轮实务经验，熟悉邮轮公司文化，熟悉邮轮内部专用沟通语言，擅长与新员工沟通和交流等。各大邮轮公司根据情况的不同可以灵活安排入职培训，以达到预期的效果。

2. 在岗培训

在岗培训是对已经有一定教育背景并且已经在岗位工作的员工进行的再培训活动。根据培训目的不同，在岗培训可以分为转岗、晋升培训和改善绩效培训两种类型。

（1）转岗、晋升培训

转岗培训是对已经批准转换岗位的员工进行的，旨在使员工达到新的岗位要求。晋升培训主要针对拟晋升人员，旨在使其达到更高一级岗位要求。转岗晋升培训内容主要是新岗位或高级岗位的任职要求与技能训练。

（2）改善绩效培训

改善绩效培训是希望员工提高工作绩效而进行的在岗培训，培训内容涵盖公司经营理念、邮轮品牌特色、岗位规章制度、对客服务技巧等方面，通过集中授课、操作要领指导等方式进行。皇家加勒比、歌诗达等邮轮公司都为员工制作了书面以及视频培训资料，员工在工作之余要进行自学并接受考核。

提升在岗员工操作技能常用的方法是工作指导（Job Instruction），即对某项工作需要做什么以及如何做进行详细的指导，是在岗培训的一种极为有效的方式。工作指导可以从知识、技能等方面进行，主要侧重于业务知识的掌握和具体操作规程的演练，尽量使员工熟练掌握必备的服务技巧以及应对突发事件的能力。

培训过程主要包括两个方面：一是展示并告知受训者做什么、怎么做，二是让受训者实际操作并按照正确的做法独立熟练操作。培训实施者首先必须解释和示范工作内容，然后让受训者练习，一步一步地示范操作，必要时纠正错误，直到受训者能正确履行岗位职责为止。

岗位工作指导对员工完成相对单一的工作任务非常有效，其有效性归根于为员工提供了实践机会并收到针对性的强反馈。入职培训使邮轮员工具备了基本的岗位任职资格，但并不意味着员工已尽善尽美，也不能确保每个员工都能达到要求。工作指导可以弥补入职培训的不足，使邮轮员工进一步发展和提高自己的工作能力，更好地完成邮轮上的工作。

（二）培训的作用

1. 提高员工的认识水平

首先，通过培训可以提高员工对邮轮工作的认识，引导他们正视各种现象，摆正金钱、物质和本职工作的关系，提高遵守职业道德标准的自觉性。服务工作是社会工作中非常重要的一部分，在社会中我们每个人既是服务员又是顾客，既是生产者又是消费者。作为一名服务员，必须具备爱岗敬业的职业精神。其次，通过培训可以提高员工的质量意识，使员工认识到"宾客至上，服务第一"的重要性，在服务态度、礼貌、礼节、操作技能、工作效率、心理素质等方面自觉地加强修养，在工作中为客人提供优质服务。

2. 掌握专业技能

邮轮上的不同岗位之间存在着明显的不同，因此工作人员除了具备基本的服务技能外，还要掌握某些项目的专业服务技能。这些专业服务技能必须通过认真的培训才能掌握。如游泳池的救护员、按摩室的按摩员、歌舞厅的调音师等某些特殊岗位，还需要特定培训机构培训并经过严格考核之后，才能获得社会和行业认可的上岗合格证。

3. 提高劳动效率

通过培训可以使员工提高认识、掌握技能、增强独立工作的能力，有助于劳动效率的提高。员工工作能力的加强也可以将管理人员从事必躬亲的繁琐工作中解放出来，从而有助于邮轮整体工作效率的提高。另外，培训也可以为员工创造晋升机会，激发其不断进取的工作热情，从而提高邮轮的整体工作效率。

4. 降低经营成本

周密、系统的培训，能够提高员工的工作水平，降低邮轮的经营管理成本。心理学的分析表明，当员工工作有困难而变得心烦意乱时，就会产生工作压力，如果这种压力得不到有效缓解，员工的工作态度就会变差，工作效率就会降低，进而影响服务质量。实践证明，人员非正常流动是造成邮轮企业劳动力成本过高的主要原因。成功的培训能减轻员工的工作压力，减少人员流动，提高生产效率，降低劳动成本。

5. 提高服务质量

游客判断服务质量的高低主要是依据员工的工作态度、工作能力等综合素质，员工的态度和工作表现是邮轮经营成功与否的关键。而要提高员工的综合素质，就必须做好培训工作。

第四节　船员结构及岗位要求

一、邮轮上的船员结构

与油轮或货轮相比，邮轮大部分工作人员都要为游客提供服务。在现代邮轮业中，雇员分为管理者、乘务员和一般职员。管理者是指具有特定权利的雇员，他们分布在四个部门内：航海部、轮机部、广播部以及酒店服务部。乘务员也相应地被分配在这四个部门。一般职员包括商店经理、理发师、美容师、表演人员、摄像师，其中有很多是与特许经营者签约而在船上工作的。图2-2是大型邮轮的船员组织管理结构示意图。

```
                              ┌──────┐
                              │ 船长  │
                              └──┬───┘
        ┌──────────┬────────────┼────────────┬──────────┐
   ┌────┴────┐ ┌───┴────┐  ┌────┴─────┐  ┌───┴────┐
   │ 技术总监 │ │ 员工船长 │  │顾客服务总监│  │ 环境总监 │
   └──┬───┬──┘ └────────┘  └────┬─────┘  └────────┘
 ┌────┴──┐┌┴──────┐  ┌──────┐┌──────┐  ┌─────────┐┌─────────┐
 │高级电工││员工电气│  │高级医生││邮轮主管│  │员工第一事务│员工第一事务│
 │ 主管  ││ 主管  │  │      ││      │  │长（行政）││长（餐饮）│
 └───────┘└───────┘  └──────┘└──────┘  └─────────┘└─────────┘
```

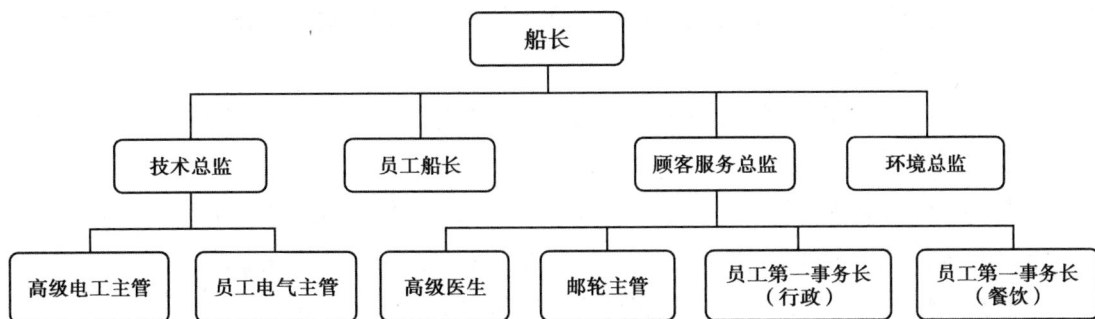

图 2-2　大型邮轮的船员组织管理结构示意图

（一）航海部

航海部主要负责邮轮航海、船体保养和船舶营运中的货物积载、设备装卸、航行中的货物照管；主管驾驶设备，包括导航仪器、信号设备、航海图书资料和通信设备；负责救生、消防、堵漏器材的管理；负责舱、锚、系缆和装卸设备的一般保养；负责货舱系统和舱外淡水、压载水和污水系统的使用和处理。

1.航海部职业分类

航海技术（船舶驾驶）部海员职业可以分为：船长、驾驶员（大副、二副、三副）、值班水手等。其中船长和大副属于管理级的海员，二副、三副属于操作级海员，水手属于支持级海员。

2.航海部的岗位职责

（1）管理级海员的职责

船长：船长是船舶领导人，负责船舶安全运输生产和行政管理工作，对公司负责。主要工作包括领导全体船员贯彻国家的方针政策、法令法规和公司下达的各项指示和规定；高效完成运输生产和其他任务，最大限度地保障船舶和生命财产的安全以及发挥船舶正常航海和运货；严守国际公约和地区性规定及承担应尽的国际义务；遇到应急情况时果断而稳妥地处理各项事务。

在英、美等国，船长不属于船员，而单独作为一种职业。在我国，船长也是一种职称（"船长"是中级职称，"高级船长"是高级职称）。如今，我国有很多非船员的职业也多由或者必须由具有船长资质的人来担任，比如海事调查官、航运公司或国际船舶管理公司的海务部、船务部负责人以及其他指定人员等。

大副：主持甲板日常工作，协助船长做好安全生产和船舶航行，担任航行值班；主管货物装卸、运输和甲板部的保养工作；负责制订并组织实施甲板部各项工作计划；负责编制货物积载计划、维护保养计划；主持安全月活动和相关安全工作。

（2）操作级海员的职责

二副：履行航行和停泊所规定的值班职责；包括航海仪器和操舵仪等主管驾驶设备的

正确使用和日常维护；负责航海图书资料、通告的日常管理和更正工作，以及各种记录的登录。

三副：履行航行和停泊所规定的值班职责，主管救生、消防设备的日常管理和维护工作。

（3）支持级海员的职责

水手长：在大副领导下，具体负责木匠和水手工作；做好锚、缆、装卸设备的养护维修工作；带领水手做好油漆、帆缆、高空、舷外、起重、操舵及其他船艺工作。

一水：执行操舵、航行值班职责和日常甲板部的维护保养工作。

二水：执行带缆、收放舷梯和甲板部的各种工艺工作。

航海部可以通过他们所佩戴的肩章上的纯金色条纹来辨别，船长肩章上的条纹为四条。以皇家加勒比游轮的制服为例，其航海部主任肩章上的条纹为三条，大副为两条半，二副为两条，三副为一条半，四副为一条，学员一般为一条或半条。航海部的标志是钻石。

（二）轮机部

轮机部主要负责主机、锅炉、辅机及各类机电设备的管理、使用和维护；负责全船电力系统的管理和维护工作。

1. 轮机部职业分类

轮机部海员职业可以分为轮机长、轮机员（大管轮、二管轮、三管轮）、电机员、铜匠、修理工、值班机工。其中，轮机长和大管轮属于管理级的海员，二管轮、三管轮、电机员属于操作级海员，铜匠、修理工、值班机工属于支持级海员。

2. 轮机部岗位职责

（1）管理级海员的职责

轮机长：是全船机械、电力、电气设备的技术总负责人。全面负责轮机部的生产和行政管理工作；检查轮机部各项规章制度的执行以使各种设备保持良好的技术状态。

大管轮：在轮机长的领导下，参加机舱值班，维护机舱正常的工作秩序；主管推进装置及附加设备，锅炉以及润滑冷却、燃油、起动空气、超重动力和应急装置的使用和维护。

（2）操作级海员的职责

二管轮：履行值班职责，主管辅机及其附属系统、应急发电系统与燃油柜、驳运泵、分油机、空压机、油水分离设备和污油柜的使用和维护工作。

三管轮：履行值班职责，主管副锅炉及其附属系统、各种水泵、甲板机械、应急设备和各种管系。

电机员：主管船上所有电器设备，主要职责是电路板维修与电器设备保养。

（3）支持级海员的职责

铜匠、修理工、值班机工：在轮机长和大管轮的领导下，履行轮机值班职责，参加机电设备的维修保养工作。

轮机长肩章有四条金色与紫色相间的条纹，总电工有三条，大管轮两条半，二管轮两条。该部门有两个标志：佩戴推进器标志的是技术工程人员，佩戴电流图标志的是电工。

3.航海部与轮机部的职业特点

驾驶海船，漂洋过海，海员是一种特殊的职业，受到国际公约的保护。其职业特点与其他职业具有共性，但更有许多不同点：

技术性：驾驶与管理船舶需要有专业知识。

独立性：驾驶与管理船舶的过程中，每个海员发挥着不同的作用，互不替代。

团队性：驾驶与管理船舶是系统工作，需要海员协同工作。

艰苦性、风险性：海员远离陆地，以船为家，在相对封闭的环境中驾驶船舶，在各种海况的大海上长期航行。

这些特点，决定了海员不仅要有强健的体魄、娴熟的专业技能，还要具备良好的心理素质、较强的环境适应能力和应对突发事件的应变能力，海员职业对从业人员具有相当高的职业素养要求。

依据邮轮航行时海员工作的特点，一般工作时间被划分为4小时一班，具体要求详见邮轮安全章节。

（三）无线电人员

通常有一个无线电主任，根据船上需要，可能还会增加额外的无线电人员。无线电部门负责所有的通信，包括广播、电传、电报、电话以及互联网和卫星通信。无线电人员及其助理（协助无线电人员的员工）隶属工程技术部，但他们与导航员工作合作密切，因此，无线电室通常位于靠近船舶横梁的位置。

无线电（或通信）主任佩戴三道金色和绿色相间的条纹肩章，其他无线电人员与甲板部人员和工程人员的划分类型一样。无线电或通信部的标志是无线电信号。这个职位正在快速消失，在电子化时代，技术类职位可以由一位电信负责人担任。

（四）医疗部

由于邮轮是一个特定规模的社区，邮轮上需要医疗队。主任医生在其他医疗人员的支持下领导这个部门。根据船舶和客人的需要，可能还要安排一个或两个甚至更多的护士（一般是有官级的）。一些船舶还雇用勤杂工，他们通常是普通员工。大型邮轮还会雇用药剂师、理疗师和牙医。一些船上还有太平间。

医务人员肩章通常有三条金色和红色的条纹。该部门的标志是MERCURY的手杖（二蛇盘绕，为医术的标志）。在船上提供医疗服务，对船上的健康是必要的。医疗队通过提供专家服务也创造收益，正因为如此，一些邮轮公司将医疗队安排在酒店服务部。

（五）娱乐部

娱乐部总监（Cruise Director）通常由娱乐界的资深专业人士担任。娱乐部负责安排邮轮游客（和船员）的所有娱乐活动，雇用的人员众多，包括音乐师、舞者、喜剧演员、演员、歌手、社交主持、音响和灯光工作人员、舞台技术人员、客座讲师、港口讲解员、保健人员、保健和运动指导、负责儿童的工作人员和专家等。

娱乐部总监协调邮轮上的所有娱乐活动，乐于社交，负责主持游客登船欢迎会和船长招待会，是邮轮员工和游客之间的沟通纽带。娱乐部副总监（Assistant Cruise Director）是娱乐部总监的得力助手。

娱乐部的工作在邮轮上也是比较受欢迎的，包括娱乐部职员（Cruise Staff）、活动协调员（Activity Co-ordinator）、潜水教练（Dive Instructor）、音乐主持人（Disc Jockey）、艺人（Entertainer）、特邀嘉宾（Guest Entertainer）、喜剧演员（Comedian）、歌手（Singer）、舞蹈演员（Dancer）、乐师（Musician）、演说家（Lecyuer）等。

娱乐部总监的制服通常跟三道条杠的长官是同等级别的，并与酒店服务部门的相类似。

（六）酒店部

酒店服务人员在员工数量上是否占主导地位，取决于经营规模。负责这个部门的人通常称为酒店经理或执行事务长。传统意义上讲，"Purser"这个术语是指事务长，是"Purse"的派生词，但是，不同的邮轮公司的使用方式不同。负责酒店服务部的管理人员有四条金色和白色相间的条纹。行政总厨、餐饮经理和副事务长有三条。高级助理事务长、助理餐饮经理、酒吧经理和客房经理有两条半。第二事务长有两条。该部门的标志是三叶草。

根据邮轮公司的不同以及所关注的核心价值、顾客类型和提供的产品的不同，酒店部可能是较传统的，也可能是较现代的，犹如陆地上的现代酒店一样。因为该部门是本书的重点，该部门的各类职位将在以后部分进行更加深入的描述。

二、邮轮酒店部的岗位设置及任职要求

（一）邮轮酒店部的岗位设置

邮轮酒店部的岗位设置因所属邮轮公司的不同而有所不同，但常见的岗位通常包括前台经理、餐厅经理、酒吧经理、行政总厨、客舱经理以及各自下属的职位等。

1. 前台经理（Front Deck Manager）

前台经理管理前台接待员（Receptionist），为游客办理入住、退房手续，核查游客入住客舱期间的账单，同时受理顾客投诉、行李遗失、调换房间以及货币兑换业务。

2. 餐厅经理（Food and Beverage Manager）

餐厅经理负责带领餐厅部门的员工为游客提供各式食物和饮品，同时进行餐厅的收支核算。餐厅经理领导的主要员工有餐厅服务员领班（Dining Room Head Waiter）、餐厅服务员（Dining Room Waiter）、餐厅助理服务员（Dining Room Assistant Waiter）、咖啡厅服务员（Cafe Wait Staff）、自助餐服务员（Buffet Server）、洗碗工（Dishwasher）、餐厅勤杂工（Busboy）等。与高级职员相比，这些员工的薪水较低，但获得小费的机会比较多。

3. 酒吧经理（Bar Manager）

酒吧经理带领酒吧服务员（Bar Server）、鸡尾酒服务员（Cocktail Server）、调酒师（Bar Tender）以及侍酒师（Wine Steward）等为游客提供各类酒水服务。

4. 行政总厨（Executive Chef）

行政总厨负责所有厨房部门的运营与管理，监督食物的准备过程，确保离开厨房的所有食品的品质。在邮轮上的厨房，行政总厨带领副厨师长（Sous Chef）、西式糕点主厨（Pastry Chef）、厨房领班（Demi Chef）、面包师（Baker）等为游客准备美味可口的食物。

5. 客舱经理（Housekeeping Manager）

客舱经理同样需要有良好的组织管理能力和沟通能力，从而能更好地协调客舱服务员领班（Head Room Attendant）、客舱服务员（Room Attendant）、洗衣房主管（Laundry Supervisor）、洗衣房员工（Laundry Attendant）、行李员（Bell Man）以及公共区域清洁员（Cleaner）等的工作。

除了这些岗位之外，邮轮酒店部还设有秘书（Hotel Secretary）、库存经理（Inventory Officer）、客户关系经理（Guest Relation Manager）、排版员（Desk Top Publisher）、总管事（Chief Crew Steward）等职位。

邮轮上的工作经常是交叉重叠的。邮轮规模越小，其工作交叉进行的可能性也就越大。此外，按照国际惯例，很多为游客提供的服务项目都是采取服务外包或者特许经营的模式，并不是所有邮轮酒店部的工作人员都是邮轮公司的员工。但一般情况下，邮轮酒店员工统称为"邮轮乘务员"或"海乘"。

（二）酒店部任职要求

任职要求是指为了保证工作目标的实现，员工必须具备的知识、经验、技能、素质与行为等方面的要求。

邮轮在浩瀚的大海上航行，游客来自世界不同的国家，这些都对邮轮乘务员提出了更高的要求。对于邮轮员工来说，良好的心态、健康的体魄、娴熟的技能以及必备的专业证书是其任职的基本条件。

1. 良好的心态

良好的心态是在邮轮上工作的首要条件。生活和工作在邮轮这个特殊环境中，对心理有一定的影响。在船工作期间，因职务、岗位、分工的固定化，加上工作性质的特殊性，导致员工无论是工作期间还是休息期间，所扮演的角色基本一成不变。按照心理学理论，角色的不断变化，是促进一个人身心健康的重要指标之一。而邮轮员工在一段时间里角色相对固定、长期缺乏社会信息的交流等容易造成邮轮员工心理活动的模式化，从而导致其心理疲劳，主要表现在强烈的思亲情绪、一定的孤独感、情绪容易变化且心理宣泄的渠道较少等。因此，除了邮轮公司加大对员工的关心和辅导之外，邮轮员工也应该树立良好的心态，具备自我调节能力以及团队合作能力，处理好船上的人际关系。

2. 健康的体魄

除了要具备良好的心态之外，邮轮员工还需要有健康的体魄。邮轮招聘员工时对性别没严格限制，但是对年龄的要求则很明确。亚洲邮轮一般要求员工年满18周岁以上，而欧美邮轮一般要求员工年满21周岁以上。邮轮公司对员工视力没有特殊要求，但要求脸部应无明显疤痕，不能有慢性疾病、传染性疾病以及遗传性易发疾病等。由于邮轮员工的工作量比较大，因此，求职者应该加强体能训练，保持健康体魄。

3. 娴熟的技能

邮轮是个特殊的工作场所，除航海、轮机、医疗等技术部门员工需要掌握相关的专业技能以外，酒店部的员工也必须要在登船工作之前有相关的酒店或邮轮工作经验（Relevant Professional Background），并且能够熟练使用英语或者其他外语进行交流（Good Command of Foreign Language），以便更好地为游客提供服务。

4. 必备的专业证书

邮轮的工作环境不同于陆地上的酒店，且航行的范围较为广泛，因此需要取得相应的海上适任证书和其他相关证件。

①护照、签证与工作邀请函。通过邮轮公司的面试之后，员工会收到邮轮公司所寄出的工作邀请函。员工持工作邀请函与护照办理相应的签证手续。

②健康证、国际预防接种证。近来，随着国际交流的增多，国际间疫情频发，出、入境人员均有卫生检疫要求，需要办理健康证以及国际预防接种证。

③海员证、船员服务簿。通过相关海事部门专业考核所获得的海上从业证书。

【知识链接】

海乘上船的必备证件

证件名称：《海船船员专业培训合格证》

培训名称：熟悉和基本安全专业培训

培训编号：B01

常用叫法：四小证

培训时长：16～22天

办证时间：15～20个工作日

培训内容：熟悉和基本安全培训是熟悉培训和基本安全培训的统称。熟悉培训系指在上船前接受的海上安全、救生、求生、应急、急救等基本知识和技能方面的专业培训，它适用于所有在船上工作的人员，包括一些临时随船工作的人员（如随船调研人员、科学考察人员、船东代表等）。基本安全培训共有"个人求生技能""防火和灭火""基本急救""个人安全和社会责任"四项。

证件名称：《海船船员特殊培训合格证》

培训名称：客船船员特殊培训

培训编号：A09/A08

常用名称：客滚证／客轮证

培训时长：7～12天

办证时间：15～20个工作日

证件介绍：凡在除滚装客船以外的客船上任职的船员以及在滚装客船上仅直接对旅客的安全负有责任的服务人员和保安人员等船员应完成客船船员特殊培训，并取得《客船船员特殊培训合格证》。主管机关将滚装客船船员特殊培训、客船船员特殊培训的培训代码分别统一编码为A08、A09。

证件名称：《国际航行船舶船员专业英语考试合格证明》

培训名称：国际航行船舶船员专业英语培训

培训时间：5～7天、同《熟悉和基本安全专业培训》同期进行。

办证时间：10～15个工作日

证件介绍：所称船员专业英语，是指满足国际航行船舶船员在船上的日常工作和生活中使用英语进行沟通和交流的基础英语。

国际航行船舶船员专业英语考试分为听力和口语两部分，每部分满分为100分，达到60分及以上者为合格。考试成绩部分不合格者，可以在自初次考试之日起3年内申请补考。逾期不能通过全部考试的，已有考试成绩全部失效。

听力和口语考试均合格的人员，由海事管理机构签发《国际航行船舶船员专业英语考试合格证明》。

体检名称：《海员办证体格检查》

办理时间：2～3个工作日

体检内容：身高、身体、视力、色觉、听力、血压、语言能力、无癫痫等各种类型精神病、夜游症。无传染病、HBSAG为阴性、心血管系统、呼吸系统、消化系统、泌尿系统、血液系统、内分泌系统符合船员体检要求。

证件名称：《船员服务簿》

办理时间：10～15个工作日（正常情况）

证件介绍：《船员服务簿》是记录船员本人的资历、有关训练和参加体格检查情况的证件，是船员申请考试、办理职务升级签证和换领船员适任证书的证明文件之一（此证件是由以上证件完毕后、申请办理、直接一条龙服务）。

首次办理：

1.专业培训合格证原件；

2. 二寸白底彩色照片 2 张；

3. 身份证及户口簿本人页复印件各 1 张；

4. 毕业证明或培训证明原件及复印件；

5. 一年以内的船员体格检查表原件（市级以上医院，部分地区有海事局指定医院）；

6. 合同复印件（仅限厨师和服务生）；

7. 船员服务簿申请表；

8. 船员工作单。

证件名称：《海员证》

办理时间：15～20 个工作日

证件介绍：海员证是由中华人民共和国海事局统一印制并签发的中国海员出入中国国境和在境外使用的有效身份证件，是海员的专用护照。它表明持证人具有中华人民共和国国籍，其职业为船员（此证件是由以上所有证件完毕后、申请办理、直接一条龙服务）。

证件名称：《护照》

护照由海乘人员本人在户口所在地办理。

资料来源：中国海乘网 2014-07-10.

讨论： 从海乘上船的必备证件看，你认为如何才能成为一名合格的海乘人员？并谈谈你对"海乘"这一职业的理解。

【复习思考题】

1. 邮轮公司的主要组织部门有哪些？

2. 邮轮公司人员规划包括哪些内容？

3. 邮轮船员招聘有哪些有效途径？

4. 邮轮员工培训有何作用？

5. 邮轮酒店部员工与陆地上的酒店员工的任职要求有何相同点和不同点？

【推荐阅读】

［1］袁旭韬. 国际邮轮公司组织结构及运营流程对我国邮轮公司的启示［J］. 水运管理，2015（1）：22-25.

［2］谢君. 浅谈国际邮轮乘务人员人力资源管理中的心理健康问题［J］. 人才资源开发，2019（3）：74-76.

［3］刘涛. 基于国内旅游市场的邮轮企业人力资源管理研究［D］. 三亚：海南热带海洋学院，2019.

第三章　邮轮服务管理

【本章概要】

　　航行服务是邮轮旅游产品的重要组成要素，也是邮轮公司运营的主要业务领域。在邮轮航行的全过程中，从游客登船到离船，宾客服务贯穿其中，承担着重要的接待任务。为游客提供精心烹饪的创意美食，搭配美酒的绝妙体验以及特色的服务，提供干净、整洁、舒适、安全的客舱环境以及细致便捷、热诚周到的对客服务都是邮轮公司航行服务的重要组成部分。邮轮公司多部门协作，让不同年龄、不同生活规律的游客在邮轮上找到让自己感兴趣的休闲娱乐活动，起到了丰富游客船上生活、增进游客度假体验、提高游客满意度的重要作用。

【学习目标】

　　理解：行李托运的程序；私人管家服务；船长晚宴服务；不同房态邮轮客房的清洁；邮轮娱乐服务项目。

　　熟悉：登船手续；邮轮总机服务；邮轮餐饮经营的特点；特殊的对客服务。

　　掌握：登船中常见问题的处理；邮轮的结账方式；邮轮客舱对客服务；邮轮免税店服务；邮轮未来航程预订。

【开篇导读】

邮轮游迎来数字化改造潮：中国出发邮轮全线接入支付宝

　　近年来国内兴起的邮轮出境游正在迎来一场数字化改造的浪潮。包括歌诗达、公主、皇家加勒比、诺唯真、地中海、星梦、丽星等全球知名邮轮品牌超过18条大型邮轮，已经全部接入了支付宝。

　　2017年6月，往返于上海与日本福冈的歌诗达邮轮·赛琳娜号率先开通支付宝。仅仅用了一年多时间，中国母港出发的所有邮轮都已接入移动支付。今后，即使在没有手机信号的海上，也可以随时用支付宝"买买买"了。

　　支付宝接入解决海上邮轮支付痛点。"目前我们所有的亚洲舰队上都已经接入了支付宝，乘客可以在邮轮上所有的商店、餐厅、酒吧等使用支付宝。"作为全球首家引入智能支付方式的邮轮，歌诗达邮轮集团亚洲总裁 Mario Zanetti 表示："中国消费者在岸上已经非常熟悉并且依赖支付宝作为日常生活的支付方式。原先，乘客们在船上只能使用海外信用卡（Visa、Mastercard 等）和现金进行支付。通过和支付宝的合作，将这种便捷的支付方式也引入到我们邮轮上，使乘客可以享受和岸上无差异的支付体验。另外，歌诗达邮轮也通过与阿里巴巴的合作，为乘客提供各项智能化定制服务，例如电子 Today 日报、问卷调查、点单等服务，从多个方面实现了邮轮的智能化体验。这些都是歌诗达邮轮顺应电子化潮流，将船上消费体验拓展至全新领域，推动邮轮行业向个性化、智能化的重要一步。"Mario Zanetti 说。

因为海上航行的手机信号弱，以往很多中国游客在船上消费时，只能在下船时一次性结账。现在游客可通过扫码将支付宝账户直接与邮轮的房卡进行关联，用于船上购物、餐饮、娱乐活动以及岸上观光等消费，并于每晚通过支付宝结清款项。不仅更符合中国游客的旅游支付习惯，还切实解决了外币兑换、无信用卡和船上排队结账的用户痛点，大大提升了船上收银效率和用户体验。

"因为扫房卡二维码即可支付，大大减少了船方柜台结算的工作压力，消费者也可以省去排队时间，想付即付。"诺唯真游轮控股有限公司中国区董事总经理 Alex Xiang 表示。

"支付宝使船上支付更加快捷、便利，不仅提升了宾客体验，还促进了消费意愿。"MSC 地中海邮轮大中华区总裁黄瑞玲介绍说，作为首批试水接入支付宝的邮轮，2018 年 1 月，MSC 地中海邮轮宣布了与蚂蚁金服的战略合作——MSC 地中海邮轮旗下所有邮轮引入支付宝收付款服务，成为全球首个全船队覆盖支付宝服务的国际邮轮品牌。

中国游客在邮轮上用支付宝方便快捷地"买买买"，其实背后是支付宝定制的邮轮全场景支付解决方案。支付宝相关负责人介绍说，邮轮服务场景相比岸上有其特殊性，邮轮使用卫星网络通讯，网络不稳定且带宽限制较大。此外邮轮上消费可以使用房卡刷卡记账，下船前统一结算。针对这些特殊的使用场景，支付宝定制了邮轮全场景的支付解决方案，不仅解决了网络问题，用最低的网络依赖达到和岸上一致的高成功率，而且支持在上船前和船上将房卡一次性绑定支付宝账号自动扣款，商店内在线和离线的面对面扫码支付，局域网内查看在线账单并自助买单等方式，让用户在船上也能体验手机支付，并可以按个人喜好和场景自由选择合适的方式。"未来我们还考虑在邮轮上接入刷脸支付"。支付宝相关负责人透露说。

资料来源：中国水运网 2019-02-03

阅读思考：各大邮轮公司为解决海上邮轮支付痛点引入支付宝等移动支付平台给你什么样的启示？

第一节　前厅部服务管理

一、登船服务

登船服务（Embarkation）是邮轮前厅服务的核心内容，该服务在邮轮码头完成，工作人员需要先后为几千位客人办理登船，并在 3~4 小时内完成。工作人员除了要为顾客提供主动、热情、礼貌和微笑的服务以外，还要提高工作效率，尽可能缩短顾客办理入住登记的等候时间。

（一）登船准备工作

乘坐邮轮旅游时，办理登船手续是游客必须履行的法定手续。邮轮前厅部会设立登船部（Embarkation Department），设有登船 / 离船专员（Embarkation Officer/ Disembarkation Officer/Clearance Officer）、证件管理员（Documentation/Administrative Officer）等岗位。该部门的服务范围有：负责登船日（Embarkation Day）游客登船手续的办理、负责游客护照的保管、负责停靠港游客的上下船、负责与各港口海关人员沟通游客和船员的出入境事宜等。

邮轮码头登船服务具有面对面接触、规程严谨、接触时间短、量大且复杂的特点，而且对游客能否顺利登船及邮轮能否按时起航产生重要影响，因此，登船服务是邮轮前厅服务的关键环节。游客在办理登船的过程中，对邮轮服务的第一印象，对于营造热情、友好的氛围和建立良好的商务关系非常重要。以下是办理登船手续所需的相关物品及证件：

1. 邮轮船卡

邮轮船卡（Cruise Seapass Card）也称邮轮登船卡、邮轮通行卡，在游客办理完预订手续后，邮轮前厅部员工会为每一位游客制作邮轮船卡，并在登船时凭借船票领取，邮轮船卡人手一张。该卡非常重要，交给游客时一定要提醒其小心保管，若不小心遗失或消磁，应第一时间找到邮轮前台员工重新制作或充磁。邮轮船卡具有以下作用：游客巡游期间的身份证明（Personal Onboard ID Card），游客登船和下船的通行证（Passport），舱房的房卡或钥匙卡（Cabin Key Card），游客在船上的消费卡（Cruise Credit Card），游客在主餐厅的用餐证明，游客在船上享受不同会员等级福利的会员卡（Membership Card）。

2. 行李牌

办理行李托运服务时，邮轮公司会向游客提供邮轮行李牌。游客需要在标签上写明姓名和客舱号，并将该行李牌固定在行李把手上。行李经过海关检查后，将先放置在行李托运处，然后由邮轮工作人员直接送至游客的客舱。

3. 邮轮日报

邮轮每天为游客准备每日报纸，即邮轮日报，由客舱服务员提前送至游客的舱房。邮轮日报就是详细的邮轮指南，主要内容是当日活动安排，包括时间、地点、用餐信息、娱乐活动、节目演出、航程信息、购物促销、岸上观光介绍等。

4. 紧急救生演习卡

除了邮轮船卡，有的邮轮还为游客提供紧急救生演习卡（Emergency Drill Card）以确保所有游客均参加过紧急救生演习。如在邮轮上听到 7 短 1 长的紧急报警信号时，游客需穿戴好救生衣并携带此卡前往紧急集合点参加紧急救生演习，紧急救生演习卡一般是红色的，此卡将在演习集合时被工作人员回收。

5. 餐席卡

有的邮轮公司会为游客提供餐席卡，卡上内容有游客晚餐就餐的地点、时间和桌号，游客可拿着餐席卡到指定的主餐厅用餐。部分邮轮的餐席卡信息印制在游客的邮轮船卡上。

6. 付费转账登记表

办理登船时，工作人员会询问游客是否需要将邮轮船卡绑定信用卡以开通其消费功能，如果需要绑定，工作人员会请游客填写一份申请单。

7. 护照领取卡

从中国母港出发的国际邮轮，需要收集游客的护照原件并同意代为保管，收取后会给予一张护照领取卡，并提醒游客妥善保管，下船时凭此卡领取护照。

8. 船票（Cruise Ticket）

船票即电子船票（E-Ticket），也称为上船通行证，是游客在出发前，通过邮轮公司的网站进行登记，然后打印出的登船证明性文件。船票非常重要，即是游客旅游行程的书面确认，还可以简化码头登船手续。在到达邮轮码头办理上船手续时，需要游客出示船票。

9. 护照及签证

护照是一个主权国家发给本国公民出入国境和国外旅行、居住的身份证明与国籍证明。持照人享有护照颁发国的外交保护。护照是一种官方的证明文件，一般由主权国家颁发。我国颁发护照的机关是外交部和公安部及其授权的地方外事部门、公安部门。

签证是一个国家的主权机关在外国公民所持的护照或者其他旅行证件上的签注、盖印，以表示允许其出入本国国境或者经过国境的手续，也可以说是颁发给他们的一项签注式的证明。概括地说，签证是一个国家的出入境管理机构对外国公民表示批准入境所签发的一种文件。

持有效护照的我国公民不论因公或者因私出国，除了前往同我国签订有互免签证协议的国家外，事先均须获得前往国家的签证。签证一般制作在护照上，和护照同时使用。未建交国通常将签证制作在另纸上，称为另纸签证，与护照同时使用。

邮轮旅行途经的国家和地区，会要求邮轮游客出示相应的证件，包括有效护照、签证，许多国家要求游客的护照在旅行结束后仍保持至少 6 个月的有效期。另外，护照上的名字应与游客预订时使用的名字一致，护照应有足够的空白页容纳出入境签注和可能需要的签证。

10. 检疫 / 健康证明

所有游客都有责任确保其个人身体健康，适合旅行。疾病预防控制中心（CDC）及世界卫生组织（WTO）已为各国所需的疫苗接种提供指导原则。在大多数情况下，邮轮建议游客进行预防接种，但在某些情况，预防接种则属必须。因此邮轮建议，游客应与当地专业医疗人员，或是受世界卫生组织鉴定合格的旅游医药专员联系查询。

出于公共安全和相关法规的要求，所有游客都需如实申报健康状况。若有任何不适，无论是个签还是团签游客，都需要在到达码头后，第一时间告知邮轮公司地面工作人员，便于进一步的检查和安排。

11. 家庭法律文件

对于未成年人登船，国际邮轮与我国邮轮对相关文件的要求有些许差异。总的来说，需要携带父母签字的"授权声明信"和"随行监护人承诺"以及父母身份证明。由于国际邮轮多数通过国内旅行社或代理商对外售票和组织游客办理签证事宜，实际需要的文件可能会由于不同旅行社或代理商的规定不同而有所区别。

为了孕妇的健康与安全，邮轮公司要求登船的孕妇须确保直到离船日的孕期未满 24 周，并在办理登船手续时出示相关医学证明。证明需由注册 / 特许执业医师开具，并需证明妊娠正常，母亲和婴儿健康状况良好，适合旅行，且非高风险怀孕，同时说明预产日期。

大多数国际邮轮公司并没有对邮轮游客的最大年龄提出要求，但国内旅行社或代理商在组织邮轮旅游时会对游客的最大年龄提出要求，一般不接受 80 周岁以上游客的预定，并要求 70 周岁以上老年人出示适宜旅行的健康证明。

另外，在办理签证和出境的时候，可能需要更多的相关文件如资产证明、户口本、银行流水证明、健康申报表、入境卡等文件，具体需咨询旅行社代理商和办理签证的大使馆。

（二）登船手续

邮轮登船大致可以分为两大环节：一是在线登记（Online Check-in / Web Check-in）并打印电子船票等旅行文件，二是码头登船并领取邮轮登船卡。

1. 在线登记

办理在线登记，是为了帮助游客简化在邮轮码头办理登船手续时繁琐的文件填写步骤，节省排队等候的时间。当游客抵达邮轮码头办理登船手续时，只需出示通过此系统完成登记的电子船票文件（Boarding Pass）（需附上游客的签名）、有效身份证明文件及船上消费时使用的信用卡即可快速地完成登船手续的办理。

以下是在线登记的步骤：

①登录邮轮公司官网。

②在出现的在线登记页面（Online Check-in）填写包括姓氏、预订编号、航行日期、乘坐邮轮的船名等完整登录信息。

③进入网上登记系统。

④填写游客个人资料：预订信息、个人信息、紧急联系人信息、身份证明信息、邮轮旅游历史信息。

⑤设定船上消费账户：可选择信用卡作为船上支付方式，但必须是国际信用卡，且持卡人必须要为登船的游客，不能使用其他本次不登船的顾客的信用卡作为船上支付方式；也可以选择现金作为船上的支付方式，必须在登船后到前台缴纳一定数量的押金作为消费保证金；也可以先不设定船上的消费账户，在码头登船时设定，或登船后在前台设定。

⑥确认游客阅读登船须知。

⑦打印上传通行证（Set Sail Pass）和行李牌（Luggage Tags）。

⑧索取邮轮重要文件（Cruise Documentation）：所有游客须仔细阅读客票手册（Guest Ticket Booklet）的内容，特别是其中客票合同（Cruise Ticket Contract）的内容，它包含了游客的权利及限制。

⑨预订船上设施（Cruise Planner）：邮轮上的许多设施和服务需要提前预订，如果已经选中了收费的预定项目，邮轮公司将会实时从信用卡中扣除费用。如取消，船公司将不会全额退回。此外，网上登记系统将于出发前7天停止接受登记及设施预定。

2. 码头登船

码头登船是指登船日（Embarkation Day）游客在码头办理登记手续和出入境相关手续并登船。

（1）码头登船的时间

在离船/登船日（Disembarkation Day），邮轮要安全、顺利地送走上一批客人，并迅速准备舱房和饮食，然后迎接下一批客人登船。大部分邮轮为游客办理登船手续的时间约为中午12点之后，并要求游客至少应于邮轮预订起航时间前3小时到达码头并尽快办理登记手续。为使邮轮可以准时起航，办理登记手续的柜台会在开船前1小时关闭，因此邮轮公司要求起航前1小时全部游客必须登船完毕，所有迟到的游客将无法登船。

码头登船需要准备的资料：上船通行证（带签名）或电子船票，护照等身份证件，签证等相关材料以及国际信用卡。

（2）码头登船的手续

码头登船的手续比较简单，尤其是已经完成在线登记的游客，只需向登船部工作人员出示在线登记后打印出来的邮轮登船文件，如电子船票、登船通行证等，工作人员核对之后即可登船。

游客到达码头后，需要先到行李托运处办理行李托运；行李托运完毕后，游客可到登船柜台（Embarkation Counter）办理登记手续，然后凭电子船票或登船通行证换取邮轮船卡；根据国际安保单位与邮轮公司的要求，所有游客携带的物品及行李必须进行安全检查（Security Check, Immigration and Customs Formalities），即口岸检查（包括边防检查、海关检查、卫生检疫、动植物检疫和安全检查等）；廊桥登船（Aboard the ship through the Gangway），邮轮登船部工作人员指引游客从登船口登船并索取护照等旅游证件，全程统一代为保管，要求全体游客进行登船安检拍照，将照片信息存入邮轮的系统中并与邮轮船卡关联。

游客登船过程是整体邮轮度假体验的重要一环，邮轮公司应重视游客相关体验，并与码头和相关政府单位协调各项上船通关事宜，最大限度地缩短游客在码头办理登船及等候时间，积极以国际邮轮服务标准提供一个安全、流畅的游客登船体验。

（三）登船中常见问题的处理

登船工作和离船工作是邮轮前厅工作的关键环节，其服务效率的高低和服务质量的好坏直接影响到游客能否对邮轮形成好感。登船部员工要在 3～4 个小时内完成几千人的登船和离船并保证没有任何失误，是一个巨大的挑战。因此，登船部员工要与邮轮码头工作人员、海关人员、邮轮岸上工作人员、旅行社或旅游代理商等协调合作才能保证登船和离船工作的顺利进行。而在实际的登船过程中，经常会出现各种各样的问题，如游客要求携带宠物上船、邮轮船卡丢失等。由于登船是邮轮服务的第一线，这些问题处理是否得当直接影响游客的第一印象和对邮轮的评价。

1. 邮轮船卡丢失

若游客在登船之前不小心遗失了邮轮船卡，应立即与登船柜台工作人员联系，说明情况，然后根据工作人员的要求，提供护照等旅游证件，重新办理邮轮船卡和信用卡关联，并将原船卡注销。

2. 携带宠物登船

大多数邮轮公司规定：严禁将任何类型或体型的动物带上邮轮，但是照顾视力障碍游客的服务性动物除外。需带服务性动物上船时，应在预订时向邮轮公司说明情况，以便船上能做好适当安排。当地法令或海关可能会在某些港口或国家限制动物下船，所以动物需要有相应的护照证件，游客还要备妥所有相关文件或健康证明，并将所有资料提交给船方。

有邮轮公司规定，功能性宠物不仅仅指满足游客身体障碍需要的，如导盲，还指能满足游客感情和心理需求的，如情绪障碍。若游客希望携带功能性宠物上船，必须向邮轮公司提出申请，并提供医生证明。

3. 游客错过登船时间

一般而言，在邮轮开航当天中午 12 点以后即可安排码头报到及登船手续。如果是团队游客，将依据旅行社的安排团体登船。若是个人游客，需自行前往码头报到。邮轮起航前 1 小时关闭登船系统，所以游客至少应于船只预订开航时间前 3 小时到达港口。如果游客无法于启航前办妥登船手续，应立刻与邮轮联络，安排前往下一个可办理登船手续的港口登船，但游客需自行负担因此产生的费用，如住宿、交通、机票、签证、饮食等。如游客选择放弃登船，是无法获得任何退费的。另外，由于邮轮的船位无法分段销售，如果游客中途下船，剩下的行程也是无法获得退费的。

二、礼宾服务

为了更好地为游客提供服务，同时体现邮轮的档次和服务水准，邮轮中往往设立礼宾部，为游客提供礼宾服务，其英文名称为"Concierge"或"Bell Service"。礼宾部能提供"一条龙服务"，能让 VIP 游客和套房游客享受到更高质量的礼宾服务，与一般的游客权益有所区分。礼宾部主要负责 VIP 和套房游客优先上下船、行李托运、优先预订娱乐、餐饮和特殊服务、私人定制岸上游、岸上游行程规划、私人管家服务及其他一切综合委托代办工作。

（一）行李服务

行李服务是邮轮礼宾服务的一项重要内容，由行李员（Baggage Handler）负责提供。

1. 登船行李托运

登船行李服务是码头登船手续中非常重要的一个环节，办理行李托运是游客办理登船手续的第一步，行李托运服务的质量直接关系到游客对邮轮的第一印象。

行李托运（Luggage Drop Off）一般安排在办理登船手续的同时，其时间可参考码头登船时间，到达码头后首先找到行李托运处，根据工作人员的要求办理行李托运手续。

行李托运处一般设置于登船大厅的某处，既方便游客寻找又方便行李员搬运，具体位置要看不同邮轮母港的各自安排，可参考各邮轮母港的登船指南。

2. 母港行李托运的程序

①行李过安检。根据国际安保与邮轮公司的要求，所有游客携带的物品及行李必须进行安全检查。在安检程序中，安保人员有权检查游客及其随身行李并且没收任何可能威胁到游客、船员安全的物品。

②获取并完整填写行李标签。游客可自行打印行李标签，或从旅行社、代理商或码头行李托运工作人员处领取行李标签。若是空白的行李标签需完整填写姓名和舱房号码，填写的姓名需与游客护照上的姓名一致，保证所填写的信息准确无误。

③将行李标签挂到或粘贴到行李箱上。检查行李中是否有不能托运的物品，并注意贵重物品、登船证件及个人物品等要随身携带，然后将行李箱锁好，并将填写完整的行李标挂到或粘贴到行李箱上，并保证行李标签在行李托运过程中不会脱落。

④与行李员办理行李交接手续并领取行李托运凭证。行李打包完毕并挂上行李标签交给行李员，从行李员手中领取行李托运凭证，以此作为行李托运丢失和破损追责的凭证。

⑤将行李放置到行李堆放区。办理完行李托运，游客可放心办理登船手续，行李员将行李暂时放置到行李堆放区，后面会陆续将行李搬运上船。

⑥海关检查行李。海关将对游客托运的大件行李进行检查。

⑦装运行李并送至游客舱房门口。装行李车时，要注意将大件、重件、硬件放在下面，

小件、软件、轻件装在上面。另外，搬运行李时必须小心，不可用力过大，更不许踢游客的行李。行李员通过专门的行李通道将行李陆续运送到船上，并根据游客的舱房号放置到舱房门口，游客到达邮轮后可将行李拿回房间。

3. 上船行李托运的注意事项

①邮轮不接受任何违禁物品、危险物品的托运，如火药、武器、刀具等。在安检程序中，安保人员有权检查游客及其随身行李并且没收任何可能威胁到游客、船员安全的物品，例如武器、刀具、锅炉、熨斗等。

②邮轮不接受贵重物品的托运。

③为了游客和船员的健康与安全，邮轮严格禁止任何食品或饮料通过手提行李或托运行李携带上船。个人护理用品（如洗发水、防晒油等）、婴儿护理用品，由医生出具证明的液体药品不受此规定限制。

④登船所需的文件一定要随身携带，不要放于托运的行李中，以免耽误游客登船。

⑤邮轮只接受大件行李的托运，小件行李可托运也可随身携带，旅行背包等不接受托运。

⑥邮轮托运的行李有严格的尺寸及重量限制，如地中海邮轮公司建议每位登船游客最多携带 2 件托运行李，行李尺寸不超过 90 厘米 ×75 厘米 ×43 厘米，重量在 23 千克以下，以及 2 件随身行李，大小不超 56 厘米 ×45 厘米 ×25 厘米，重量在 23 千克以下。若行李过大会被邮轮公司拒绝托运，行李超重要收取一定的费用。游客在参加邮轮旅游时，需要关注不同邮轮公司对托运行李的要求，以免耽误行程。

⑦所有要托运的行李都要挂上行李标签，并确保行李标签填写完整和准确无误。若忘挂行李标签或行李标签中途脱落，行李员无法准确送达到游客房间，游客需及时跟船方联系，领取自己的行李。

4. 离船行李托运

当邮轮行程结束，准备下船时，游客需要在离船前一天晚上 23 点之前将行李打包好，贴上行李标签，放在舱房门口。行李员会收走游客的行李集中存放，待船到港时统一将行李送出。

离船前一天，服务员会把离船指南和行李标签送到游客的房间里，每张行李标签上都印有号码，这些号码代表下船的先后顺序，游客可以在离船指南或舱内的电视上看到所有的下船信息，对照指南上的离船时刻表，在指定的时间到指定的地点集合统一离船，下船后到指定地点领取行李。

5. 离船行李托运的注意事项

①注意离船文件、个人财物、贵重物品等不能放于托运的行李中，以免丢失和耽误离船。

②托运的行李中不能放置易碎品，如在邮轮商店、岸上游览或中途停靠时购买的酒水

等不能托运，建议游客自行携带下船。

③大件行李和不能手提的行李可办理行李托运，背包、手提包等建议随身携带。

④托运的行李必须打包好，行李箱要上锁。

⑤游客选择托运行李，离船当日务必提前到达集合点并按照规定时间离船。因行李是按照游客离船时间来运送的，提前或者延迟离船都有可能导致找不到行李。

⑥若游客所有的行李都自己携带下船，没有办理行李托运，便可自主下船，也就是可以先于托运行李的游客下船，不需要集中统一，可以在离船过程中的任意时间下船。

⑦提供换舱行李服务时，若游客在舱房内，尽量请游客自己整理细小的物件或按游客的要求帮助整理和搬运；若游客不在舱房内，应事先得到游客的许可并请游客整理好行李，然后与客舱服务员一起搬运行李，若游客的行李仍未整理好，要记住游客的行李件数、种类、摆放位置、行李搬到新的舱房后应按原样放好。另外，报刊、杂志等要全部搬去新的客舱，不可任意处理，行李员还应仔细检查衣柜、抽屉、卫生间，查看有无游客遗留的物品。

⑧残疾人士的行李会被贴上红色的行李标签，被优先搬运下船。

（二）贵宾服务

邮轮礼宾服务，主要是为贵宾（VIP）和入住套房的游客提供高水平、高质量的专门服务，是在邮轮具有高水平设施设备以及完善的操作流程基础上，高层次管理水平和服务水平的体现。

邮轮礼宾服务，也称为贵宾服务，其实就是高级的委托代办服务，是由礼宾部员工完成的各种委托代办服务。礼宾部贵宾服务主要由礼宾部主管、礼宾关系专员和私人管家等工作岗位负责提供，其服务内容从上下船陪同、行李托运，到船上用餐、娱乐、护理等服务的预订，再到岸上游览行程规划、车辆租用等，为游客提供满意加惊喜的服务，直到邮轮行程结束。

1. 邮轮礼宾计划

为了给游客提供更好的邮轮体验，满足贵宾（VIP）和套房游客的个性化需求，所有邮轮都会提供邮轮礼宾计划（Concierge Program），由礼宾主管及礼宾关系专员负责。

邮轮礼宾计划的主要内容是在邮轮上设置礼宾俱乐部和礼宾级套房。

（1）礼宾俱乐部

邮轮一般在套房甲板某一区域设置礼宾俱乐部 Concierge Club/Concierge Lounge，也称为贵宾休息室，礼宾俱乐部是贵宾（VIP）和套房游客专享的私密区域，该俱乐部只对贵宾（VIP）和套房游客开放，需持有邮轮船卡刷卡进入，普通游客不能进入。

（2）礼宾级套房

一些豪华邮轮还为贵宾提供礼宾级套房（Concierge Suites），这些舱房设置在每艘邮轮最令人向往的位置。专为贵宾设计的舱房，让每个小细节都成为豪华的享受。还有令人喜出望外的贴心服务，例如鲜花摆饰、个性化文具用品以及免费的擦鞋服务，贵宾甚至可以自己从枕头选项中挑选的心仪的枕头类型和材质。礼宾级套房重视细节的态度将会令贵宾感到惊讶。

2.邮轮礼宾俱乐部的设施和服务

礼宾俱乐部里设置有礼宾服务台（Concierge Desk）、沙发座椅、茶几、吧台等设施。礼宾俱乐部类似于酒店中的行政楼层酒廊，入住礼宾级套房及以上的游客可直接来到礼宾服务台，礼宾专员会满足游客的个性化需求。

作为礼宾俱乐部游客，游客可获得不对其他游客开放的设施与服务，具体内容如下：

①私人化的设施：俱乐部每天 8:00—10:00 提供欧式早餐；在旅行第二晚，俱乐部开始在晚餐前后分别提供开胃菜和小点心。

②可使用贵宾吧台，免费的自助服务吧为游客提供便利。

③特色餐厅预订、岸上观光、赤足沙滩小屋。

④预约美容或水疗服务。

⑤协助预订演出门票。

⑥可以向礼宾人员租借影片与 CD。

⑦日常菜单展示与晚餐订餐前提供葡萄酒。

⑧商业服务，协助传真或复印，此项服务为收费服务。

⑨协助安排私人派对。

每天 8:30—11:30 和 17:00—20:30，贵宾俱乐部设有一位礼宾专员来协助和满足游客的各种需求。贵宾休息室为禁烟区域。游客在贵宾休息室时应遵守时尚休闲着装要求（禁止穿着泳装，禁止脱鞋）。21 周岁及以下游客必须一直由至少一位家长或监护人陪同。

3.私人管家服务

管家服务（Butler Service）是某些邮轮为豪华套房的游客提供的一项服务（如果是银海邮轮，每间舱房都有私人管家）。管家服务受欢迎程度一直稳步增长——不仅在奢华邮轮中，而且也在大众邮轮和高档邮轮中。主流邮轮如歌诗达邮轮、地中海邮轮、诺唯真邮轮和铁行邮轮在其顶级套房中也会提供私人管家服务。

一个训练有素且有责任心的管家可以帮忙完成客舱服务员工作以外的服务，为游客提供客舱服务员没有机会或没有时间提供的特殊服务。管家可以帮忙完成以下事项：

①协助游客打包和收拾行李。

②帮助游客预订餐厅。

③提供开胃小菜和晚餐。

④提供快速洗衣、干洗和熨烫服务。

⑤调制鸡尾酒。

⑥安排鸡尾酒会或聚餐。

三、前台接待服务

前台（Front Desk/Reception Desk/Guest Relations Desk）是邮轮上直接对客服务的场所，也是各项信息汇集的中心，直接为游客提供对客服务。接待服务是前台最为重要的服务，豪华邮轮必须设立专职的接待机构，24小时为游客解答各种问题并提供帮助。前台接待服务主要包括：为游客办理换舱、舱房升级、退舱及其他各项相关服务；管理游客的上下船信息、护照；处理游客的投诉和特殊要求；提供留言、咨询、电话和船上广播（Shipboard Announcements）服务；租借和代为转交各项物品；适度的推销等。

邮轮前台为游客提供的接待服务具有面对面接触、规程严谨、内容多且复杂的特点，而且对客舱销售、服务协调、客史档案的建立、客账的完善等工作产生重要影响，因此，前台接待服务是前厅服务的重要环节。

（一）认识邮轮前台

邮轮前台（Front Desk/Reception Desk），也叫总台或宾客服务台（Guest Relations Desk），主要为游客管理登/离船信息、提供收银相关服务、解决顾客投诉、咨询和接待等服务。与酒店前台一样，邮轮前台也是前厅活动的主要节点，为了方便游客寻找，一般设在邮轮大堂中醒目的位置。

（二）邮轮前台接待服务的项目

邮轮前台接待服务涵盖的内容多且复杂，游客在航程中遇到的所有问题都可以通过前台获得解决。

1. 舱房更换

基于游客安全及保安因素的考虑，舱房更换事宜必须于开航后由前台负责办理，重新登记和换发新的邮轮登船卡。游客不能自行更换房间，因为邮轮登船卡是游客在船上的身份证明和消费凭证。

2. 升舱服务

与航空公司和酒店奖励忠诚客户一样，邮轮公司也会给忠实会员提供更高价值的服务。越是频繁地乘坐同一家公司的邮轮，越有可能获得免费或付费舱房升级。游客上船后，前台会根据游客以往乘坐情况，给予免费或少量付费升舱服务。若游客自己提出需要升舱服务，前台需要查看是否有空位，只要舱房有空位即可升级，但需要游客支付差价。

3. 失物招领

如果游客在船上丢失东西，应及时与前台联系，前台会联系相关部门和员工帮忙寻找。如果游客发现其他游客丢失的物品，应尽快交由前台保管和处理。

4. 物品租借

邮轮前台为游客提供有偿或无偿的物品租借服务，如扑克牌、麻将、小冰箱、影片、CD、电源转换器等，尤其电源转换器，邮轮上采用的电压是北美标准110 V（伏特）和欧洲标准 220/230 V（伏特）的 2 叉或 3 叉插座，游客若未自带电源转换器，可到前台租借。物品租借服务有的需要收取少量的租借费用，有的是免费的，但需要收取一定押金，待物品退还后退回押金。

5. 物品暂存

前台经常会遇到游客要求暂存物品，通常限于非贵重小件物品的短时存放。游客要求暂存物品时，首先，应问清物品是否是贵重物品，贵重物品及重要文件都不接受寄存；其次，要问清游客存放的时间，一般时间较长不予接受；再次，确认游客的身份；确认可以寄存后，请游客填写包裹寄存单；当游客提取物品时，请游客描述寄存物品情况，并请游客写下收条。

6. 物品转交

有时前台接待员会遇到游客转交物品给其他游客的要求，此时，接待员应请游客填写一式两份的委托代办单，注明游客的姓名和舱房号，同时查看物品，易腐烂、易燃易爆物品、贵重物品和现金不予转交。接待员应将转交的物品锁好，开具一式两份的通知单，等游客到达时即可转交给游客。这些工作一般由客舱服务员或行李员将物品送入游客的房间。

7. 物品邮寄

物品邮寄主要是指前台接待员为游客提供代发平信、明信片、传真、特快专递及包裹服务。接待员可以根据游客的不同需求，待船靠岸时帮助游客寄发邮件。

8. 婴儿床预订服务

邮轮规定：未满 6 个月的婴儿不得登船，对于 15 天或更长时间的巡游，最低年龄限制为 12 个月。有婴儿随船旅游时，船方会提供免费婴儿床，婴儿床的规格一般为：长 124 厘米，宽 65 厘米，高 60 厘米，床腿高 80 厘米。同时为了方便婴儿用餐，餐厅里还提供婴儿椅（High Chair），但数量有限，如有需要需与餐厅的服务员联系。

9. 邮轮船卡丢失或消磁

邮轮船卡非常重要。它是游客识别证，是游客唯一的身份识别证明，也是游客在船上的护照、银行卡及房卡，它将伴随游客船上以及船下的游览全程。游客应小心保管，以防丢失，同时注意不要与手机、相机、电视等放在一起，容易消磁。若有遗失或是消磁的情况，可到前台申报遗失，重新补办。

10. 邮轮日报的印制和发放

每天早上，工作人员会将已排版好的次日邮轮日报送到前台，前台员工负责印刷，印刷完毕后交由客舱服务员送至游客的舱房中。

11. 提供部分药品

船上有专门的医疗服务，除此之外，前台还免费为游客提供部分药品，如晕船药、创可贴、碘酒、酒精、纱布和药棉等，若游客有需要可到前台领取。

12. 商务服务

前台还为游客提供一系列商务服务，如收发传真、打印服务、复印服务、扫描服务、拨打电话等。

13. 翻译服务

为了方便船方与游客以及游客与游客之间的沟通，前台还设立专门的翻译岗位（International Interpreter），该岗位主要为游客提供笔译和口译服务。

14. 贵重物品保管

船上每间舱房均设有保险箱。如有贵重物品或现金，为了避免遗失，游客可放入舱房保险箱内保管。搭乘邮轮期间，邮轮的宾客服务柜台也提供保险箱保管游客的贵重物品或金钱（但邮轮公司有权拒绝保管价值超过 5 000 美元的贵重物品或金钱），如果游客未将贵重物品或金钱寄放在保险箱内而发生遗失，邮轮公司概不负责。

邮轮前台接待服务的内容远不止于此，还包括提供各种问讯、船上广播、解决游客投诉等，同时还要协助登船部员工完成登船工作，负责游客的移民和海关手续，管理游客的证件等。可以说，游客在船上有任何需要或遇到任何问题都可以找前台帮忙解决。

（三）更换舱房

1. 更换舱房的原因

（1）游客要求更换舱房

①游客对舱房有特殊要求，如要求更改舱房的甲板层、房号、大小、类型等，如有游客提出想入住船中部或船头位置。

②舱房内部设施设备出现故障或卫生情况太差，如马桶漏水严重等。

③游客想入住价格更高或更低的舱房。

（2）邮轮要求游客更换舱房

①客房发生一时无法修复的故障。

②由于集中使用某一层甲板、某一区域客舱，需要给游客更换舱房。

③由于某舱房内发生了凶杀、失窃、死亡等意外事件，为保护现场必须封锁该房，房内其他游客需作换房处理。

2. 更换舱房的程序

①了解更换舱房的原因。当游客提出要求更换舱房时，首先应了解原因，如果游客有充分的理由，在有空位的情况下应立即为游客更换舱房。如果理由不充分，先做解释工作，如果游客还坚持要更换舱房，在有空位的情况下应尽量满足游客的要求。

②查看客舱状态资料，为游客安排房间。查看客舱状态，找出符合游客要求的房间。

③为游客提供行李服务。通知行李员引领游客到新的舱房，并实施换房行李服务。

④发放新的邮轮登船卡并收回原邮轮登船卡。

⑤前台接待员更改电脑资料，更改房态。

3. 更换舱房的注意事项

①如果因为客满无法满足游客的换房要求，应向游客就无法提供舱房更换表达歉意，若客舱确实很差，应报主管视具体情况给游客一定的折扣或减免。

②当不得不在游客不在房内期间给游客换房时，前台接待员应事先与游客联系表达歉意，得到游客许可后，将行李整理好，然后由行李员将行李搬到新的舱房，此时，前台主管、客舱服务员和行李员都应该在场。而且，必须确认游客的所有东西都已搬到另一间舱房。

四、总机服务

邮轮电话总机（Telephone Switchboard）是邮轮内外尤其是内部沟通联络的通信枢纽，总机话务员是以电话为媒介，直接为游客提供转接电话、挂拨国际长途、叫醒、查询、广播等各项服务，其工作代表着邮轮的形象，体现着邮轮服务的水准，其工作质量的好坏直接影响游客对邮轮的印象，也直接影响到邮轮的整体运作。

电话总机房也称宾客服务中心（Guest Service Center），是邮轮负责为游客及邮轮经营活动提供电话服务的一线部门，是邮轮与游客进行内外联系的枢纽。以下是邮轮总机服务的具体项目：

（一）电话转接服务（Telephone Exchange）

电话转接服务是总机服务中最常见的一项服务，当接到游客来电时，首先认真聆听完游客讲话再转接，并说"请稍等"，若游客需要其他咨询、留言等服务，应对游客说"请稍等，我帮您接通 ×× 部门"。在等候接转时按音乐键，播放悦耳的音乐。接转之后，如对方无人听电话，铃响 30 秒后，应向游客说明："对不起，电话没有人接，您是否需要留言或过会儿再打？"

（二）留言服务（Message）

若游客不在舱房内或不方便接听电话，其他游客可选择给游客留言，可以采用语音留言，直接将留言内容以语音的方式储存在游客舱房内的电话中，游客回到房间再接听留言。也可以采用口头留言，即由话务员根据游客的描述记录下来，以留言单的方式送至游客房间。给邮轮管理人员的留言一律记录下来，并重复确认，并通过寻呼方式或其他有效方式尽快将留言转达给相关的管理者。

（三）叫醒服务（Wake-up Call）

叫醒服务是总机为游客提供的又一项重要服务。总机所提供的叫醒服务是全天 24 小时服务，可细分为人工叫醒和自动叫醒两类。首先受理游客要求叫醒的预订。问清要求叫醒的具体时间和房号。然后填写叫醒记录单，内容包括房号、时间、（话务员）签名等，最后提供叫醒服务。另外，游客可在邮轮舱房内的电话机上自行设定叫醒服务。

（四）问讯服务（Information）

话务员经常接到游客打来的问讯电话，游客问讯的范围非常广泛，既包括船上服务和设施、航线和岸上观光等相关情况，也包括船上游客和员工的基本情况，所以话务员必须跟前台接待员一样，掌握丰富的知识和信息，尤其是各种电话号码，要做到对常用电话号码牢记于心。如遇查询非常用电话号码，话务员应请游客保留线路，以最有效的方式为游客查询号码，确认后及时通知游客；如需较长时间，则请游客留下电话号码，待查清后，再主动与游客电话联系；如遇到查询船上游客舱房的电话，话务员应注意为游客保密，不能泄露其房号，接通后让游客直接与其通话。

（五）挂拨国际长途电话服务（International Direct Dial，IDD）

邮轮上可以通过邮轮卫星拨打电话或收发传真。大多数邮轮在每个舱房中都配有独立的卫星电话，除了舱房对拨外，都可以直接拨打国际电话，费用会自动计入游客的房卡账户中。邮轮的卫星电话，可供全天24小时与外界保持沟通，每次通话最多10分钟，话费必须使用信用卡支付。并非所有邮轮都可以通过舱房内电话直接拨打国际电话，部分邮轮舱房内的电话只能用于拨打内线电话，若游客需要拨打长途电话，需要通过总机转接。

除了卫星电话，游客可自行在手机上下载App，通过船载服务器将普通手机的信号转化为卫星信号，由邮轮上提供的卫星通信系统拨打电话。

陆地拨打船上电话或发送传真，主叫方必须在邮轮卫星电话号码前加拨邮轮所在位置长途区号。

（六）免电话打扰服务（Do not Disturb，DND）

将所有要求免电话打扰服务的游客姓名、舱房号码、要求DND服务的时间记录在电脑系统中，并写明接受游客通知的时间。将电话号码通过话务台锁上，并将此信息准确通知所有其他值班人员。在免打扰期间，如有其他游客要求与游客讲话，话务员应将有关信息礼貌、准确地回复游客，并建议其留言或待取消DND之后再来电话。游客要求取消DND后，话务员应立即通过话务台释放被锁的电话号码。

（七）其他对客服务

电话总机房与邮轮前台一样为游客提供各种对客服务，如舱房更换、物品租借、客舱送餐、账单查询、失物招领、加床等，游客不用去到前台，只需一个电话就可等待服务员上门提供服务。

（八）紧急情况时充当临时指挥中心

当出现紧急情况时，总机房便成为邮轮酒店部管理人员迅速控制局势，采取有效措施的临时指挥协调中心。话务员应按指令执行任务，注意做到以下几点：

①保持冷静，不惊慌。

②立即向报告者问清事情发生地点、时间，报告者身份、姓名，并迅速做好记录工作。

③即刻使用电话通报有关领导（酒店部总监、前厅经理等）和部门，并根据指令，迅速与陆地相关部门（如医院、安全、公安等）紧急联系。随后，话务员应相互通报、传递所发生情况。

④坚守岗位，继续接听电话，并安抚游客，稳定他们的情绪。

⑤详细记录紧急情况发生时的电话处理细节，以备事后检查，并加以归类存档。总之，电话总机所提供的服务项目视邮轮不同而有所区别，有些邮轮的总机房还负责背景音乐、闭路电视、广播播放，火警监视、报警装置等工作。

五、收银服务

收银服务（Cashier Service）是邮轮前台服务的核心内容，主要负责为登船游客办理信用卡登记和押金收取以开通邮轮船卡的消费功能，为离船游客办理结账手续，提供外币兑换以及其他收银服务，编制各种收银报表，及时反映邮轮经营情况。收银员在为游客办理结账离船时，还应征求游客对邮轮的意见，良好、快速的服务和临别问候将会给游客留下美好的印象。

（一）邮轮的结账方式

1. 一次性结账

（1）一次性结账方式

所谓一次性结账就是邮轮根据信用政策及游客资信情况的不同，给予游客相应的短期限额的签单授权，游客的一切消费记入总账，待游客离船时一次性付清所欠账款的一种结账方式。

由于邮轮前台、餐厅、娱乐、商店、SPA 等收银点的电脑系统联网，游客可以凭邮轮房卡（Cruise Seapass Card）在规定的船上消费额度（Onboard Credit）下，在各收银点内以刷卡签单挂账的方式结账。签单授权方便了游客，实现了"多点消费，统一结账"的管理模式。邮轮采用一次性结账方式，一方面为游客在邮轮上消费提供了方便，另一方面在一定程度上促进了游客消费，增加了邮轮的营业收入。

（2）无现金交易房卡签账系统

一般国际邮轮都采用无现金交易的房卡签账系统（Cruise Cashless Payment / Transaction System），消费时只需出示房卡（游客在登船时领取到的登船卡）刷卡即可，个别要求使用现金的场所除外，如外币兑换、娱乐场博彩等，全程消费都会通过刷房卡的形式记录在游客的船上消费账户中（Onboard Account），在航程的最后一晚，客舱服务员会将消费账单送至游客舱房以供核对，并请游客到前台结清消费账单。

要想开通房卡的消费功能，获得船上消费额度（Onboard Credit），游客必须提供一张信用卡，如美国运通卡（American Express）、万事达卡（Master Card）、维萨卡（Visa Card）等，当然也可以在船上支付现金来开通房卡，邮轮将根据航线长短和舱房等级收取一定数额的现金作为押金，当卡内余额不足时，可到前台续存。

2. 即时消费结账

即时消费结账是指现买现付的一种结账方式。邮轮上采用无现金交易签账系统之外的其他消费均采用即时消费结账，如外币兑换、娱乐场所博彩等，均要求游客采用现金的方式付款。

3. 快速结账（Express Check out）

邮轮一般规定游客在航程结束登岸的前一夜，离船前至少3小时之前结清账单，在此之前通常结账游客比较集中，为了避免游客排队等候，或缩短游客的结账时间，邮轮可以提供快速结账服务。

邮轮上的快速结账服务主要指信用卡快速结账。信用卡快速结账顾名思义是针对使用信用卡结账的游客提供的一项快速结账服务。游客提前到前台提供信用卡资料，即可享受快速结账服务，邮轮将游客的信用卡与房卡关联，取得信用卡的预授权，同时开通房卡的消费功能。离船时游客可通过与邮轮前台电脑系统联网的电视或邮轮 App 查阅账单情况，若对消费账单无异议，即可离船，无须到前台办理结账手续，离船之前会收到消费账单，未清账款会通过信用卡扣除。

（二）船上付款方式

船上付款的方式（Onboard Payments）多种多样，虽然不同邮轮公司可接受游客的船上付款方式略有差别，但大致相同，主要有现金（Cash）、信用卡（Credit Card）、旅行支票（Traveler's Check）和借记卡（Debit/Prepaid Cards）等，有的邮轮公司也接受个人支票（Check）。另外不同邮轮公司在不同国家可接受的船上付款方式也不相同。

（三）现金（Pay in Cash）

现金支付是最普遍的付款方式之一。采用现金支付的游客必须使用船上通用货币（Onboard Currency）进行结算，若游客没有船上通用货币，应请游客先办理外币兑换（Foreign Currency Exchange），再付款结算。

1. 船上通用货币

不同邮轮公司的船上通用货币略有不同，目前大多数邮轮最常采用的船上通用货币为美元和欧元，同时会根据航行区域不同调整船上通用货币。

①船上通用货币以邮轮公司所属国家的货币为主。主要以美国的邮轮公司为主，如美国皇家加勒比游轮，船上消费全部以美元结算。

②船上通用货币以邮轮航行区域划分为美元区和欧元区。主要以欧洲邮轮为主，如歌诗达邮轮、地中海邮轮，地中海邮轮的地中海及北欧行程，船上的适用货币是欧元，而美

洲、加勒比海及南非行程，船上适用货币是美元。另外少部分美国邮轮也根据航行区域不同分别适用美元和欧元。

③船上通用货币以邮轮所驻航国家的货币而定。有的邮轮公司会根据邮轮所驻航的国家不同随时调整船上通用货币，如丽星邮轮，从新加坡出发的航程使用新加坡元，从香港出发的航程使用港币，但从内地港口出发的航程均使用港币。

目前，大多数从中国内地港口出发的邮轮公司（除丽星邮轮外）均以美元作为船上通用货币。

2. 现金支付的注意事项

采用现金支付时，收银员应注意：

①掌握货币真假鉴别的方法，注意检查大面额现钞，以防有假。

②注意防范不法分子以找零钱为借口，谋取非法利益。

（四）信用卡（Pay by Credit Card）

信用卡是持卡人赊购商品和服务、记账付款的一种信用工具，具有安全、方便、快捷等特点。信用卡支付是目前最常见的一种付款方式，也是最受邮轮公司欢迎的一种付款方式。

随着信用卡用户的增多，为了保证邮轮利益，前台收银员在接受游客信用卡支付时要特别注意以下几个方面：

①核对游客持有的信用卡是否是本邮轮可接受的信用卡。

②检查信用卡的有效日期和外观是否完整。

③注意信用卡公司所允许的信用卡支付最高限额。

当出现不符合上述要求的信用卡时，收银员应请游客更换另一种信用卡或使用现金支付。

（五）旅行支票（Pay with Travelers Check）

旅行支票是一种有价证券、定额支票，亦称汇款凭证，通常由银行（或旅行社）为方便国内外旅游者而发行。旅游者在国外可按规定手续，向发行银行（或旅行社）的国内外分支机构、代理行或规定的兑换点，兑取现金或支付费用。

国外游客经常使用旅行支票，我国游客则很少，这主要跟支付习惯有关，西方国家的支付习惯从现金，到支票，再到信用卡是一步步进化的。而我国则从现金直接过渡到信用卡，所以不习惯使用旅行支票。

1. 旅行支票的特点

①旅行支票很像现金，具有良好的流动性，永久有效且无使用时间限制，如果用不完，可以留着下次再用，或支付一定费用换回现钞。

②旅行支票即使丢失和被盗也不用担心，只要凭护照和购买合约去指定机构办理挂失

手续，即可得到新的旅行支票。如果遇到意外，还可申请旅行支票发行机构提供的医疗紧急援助服务。

③旅行支票的购买和使用，手续费低廉，仅需支付 0.75% 的手续费，在美国甚至是免费的。

④旅行支票的使用不像信用卡受到通信状况制约。

⑤旅行支票具有多币种选择，避免了兑换产生的汇率损失。

2. 全球通行的旅行支票品种

①有运通、VISA 以及通济隆等，而印有中国银行字样的上述旅行支票能够在世界各地 800 余家旅行社兑行兑换，或在各国的大商铺和宾馆酒店直接使用。

②除最为常用的美元旅行支票外，客户还可根据需要在中行上海市分行买到欧元、英镑、日元、澳元等币种的旅行支票，避免了兑换当地货币所带来的汇率损失。

3. 旅行支票支付注意事项

①旅行支票属可转让票据，可被邮轮视为现金。使用时应注意检查旅行支票的真伪。

②除了要检查旅行支票的真伪，还应认真核对旅行支票的复签与初签是否一致。

（六）借记卡（Pay by Debit/Prepaid Card）

借记卡（Debit Card）也叫预付卡（Prepaid Card），是指先存款后消费（或取现）没有透支功能的银行卡。借记卡是一种具有转账结算、存取现金、购物消费等功能的信用工具，但不能透支。

借记卡能够很方便地取代现金和支票进行消费和交易，近年来逐渐成为最受欢迎的支付卡。

国际通行的借记卡外表与信用卡一样，并于右下角印有国际支付卡机构的标志。它通行于所有接受信用卡的销售点。唯一的区别是：当使用借记卡时，金额会自动从银行账户扣除，而不是算入信用额度内。

1. 借记卡的功能

①存取现金。借记卡大多具备本外币、定期、活期等储蓄功能，借记卡可在发卡银行网点、自助银行存取款，也可在全国乃至全球的 ATM 机（取款机）上取款。

②转账汇款。持卡人可通过银行网点、网上银行、自助银行等渠道将款项转账或汇款给其他账户。

③刷卡消费。持卡人可在商户用借记卡刷卡消费。

2. 借记卡的特征

①易用与普及。由于借记卡具有易用性和广泛的普及性，借记卡也是电子交易最普遍使用的支付工具之一。全球超过 2 000 万个销售网点接受一些国际名牌的签名式借记卡。

②安全可靠。借记卡具有和信用卡一样的安全保障。

3.借记卡支付的注意事项

①核对游客持有的借记卡是否是本邮轮可接受的借记卡。

②查看借记卡背面持卡人签字是否完整，使用时认真核对游客签字与持卡人签字是否一致。

（七）支票（Pay with Check）

一些公司和企业会采用支票进行邮轮消费结账。处理这种支付方式时，收银员应当具备有关支票的专业知识，熟悉操作规程和细则，辨别真伪，避免因业务不熟而使邮轮遭受损失。目前，邮轮可以通过电脑网络来验证支票，有效提高了支票检验的准确性和工作效率。在办理游客支票支付时要注意以下几个方面：

①邮轮公司一般不接受个人支票。

②检查支票内容是否齐全、完整。

③拒绝接受字迹不清、过有效期的支票。

④检查支票是否是挂失或失窃的支票。

第二节　餐饮部服务管理

一、邮轮餐饮服务类型

（一）主餐厅

邮轮上的主餐厅（宴会餐厅）是指能够同时容纳较多客人的规模较大的餐厅，一般只在晚餐时段开放。主餐厅主要是为客人提供固定餐位的一种宴会餐厅；如果客人人数过多，则会分时就餐，比如将客人分成两批分别在晚上 6 点和 8 点进餐。主餐厅也为客人提供点餐服务，菜点以西餐菜品为主，每餐为客人提供一定品种的菜式，按照西餐方式服务，餐费及服务费用包括在船票价格中。

（二）特色餐厅

邮轮上的特色餐厅一般以某个国家或地区的特色菜点为主，提供相应的特色美食。特色餐厅需要提前预订餐位，菜点及酒水由客人自主选取，餐费及服务费不包括在船票价格中。虽然特色餐厅需要自费，但相对于陆地上的高档西餐厅来说价格还是比较实惠的，同时还会经常搞一些优惠活动。

（三）快餐厅

邮轮上的快餐厅是提供特色小吃的餐厅，提供简单的食品饮料，价格相对较低。比如皇家加勒比游轮公司的"海洋航行者号"的尊尼火箭美式快餐厅（Johnny Rockets）就充满美国 19 世纪 50 年代的复古怀旧气息，在这里可以品尝到最传统地道的美式汉堡和快餐，炸得金黄香脆的薯条和洋葱圈配上可口的果味奶昔或可乐，还有热情的服务生会用歌舞助兴，让人们在感受异域文化的同时，心情也能快乐起飞。

（四）自助餐厅

邮轮上的自助餐厅是最受客人欢迎的餐厅之一，自助餐厅提供了各种各样的食品和饮料，自助取用，非常方便。自助餐厅早、午、晚餐都有供应，餐费包含在船票价格中。

（五）酒吧

邮轮上的酒吧是重要的娱乐和社交场所之一，是客人们晚上消遣、放松的好去处。酒吧一般在晚上营业，酒水是收费的。

（六）咖啡馆

邮轮上的咖啡馆也是客人们最喜欢去的地方之一。相对于酒吧的喧嚣，咖啡馆更适合喜欢安静的客人。咖啡馆为客人提供各种咖啡及小食品，也是收费的。

（七）客舱送餐服务

客舱送餐服务也是邮轮上为客人提供餐饮服务的一种方式，一般不收费，但菜式品种较少，服务时间也有限制。当客人需要客舱送餐服务时，可以通过电话直接点餐，也可以用客舱餐牌点餐。在有下船游览活动的早上，各个餐厅都会人满为患，这时如果提前叫了客舱送餐服务，不失为一种明智的选择。

在邮轮上用餐是一种难得的享受。白天有各种不同的用餐选择，如在主餐厅、在甲板上、在比萨店或者咖啡厅，这些只是其中的一部分，大多数邮轮在晚间提供多个用餐场所，某些餐厅提供 24 小时餐饮服务。在邮轮上，客人的每一餐都可以享受到各种风味的餐点，是一次愉悦的美食旅游。

二、邮轮餐饮经营的特点

邮轮餐饮和酒店餐饮同样是为客人提供饮食服务，但由于邮轮海上旅游的特殊性，也就决定了邮轮餐饮有诸多和酒店餐饮不一样的地方。

（一）客人相对固定

邮轮的每一个航次所搭乘的乘客就是邮轮餐饮所要服务的游客，所以说邮轮餐饮所面对的客人是相对固定的。客人相对固定的特点也就意味着邮轮餐饮必须给客人更多的选择，无论是就餐的形式，还是菜肴的种类，必须保证客人在整个航行中不会感觉重复。

（二）就餐形式多样

事实上，游客在邮轮上就餐是完全不会感觉到单调的。邮轮上有主餐厅、特色餐厅、快餐厅、自助餐厅、酒吧、咖啡馆等多种场所为客人提供各种各样的餐饮服务。如果游客想享受浪漫的西餐，可以去特色餐厅；如果游客想品尝更多的菜品，可以去自助餐厅；哪怕游客不想走出客舱，也可以叫客舱送餐服务。

（三）用餐时间集中

邮轮的日程表安排十分紧凑，各种各样的活动接连不断，可以满足不同游客的不同需求。邮轮上最精彩的节目莫过每天晚上大剧场的现场演出，这是每位游客都不愿错过的项目，所以每天的晚餐用餐就会变得非常集中，这是对邮轮餐饮工作人员的巨大考验。除此之外，每当邮轮到达停靠港口，安排下船游览时，用餐就变得更为集中，甚至有的游客为了不错过下船时间不得不饿着肚子。当然，有些游客对邮轮的餐饮供应比较熟悉，利用不同餐厅开放的时间差，找到最佳的就餐时间；部分游客还提前叫好了客舱送餐服务，在别的游客在餐厅等待菜肴上桌时，他们的美味佳肴已经入口了。

（四）开餐时间较长

邮轮上有各种不同的餐厅在不同的时段开放，总的来说，可以为客人提供 24 小时不间断的餐饮服务。比如自助餐厅，在早餐（7:00—10:30）、午餐（11:00—14:30）、晚餐（18:30—21:30）三个时间段开放；主餐厅主要在晚餐（18:00—21:00）时段开放，遇到邮轮靠港时根据需要也会在早餐、午餐时段开放；特色餐厅主要在晚餐（18:00—21:00）时段开放；快餐厅主要在午餐（11:00—14:30）、晚餐（18:00—21:00）时段开放；酒吧主要在晚上（18:00—24:00）开放；咖啡馆一般全天 24 小时开放。

（五）原料一次性补给

为数千人提供餐饮服务，邮轮需要准备大量的食物原料。起航前，邮轮要在邮轮母港一次性补给一个航次所需要的全部食物原料，出于卫生检疫的要求，中途停靠的港口一般不进行补给。比如皇家加勒比游轮公司的"海洋航行者号"，就要为一次七天的航程准备 10 吨牛肉、28 吨蔬菜、7 万只鸡蛋……邮轮厨房配置有巨大的冷库可以存放数百吨的食物，提供邮轮一个航次所有的餐饮原料。

（六）烹饪不用明火

出于消防安全的要求，邮轮上不能使用明火，烹饪加热主要是使用电磁炉、电烤箱、焗炉、扒炉、电煮锅、电蒸锅等。比如扒炉可以用来烹制牛排、鱼排、煎蛋、串烤等食物，电煮锅可以用来烹制意面、各种汤类菜肴。

（七）注意垃圾分类

邮轮上所有垃圾都需进行严格的分类处理，尽可能地回收利用，以减少垃圾量。一方面是出于环境保护的考虑，尽可能少向海洋排放垃圾；另一方面也是尽量减少占用船上的空间。比如玻璃、纸张、铝制品等都可直接在邮轮上回收利用，不可利用的废物也尽可能焚烧从而利用其热能。

三、船长晚宴服务

一般接近一周或超过一周的邮轮旅行，都至少会举行一次船长晚宴，有一些游客会被邀请与船长同桌。这是邮轮旅游的一种文化，也是一种传统，也是船方对游客的一种尊重。船长就像船上的国王，能和船长一同进餐、合影留念是一种荣誉。

邮轮上的船长晚宴应该是邮轮之旅最为隆重和最富特色的活动，是船长与邮轮上的高层管理者共同出席，并与游客一同享用晚餐的宴会。在船长晚宴上，船长与高层管理者一起在餐厅外迎接客人，在晚宴上致辞，在餐桌上与游客畅聊，穿梭在餐厅与游客打招呼、合影留念。游客与船长或高层管理者的合影是由船方的摄影师拍摄的，如果游客需要，可以自己购买，这是一个规格相当高的宴会。在通常情况下，鸡尾酒会也是船长晚宴的重要组成部分，鸡尾酒会一般早于船长晚宴半小时开始。

船长晚宴的就餐人数较多，菜品丰富，气氛隆重热烈，就餐时间较长，接待服务讲究。在厅堂布置及台面上既要舒适、干净，又要突出隆重热烈的气氛。在菜点选配上有一定格式和质量要求，按一定的顺序和礼节递送，讲究色、香、味、形、器、质、名，注重菜式的季节性，用拼图及雕刻等形式烘托喜庆、热烈的气氛。在接待服务上强调周到细致，讲究礼节礼貌，讲究服务技巧和服务水平。

（一）船长晚宴的种类

船长晚宴的种类很多：从进餐形式分，有立式宴会和坐式宴会；从餐别上分，有中餐、西餐自助餐和鸡尾酒会等；从程序上分，有欢迎宴会和欢送宴会等。

1. 正式的船长晚宴

正式的船长晚宴（Formal Night）是船长及邮轮高层管理者代表船上所有员工为欢迎或欢送游客而举行的宴会。就餐人员按编排的座位就座，礼仪要求比较严格，席间一般都有致辞或祝酒，有时也会有乐队表演。

2. 招待会

招待会（Reception）是一种灵活便利、经济实惠的宴请形式，常见的有冷餐会、鸡尾酒会和茶话会。

（1）冷餐会（自助餐）

冷餐会是一种立餐形式的自助餐，不排座位，但有时设主宾席。冷餐会供应的食品以冷餐为主，兼有热菜。食品有中式、西式或中西结合式，分别以盘碟盛装，连同餐具陈设在菜台上，供游客自取。酒水饮料则由服务员端至席间巡回敬上。冷餐会对船方来说很方便，特别省去了排座次步骤；标准可高可低，参加的游客可多可少；时间亦灵活，宾主间可以广泛交际，任何人都可以自由交谈，也可拜会朋友。

（2）鸡尾酒会

鸡尾酒会也是一种立餐形式，它以供应鸡尾酒为主，附有各种小食如三明治、小串烧、炸薯片等。鸡尾酒会一般在正式船长晚宴之前举行。鸡尾酒会与冷餐会一样，都不需要排座次。游客来去自由、不受约束，既可迟到又可早退。整个酒会气氛和谐热烈、轻松活泼。

（3）茶话会

茶话会是一种简便的招待形式，会上备有茶水、点心和风味小吃。茶话会对茶叶、茶具的选择很有讲究，一般备红茶、咖啡和冷饮。茶话会不排座次，但在入座时有意识地将主宾和主人安排在一起，其他人则随意入座，宾主共聚一堂，品用茶点，亲切交谈，席间常安排一些短小的文艺节目助兴。

（二）船长晚宴的形式

现有的邮轮公司推出的船长晚宴主要有以下两种形式：

1. 需要提前预订的船长晚宴

此种船长晚宴在出行之前便会告知游客。游客可以根据自己的需要到规定地点进行预订，并可自行选择预订的餐厅，预订过后会拿到船长晚宴的邀请函。

2. 无须预订的船长晚宴

此种船长晚宴在出行之前会告知游客，游客可在上船后的每日行程上提前了解到船长晚宴的时间和地点，并可根据自己的意愿决定参加与否。

在船长晚宴上会有一些游客可以与船长及邮轮高层管理者们在同一张桌子上用餐，或者与他们一起出现在欢迎仪式上。在有些船上，一般住高级套房，或身份地位尊贵，或是公司重要会员的客人往往会被邀请，但有些船上其实并没有一定的规定。如果恰逢客人的特殊纪念日，比如金婚、结婚或者其他，那么这部分客人也会被优先考虑邀请。

（三）船长晚宴的要求

1. 服装要求及穿着礼仪

世界当然不是数十年前的那个世界。那时候，邮轮上的乘客每晚都要更换自己的礼服，从黑色到白色，官员们每晚都会更换自己的帽子，或黑或白。如今的时代，规矩自然没有那么严格，而且每条邮轮上的规矩也都不一样，但是有些规矩该遵守的还是尽量遵守，以避免尴尬。

邮轮乘客每晚享用晚宴时，船方都会提前提醒旅客穿着的礼仪惯例或规定，一般称之为"着装代码"（Dress Code）。适宜、大方、得体的衣饰表现，除不至于在国际社交场合失礼之外，也可以增加邮轮旅游漫漫航程中的乐趣。"着装代码"有以下三种：

（1）正式服装（Formal）

传统上男性需要穿着"燕尾服"（Tuxedo）参与宴会，但如今已不再如此讲究。目前仅要求男士穿着深色西装外套（Dark Suit），配以浅色衬衫、打蝴蝶结或深色领带（Black Tie）。女士则以穿着"连身一件式"西式晚礼服（One Piece Evening Gown）或中式长旗袍为宜。至于鞋子的穿着，男士以黑色或深咖啡色皮鞋，女士以高跟鞋为准。

①男士西装以纽扣形式的排列，有单排扣和双排扣的分别。单排扣西装多为"三件式"，即搭配一件背心（近年来已不一定要穿背心）、衬衫及领带。双排扣西装则不必搭配背心，但应扣上扣子及暗扣。西裤则尽可能与西装同一色系，以凸显穿着之权威感。

②西方女士所谓"连身一件式"晚礼服，一般为低胸、无袖、露背、束腰、长裙拖地，再搭配炫目耀眼的饰物，争奇斗艳，也是邮轮旅游风景之一。

（2）半正式服装（Informal）

邮轮公司为顾及乘客的方便，目前要求上述的正式穿着已较为少见，半正式服装反而较为常见。一般邮轮公司仅要求男士穿着西装、西裤、衬衫、打（或不打）领带。女士以穿着过膝裙配上西装外套的套装为宜。至于鞋子的穿着，男性仍以黑色或深咖啡色皮鞋，女性则以低跟鞋为准。男士穿着无论是单排扣还是双排扣西装，除了坐下用餐时可以解开扣子之外，均应随时扣上扣子以示庄重。

（3）轻便服装（Casual）

穿着尽量轻松，西装、套装全免。建议男士穿着运动服饰（Polo Shirt）、休闲裤，女士穿着休闲装即可。至于鞋子的穿着，除了拖鞋不适宜外，休闲鞋甚至于球鞋都不失礼数。

无论何时进入晚宴餐厅，均不宜穿着拖鞋，也不宜穿着无领T恤衫（T-Shirt）或牛仔装（Blue Jeans）进场。

2. 工作人员的衣着要求

船长晚宴上，所有的服务人员都会换上与往日不同的服装为客人服务，烘托出一种庄严的气氛，同时也表示对游客的尊重。

3. 仪态要求

游客参与船长晚宴这种比较隆重的宴会时，要十分注重自己的仪态。虽然游客在船上要受到尊贵的服务，但失礼的事情千万不要做。邮轮上曾经发生过这样的事情，一个被邀请参加船长晚宴的男士因为喝了点酒，装疯卖傻，调戏船上的工作人员，尽管他的理由是因为喝了点酒，最后他还是免不了受到被船长赶下船的惩罚。

4. 小费

尽管大多数的邮轮上都是允许游客给服务员和助理服务员小费，但是工作人员不能主动向游客索要小费，也不能因为有些顾客给的小费多，而在服务过程中冷落其他游客，否则将会引起其他游客的不满。在大多数情况下，船长晚宴会被安排在一个航程的最后一天晚上，这天大多数的游客都会给在整个航程中为自己服务的服务员和助理服务员小费，当然也有些游客会选择在这晚到其他餐厅吃饭来逃避给小费。

第三节 客舱部服务管理

一、客舱清洁与保养

客房的清洁工作是客舱部的主要任务之一。邮轮客房清洁主要包括三方面的工作内容：清洁、整理邮轮客舱，更换、添补物品，对设施设备进行检查和保养。

（一）房态的辨别与清扫标准

邮轮客房状态不同，对清洁的要求也有所不同。通常邮轮公司都会选择使用与酒店相同的运营软件 Opera 系统，也有的邮轮公司会根据自身特点，开发自有的邮轮运营管理软件系统。参照 Opera 系统，邮轮客房常用的房态主要有表 3-1 中的几种。邮轮客舱服务员每天在对邮轮客舱房间进行清洁前，必须认真、仔细地了解和熟记每间客房的状态及清扫标准，然后进行清洁工作。

表 3-1 邮轮客房房态及清扫标准

中文	英文	清扫标准
住客房	Occupied（OCC）	按照游客的要求进行清扫整理
请立即打扫	Make Up Room（MUR）	优先安排，按客房标准全面整理
请勿打扰	Do Not Disturb（DND）	暂时不能清扫整理
贵宾房	Very Important Person（VIP）	优先安排清扫整理，并按"VIP 接待通知单"的要求进行布置
空房	Vacant（VC）	阶段性的简单清洁保养
已清扫客房	Vacant Clean（VC）	检查核实，简单整理，确保质量
未清扫客房（走客房）	Vacant Dirty（VD）	按照客房的标准进行清扫整理
邮轮自用房	House Use（HU）	只需检查，必要时加以整理
维修房	Out Of Order（OOO）	如修好及时进行清扫整理，如没有修好，一般不予清扫整理

（二）清扫顺序

一般情况下，清扫顺序是请即刻打扫房→VIP 房→住客房→走客房→空房；如果遇到邮轮团队定客较多且登船较集中时，打扫顺序为空房→请即刻打扫房→走客房→VIP 房→住客房。以上邮轮客舱清扫顺序还应根据邮轮公司的统一安排或邮轮游客的活动规律加以调整。总之，邮轮客舱的清洁应以不打扰游客或尽量少打扰游客为原则，在进行清扫工作时，尽量安排在游客外出的时间段进行。

二、不同房态邮轮客房的清洁

（一）走客房状态邮轮客房的清扫程序

1. 准备工作

①按规范准备好客房工作车。

②整理好相关的清洁用具。

③整理好相关的客用品。

2. 清扫程序

表 3-2　走客房状态邮轮客房清扫程序

程序	项目	操作步骤	备注
1	敲门，进入邮轮客舱	①用食指或中指第二骨节敲门或按门铃三下（每下之间应间隔 3~5 秒），敲门应有节奏，轻重适度，然后通报邮轮客舱服务员或英文"Housekeeping"。 ②打开房门，将房卡插入取电盒开灯，在"服务员工作日报表"上填写进房时间。 ③将客房工作车横放于房门进出口。	打扫期间不得关上房门。
2	拉开窗帘，检查客房内物品	①拉开窗帘，检查窗帘、窗户开关等。内舱房没有窗户，应打开空调，加大通风量，保证室内空气的清新。 ②检查客房内是否有游客遗留的物品、有无设备被游客损坏、有无物品被游客带走，如有应及时报告客舱部主管。	如开关、灯泡、电器等不能正常使用，及时报修。注意不得开着电视机、空调做清洁。
3	整理器皿	收取游客使用过的餐具、茶具、酒具、水杯等，倾倒杯内剩余茶水、饮料后，放于工作车上，集中送到工作间洗涤消毒。	所有的茶具、水杯、酒具等不可以在邮轮客房内清洗。
4	清理垃圾	①用垃圾桶收集垃圾。 ②将收集的垃圾连同垃圾袋倒入客房工作车的清洁袋内。 ③将干净的垃圾袋套在垃圾桶上。	回收可以利用的物品。
5	撤下床上用品	①按照操作规程将床上用品逐一撤下。 ②将撤下的床单等布草放到工作车上的布草袋内。 ③从工作车上取相同规格和数量的布草准备铺床。 ④检查褥垫是否干净。	①撤床单时，要抖动几次，确认没有裹带游客衣物或其他物品装入袋内。 ②撤下的床上用品不能放在地上。 ③有特殊污迹或破损的床上用品要专门处理。

程序	项目	操作步骤	备注
6	铺床	按铺床的程序进行床单、被套、枕套的整理。	如今，绝大多数在亚洲区域的邮轮客房都采用"中式铺床"的方式。
7	卫生间清扫	按卫生间的清扫整理操作规程操作。	
8	抹尘	①抹尘顺序：从上到下，由内到外，按顺时针或逆时针方向依次进行。 ②抹尘时，注意抹布要干湿分开、折叠使用，要擦拭到位，特别是一些卫生死角，如窗台、窗框等。 ③检查设备是否完好，客用品是否齐全、充足，摆放是否规范。	软面家具、电器要用干抹布擦拭。
9	补充客舱内用品	①根据邮轮规定的品种、数量，补齐房内用品。 ②物品摆放要整齐美观、使用方便。	物品商标正面朝向游客，不能有破损。
10	吸尘	①取吸尘器，插入电源插头，启动开关，进行吸尘。 ②从客房窗户前区开始，从里到外吸尘，阳台海景房从阳台开始吸尘。 ③吸地毯要按顺纹方向进行吸拭。	①坚硬的物品不能用吸尘器除尘。 ②地面有水的地方不能吸，防止漏电或电机损伤。
11	自我检查	按顺时针的方向环视客舱整理的情况，确保房间的清洁符合标准。如有不妥之处，自己可以及时处理。	①不要遗漏任何清洁工具和用品。 ②家具设备和用品的摆放要符合要求。
12	离开并填表	①取出插在取电盒上的房卡，轻轻关上客舱门。 ②在"邮轮客房清洁报告表"上填写进出房间的时间、撤换和补充物品的数量以及记录客舱内维修项目的内容。	

（二）住客房清扫程序

住客房和走客房相比，清扫程序基本相同，但是有部分程序需要特别注意。

1.进入客舱内

（1）观察客舱门外情况

如果门把手上挂着"请勿打扰"牌或有反锁标志，则不能敲门，而应轻轻地将工作车推走，先离开此客舱，等游客取下标牌后方可进行清洁。如挂着"请即打扫"，应优先安排打扫顺序，否则按照次序打扫。

（2）等候回应

服务员敲门之后，站在客舱门前适当的位置（侧身45°），以方便客舱内游客对外面的观察。敲门后切勿立即开门或连续敲门，此时如客舱内游客有回应，服务员应再通报，并征求游客的意见。如游客不同意此时清扫邮轮客舱，服务员应向游客道歉并轻轻离开；或视情况询问游客何时清洁比较方便，并把游客要求清扫客舱的时间记录在清洁日报表上，以免遗忘。

（3）若邮轮客舱内仍无动静，服务员可以开门进舱

开门时，应先将客舱门打开15°角，用手再次轻敲客舱门，同时通报身份，并观察房内情况，不要猛烈推门。若发现游客仍在睡觉，应马上退出，轻轻把门关上；若游客已醒但未起床或正在起床，应马上道歉后再退出，不要过多解释，以免造成游客不便；如游客已起床，则应询问游客现在是否可以清理客舱或按照游客意见去做。

2. 清洁程序

邮轮走客房清扫是先撤床，再清理卫生间，最后抹尘和补充房内用品，这样可以让房内有一定时间透气，达到降尘的目的。而在对住客房进行清洁时，一般要求先将客房内卧室区域整体都清洁完毕后，再清洁卫生间。这是因为游客可能随时会回来，所以应先将房内整理好，给游客以舒适感，这时服务员再去清理卫生间，也不会互相干扰。

3. 清洁中的注意事项

①不要触摸游客的贵重物品，如手提电脑、钱包、手机以及手表、照相机等。

②不要移动游客的物品。游客的文件、书报、个人用品等不要随便合上，不要移动位置，更不准翻看；游客放在椅子上或床上的衣服，外衣可以将其挂入衣柜内，内衣、睡衣不得轻易翻动或挪动，尤其是女士的衣物。

③不要随意扔弃游客的物品。整理邮轮客舱的一个基本原则是，除了放在垃圾桶内的垃圾，即使是扔在地上的废旧物品，也只能替游客做简单整理，千万不要自行处理。收取住店游客的杯具时，若发现游客有自泡的特殊饮用品，勿随意倾倒更换。

④贵重物品不得移动，并立即上报领班做好记录，记录物品的位置和数量。

⑤清扫客舱时，若房间内电话铃响，为了尊重游客对客房的使用权，维护游客隐私，不能接听电话。

⑥若在整理房间时，游客回来，应礼貌地请游客出示房卡，确定其身份后，征求游客的意见进行整理工作。

⑦查看游客是否有待洗衣物，并仔细核对洗衣单，确认无误后交送洗衣房。

4. 更换布草等用品

①为减少洗涤剂对环境的污染，邮轮多用环保卡的方式鼓励游客减少床上用品及毛巾的更换，服务员只要将床铺或毛巾整理复原即可。如果游客有需要，则应立即更换。

②根据邮轮规定，补足、补齐房内用品。邮轮客舱 VIP 房间摆放的水果盘、水果刀、糖果盘等，应每天进行更换，保持清洁。

（三）勿扰房清扫程序

1. 登记"请勿打扰"房的房号

邮轮客舱服务员在交接班时，将挂有"请勿打扰"牌的房号记在值班记录本上。另外，对从昨晚做夜床时即挂"请勿打扰"牌的房间要特别留意。

2. 先保留"请勿打扰"房

在邮轮客舱门把手上挂有"请勿打扰"牌的，先保留不做，待游客将"请勿打扰"牌取下后，才可以敲门入内整理。

3. 电话查询情况

领班在每日 12:00—14:00，需向各楼层服务员查询未整理好房间的原因。如游客一直挂着"请勿打扰"牌，领班先向总机查询该游客是否在客舱内，是否已有交代及动向。如为常住游客，则查清游客习性记录表，看是否有不整理房间的记录。如无记录，到楼层及前台了解后，向楼层主管报告。

4. 会同相关部门共同处理

①悬挂 DND 牌连续 24 小时，楼层主管将会同前厅主管共同处理，先由总机用电话与房内联络，如游客接听，则向游客表明接到房务中心通知，礼貌地问游客能否整理房间，视游客答复采取作业。

②如电话无人接听，则由主管敲门两次后，用备用钥匙开门入内查看。若遇到游客将房门反锁（一般邮轮的客舱房门共有两道锁，第一道锁在关上房门即锁上，第二道锁是房门关上后，由游客自行将内锁或按钮按上），是无法用备用钥匙开门的，需要工程部门将房门整个拆下，以防止意外发生。等状况解除后，由领班通知客舱服务员开始整理工作。

（四）邮轮空房的清扫

邮轮客舱服务员还是要对空房进行阶段性的简单清洁、保养，以保持空房良好的清洁状况，保证每航次游客入住时室内卫生良好。具体程序如下：

①按规定程序进入房间。

②进房后首先检查房内所有电气设备，保证其运转良好。

③用一干一湿两块抹布抹尘，包括电器、家具等。

④恭桶、地漏放水排放异味，细抹卫生间浮尘（浴缸水龙头、淋浴喷头隔两三天应放锈水一次，并注意清洗抹干）。

⑤定期对空房进行通风和吸尘。

⑥检查客房内有无异常情况，关灯，断电，记录在工作日志上。

（五）贵宾房（VIP）的清扫

①在日常清洁的基础上，对邮轮客舱设施设备进行全面、彻底的清洁、保养。

②铺床时，应选用新的或比较新的床单、枕套、枕芯、被褥等，并使用面料较好的床裙，以显示接待规格高于其他普通的邮轮客舱。

③按照贵宾等级和接待规格的高低布置贵宾房，准备鲜花、果盘、糕点、邮轮公司欢迎信等礼仪、礼节性物品。

④按照邮轮规定的品种、数量补充全新的卫生用品。

⑤提供小整理服务，主要是清理 VIP 游客午休后的客舱，重新整理床铺，必要时补充一些消耗用品。

三、邮轮客舱用品管理

在邮轮客舱为游客提供的用品中，配备是否齐全、合理会直接影响到游客的满意度。同时，为了保护海洋环境，游客客舱一般不会提供一次性用品，建议游客自行准备。加强对客舱用品的控制，是邮轮客舱部用品管理中最重要的一个环节。

（一）了解邮轮客舱用品的划分

邮轮客舱房间内的备品，通常都是放在客舱内使用的，一般不允许客人带走，但有时却被游客误当成赠送的物品带走。一般邮轮客舱内的备品包括服务夹、布草、衣架、茶水具、酒具、卫生间防滑垫、电视机和保险箱等。

另外还有一些物品存放在客舱楼层工作间内，供一些有特殊需求的游客临时使用。如熨斗、烫衣板、荞麦皮枕头、毛毯等物品。因此，邮轮客舱部也应准备好这类物品，以满足不同游客的临时需求。

（二）掌握邮轮客舱用品选择的原则

鉴于邮轮客舱物品的种类繁多，因而在选择时，必须坚持正确的选择原则。

1. 经济实用

邮轮客舱客用品是为了方便邮轮游客的生活而提供的，因而要做到经济实惠、物尽其用。

2. 美观大方

在清洁舒适的邮轮客舱里，美观而大方的用品布置，会令人赏心悦目，给游客留下很好的印象；反之，如果做不到这一点，则有廉价粗糙的感觉。

3. 耐用适度

一般情况下，邮轮客舱用品应能够充分体现出邮轮的档次，同时突出其特有的风格。根据上述的原则和游客旅行时间的长短，可以初步总结出橱柜内的衣架数，应达到每位游客不少于 12 支，其中放置 3 支西服衣架、9 支可挂裙装的丝绸衣架和带夹子的裤架。口袋形擦鞋布在使用时较受客人的欢迎。针线包内应备有白、红等多种颜色的涤纶丝线，针的号数应适中，不宜过小也不要有生锈现象，故不宜大批量和长时间储存。

总之，在选择客舱物品时应遵循上述三条原则。

（三）熟悉邮轮客舱备用品

1. 客舱备用品的总配备量

客舱的消耗性用品一般是非循环性的用品，它的使用量与客舱开房率和物品使用率有关，实际使用量可能远远大于根据客舱配置需求量预算的标准储备量。如果消耗性客用品仅根据出租房标准量来配置需求量，那么就会导致严重的物品短缺。所以，要保证消耗性客用品的正常供应，就必须通过确定最小库存量与最大库存量来设置和控制。购置件数一般以物品运输的容积为单位，如箱、盒、桶。邮轮客舱的消耗性客用品的数量，绝不能低于该项物品确定的最小储备量。

2. 客舱备用品各分发点配备量

在客舱楼层区域（工作间内）应有一定的储备量，同时也要制定一个合理的储备量，既不会过多地占用流动资金，又可以满足对客服务的需要。

①邮轮客舱配备标准。它是根据客舱配备标准，详细规定各种类型及等级的客舱用品配备及摆放的位置，将其以书面形式固定下来并附有图片，以供日常发放、检查及培训时使用，这也是控制客舱用品的基础。

②工作车配备标准。工作车配备的标准一般是以每天清洁客舱的耗用量来配备各类物品。一般客舱均会以18～20间邮轮客舱的耗用量为参照标准来配备各类物品。

③楼层工作间储备标准。楼层工作间一般备有一个航程的客舱用品储存量，客舱用品消耗用量应列出明确的标准，并置于工作间明显的位置，以供申领物品时参照使用。

3. 客舱备用品的日常管理

客舱用品控制工作中最容易发生问题的一个环节就是日常的管理，也是客舱工作中最重要的一环。一般邮轮客舱部对客用品的日常控制会采取"三级控制"的方法：

（1）第一级控制——楼层客舱主管对客舱服务员的直接控制

①通过每日清洁工作表来直接控制客舱部服务员的领用量。楼层客舱主管通过客舱服务员的做房报告表，控制每个服务员领用的消耗品量，分析和比较每位客舱服务员每间房间、每客的平均耗用量。客舱服务员按规定的品种和数量为客舱配备和添补用品，并在服务员工作表上做好相应的记录。客舱主管凭服务员工作表对客舱服务员领用客用品的情况进行核实，目的是防止客舱服务员偷懒或克扣游客用品占为己有。

②督导与检查。客舱主管通过现场督导和指挥，减少客用品的损坏和浪费。客舱主管督导服务员在引领游客进房时，必须按邮轮客舱服务的规程介绍房间设备、用品的性能和使用方法，避免不必要的损坏。同时，督导和检查服务员清洁房间的工作流程，杜绝员工的野蛮和违规操作。如少数员工在清洁整理房间中为图省事，将游客未使用过的一些消耗

品当垃圾一扫而光，或者乱扔客舱用品等，客舱主管应及时对其进行教育，尽量减少人为的破坏和浪费。

（2）第二级控制——建立客用品的客舱主管责任制

各种客用品的使用主要是在楼层进行的，因此使用的好坏和定额标准的掌握，其关键在客舱主管。建立楼层客用品的客舱主管责任制，是非常必要的。

①邮轮客舱楼层应配备客用品管理人员，做到专人负责。客舱楼层可设一名兼职的行政客舱主管和一名业务客舱主管。行政客舱主管负责楼层物资用品的领发和保管，同时协助业务客舱主管做好对服务员清洁、接待工作的管理。

②建立楼层"固定资产管理"的档案。平时如资产增减或移动时，必须获得楼层主管或经理的批准，并由楼层主管在固定资产登记卡上进行更改，以加强客舱主管的责任心。

③客舱主管每天汇总本楼层消耗用品的数量，向大库房进行报告。客舱主管每周日应根据楼层的存量和一周的消耗量开出领料单，交邮轮客舱中心库房。每月月底配合邮轮客舱中心人员对库房各类物品进行盘点。

（3）第三级控制——邮轮客舱部对客用品的控制

邮轮客舱部对各楼层的用品进行控制，一般可以从两个方面着手：一是通过邮轮客舱中心库房的管理员（物品领发员），其主要负责整个邮轮客舱部的客用品领发、保管、统计和汇总工作；二是通过楼层主管，建立相应的规范和采取相应的控制措施，使客用品的消耗在满足业务经营活动需要的前提下，达到最低消耗的限度。

①中心库房对客用品的控制。可由中心库房的物品领发员或邮轮客舱服务中心人员对每日邮轮客舱楼层的客用品耗费的总量进行直接控制，同时也负责统计各楼层每日、每周和每月的客用品使用的总消耗量，并结合客舱出租率及上月耗损情况，制作每月客用品消耗分析对照。

②楼层主管对客用品的直接控制。楼层主管或邮轮客舱部经理对客用品的控制主要通过加强对员工的思想教育和制定相关的管理制度来实现。客舱备品的流失主要是由员工造成的，因此要做好员工思想教育工作并加强管理。楼层客舱主管（主管）也要通过服务员每日清洁房间的数量，及时有效地控制其物品的消耗量，并分析和比较每个服务员每间邮轮客舱的平均耗用量。

四、邮轮客舱对客服务

（一）邮轮客舱部对客服务的主要特点

1. 舒适性

邮轮客舱是游客入住邮轮后长时间逗留的场所，邮轮的宗旨是为每位游客提供一个"家外之家"，因此，像"家"一样舒适便成为衡量客舱部对客服务优劣的重要标准之一。邮轮客舱部服务员除了将客房布置得舒适、温馨之外，还要留意游客的生活习惯，以便提供有针对性的服务，切实给游客以"家"的感受。

2. 综合性

从服务的表现形式来看，邮轮客舱的服务是有形服务和无形服务的综合体现。首先，客人进入房间后，主要是通过对客舱房间的整体感觉、床铺的整洁、地面的洁净、用品摆放的方便性等来感受客舱部服务人员的服务水平，这些体现了服务的无形性；但客舱部也需要面对面的服务，如迎送服务、洗衣服务等，这些体现了服务的有形性。服务的综合性需要客舱服务员既要具备娴熟的服务技能，又要掌握对客服务的礼仪、礼节及技巧。

3. 随机性

邮轮客舱部服务项目众多，工作较为分散，各服务项目之间没有非常明显的直接联系，且游客没有需要某项服务的固定时间，需求服务的随机性很强，给服务工作带来了较大的难度。如对于 VIP 游客和商务游客，需要客舱服务员随时为其提供送餐服务和清洁作业；对于观光型游客，需要及时为其提供旅游咨询服务；对于醉酒游客，需要提供醒酒服务等。

4. 差异性

客舱服务是无形的，无法像有形产品那样实现标准化，每次服务带给游客的效用都可能存在差异。首先，客舱部服务人员因各自的素质不同，每天的心情受环境的影响，一定程度上会造成服务质量的波动。其次，邮轮的客源成分十分复杂，游客与游客之间既有经济上的差别，也有地位上的不同，又有各国风俗习惯的差异，因而对邮轮客舱服务的期望和需求也存在很大的差异。即使对相同的服务也会有不同的评价，从而造成服务质量的不稳定。最后，由于服务人员与游客间相互作用，在不同频次的购买和消费过程中，即使是同一服务人员向同一游客提供的服务也可能存在差异。

（二）邮轮客舱部对客服务的操作要求

邮轮客舱部服务水准的高低和品质的优劣，在很大程度上决定了游客对邮轮客舱部产品的认知程度和满意程度。这就要求客舱部在对客服务时，要以一定的服务程序或制度为基础，为游客提供高规格的服务，使游客高兴而来、满意而归。从服务操作系列化的要求来看，主要是贯彻执行"迎、问、勤、洁、静、灵、听、送"的八字工作法。

1. 迎——礼貌大方，热情迎客

游客来到邮轮客舱，主动迎接，这既是对游客礼貌和敬意的表达，又是给游客留下良好第一印象的重要机会。热情迎客，一要举止大方，衣着整洁，精神饱满；二要态度和蔼，语言亲切，动作准确适当。

2. 问——热情好客，主动问好

游客在邮轮住宿期间，服务员要像对待自己的亲人一样关心、爱护游客，体现主人翁精神。要主动向游客问好，关心他们的日常起居、身体状况、生活感受，主动询问他们的要求，满足他们的爱好。

3. 勤——工作勤快，敏捷稳妥

邮轮客舱部服务人员应为游客提供准确而快速的服务，这就需要做到手勤、眼勤、嘴勤、腿勤。手勤就是要及时准确地完成工作任务；眼勤就是要注意观察游客的需求、反应，有针对性地为游客提供服务；嘴勤就是见了游客要主动打招呼，主动询问需求，切不可遇到游客不言不语，低头而过；腿勤就是要行动敏捷，不怕麻烦，提高服务效率。

4. 洁——保持清洁，严格卫生

邮轮客舱服务过程中，清洁卫生是游客的基本要求之一。每次清洁整理时都要做到严格消毒，消除各种痕迹，保证各种设备、用具和生活用品清洁、美观、舒适。

5. 静——动作轻稳，保持肃静

邮轮客舱是游客休息或办公的场所，保持安静也是优质服务的基本要求。邮轮服务人员在准备用品、打扫卫生时要做到敲门轻、说话轻、走路轻。服务过程中，不得大声喧哗、吵闹、唱歌。随时保持客舱、楼层的安静氛围，以体现客舱服务的文明。

6. 灵——灵活机动，应变力强

邮轮客舱服务员在服务过程中必须具有较强的应变能力。服务员应根据游客的心理特点、特殊爱好而采用灵活多样的方法，如对动作迟缓、身体有残疾的游客应特别照顾，对性格开朗的游客说话随和一些等。

7. 听——眼观六路，耳听八方

邮轮客舱服务员要随时留心观察游客情况，征求游客意见，随时发现服务过程中的问题和不足之处。一经发现，就要及时改进和补救。

8. 送——送别游客，善始善终

游客离船既是客舱服务的结束，又是下一轮服务工作的开始。为了保证邮轮服务工作取得良好的效果，给游客留下美好的印象，同时也为了争取回头客，就必须让游客旅途愉快，欢迎游客再度光临。

（三）相关服务标准的制定

1. 程序标准

服务程序标准是服务环节的顺序标准，即在服务操作上确定先做什么、后做什么。该标准是保证服务全面、准确及流畅的前提条件。

2. 服务设施、用品标准

服务设施、用品标准是指邮轮为游客所提供的设施和用品的质量、数量的标准。这项标准是在硬件方面控制服务质量的有效方法，是从质量、数量、状态三个方面去制定的标准。如在数量上，要求每间客舱内配置两个茶水杯；状态上，要求提供 24 小时的冷热水服务。

3. 效率标准

一般对客服务的实效标准，指在有效的时间内完成客人的要求。如接到游客要求送物品的电话后，应在 3 分钟内将物品迅速、准确地送至客人房间内，体现出时间和效率的标准化。这项标准的制定，要视不同邮轮的具体情况而定，且要有专业管理人员的参与及对员工的专业化培训，方可达到理想的效果。这个标准是保证游客能得到及时、快捷、有效服务的前提条件，也是客舱服务质量的保证。

4. 技能标准

服务技能标准一般是针对客舱服务人员的服务操作水平所制定的标准，如客舱清洁和整理标准、铺床标准、开夜床标准等。服务员只有掌握熟练的服务技能，才能更好地为游客提供优质的服务。

5. 状态标准

服务状态标准是针对服务人员的言行举止、服务意识所规定的标准。例如，遇见客人时，先微笑，然后礼貌地打个招呼；以友善热诚和礼貌的语气与客人说话；迅速回答客人的问题，并主动为客人找出答案；预知客人需要，并帮助其解决问题。

6. 规格标准

服务规格标准是针对不同类型游客所制定的不同规格标准，如在 VIP 房间放置鲜花、酒水、水果、糕点等，以便更好地提升对特殊客人的服务水准。

7. 质量检查和事故处理标准

服务质量检查和事故处理标准是对上述各项标准贯彻和执行情况的检查标准，也是衡量客舱服务质量的尺度。此标准重点由两方面构成：一是对员工的奖励或惩罚标准；二是对游客补偿及挽回不良影响的具体措施。

（四）提高客舱服务质量的途径

1. 提高客舱部服务员的服务技能

服务技能和操作规程是提高客舱服务质量和工作效率的重要保障。邮轮客舱部服务员必须熟练地掌握和运用服务技能。可以通过岗前培训、强化训练、技能竞赛等多种形式，来提高邮轮客舱部服务员的技能水平。

2. 培养客舱部员工的服务意识

服务意识是员工应当具备的基本素质之一，也是提高服务质量的根本保证。就邮轮客舱部而言，很多工作是有规律可循的，邮轮客舱部的管理人员应当根据这些规律，制定服务程序、操作规程和质量标准来保证服务的质量。但也有一些问题是随不同情况而发生变化，这就要求客舱服务员必须要有相应的服务意识，只有这样才能将自身的服务工作做得更好。

3. 为游客提供个性化的服务

规范化的服务是保证客舱服务质量的基本要求，但每位客人都是不同的，都有自己的个性与特点，要向游客提供优质的服务，就必须为其提供相应的个性化服务，才能使游客感到满意和惊喜。超值的个性化服务会为邮轮培养一批忠诚的游客。

（五）重视服务的细节化

任何邮轮在其经营过程中都会非常注重服务的细节，"时时、处处、事事"都要从游客的角度去考虑。如有些邮轮为更加方便游客使用行李，会在客人登船后迅速地把行李运送到房间，在客人离船前的12点之后收集行李并运往港口。客舱服务员还会折叠各种毛巾宠物给游客欣赏。"细节决定成败、细节成就完美"，邮轮客舱部的任何服务都必须关注每一个细节，只有在各个细节上多下功夫，才能提升整体的服务水平。

（六）征求和收集客人的意见

游客是客舱服务的直接消费者，也是客舱服务缺陷的发现者。因此，每位游客对客舱服务产品最有发言权。邮轮客舱部要提高对客服务的质量，征求游客的意见是十分重要的途径之一。征求游客意见的方法和途径，最常用的有以下几种：

1. 游客意见反馈表

为了能及时地征求到游客对邮轮客舱部各项服务的意见，一般情况下，游客在离船前一晚会收到满意度调查表。在设计调查表过程中要注意，表格设计简单、清晰、易填写，注意保密，可设计成由游客自己密封的折叠式信封状表格，而且自带胶水黏合的式样。以此可作为考核客舱服务员工作好坏的重要依据之一。

2. 直接向游客征求意见

邮轮客舱部经理或主管也可以随时或定期地拜访游客，了解游客对邮轮客舱的各项需求，从而能及时、有效地发现客舱服务中存在的问题，进一步制定和修改有关计划并加以改正。这样做，一方面可以加强部门与游客之间的沟通和交流，也大大地增进了双方的相互了解和信任；另一方面也能发现邮轮或部门自身的不足，加以改进，从而有利于提高游客对客舱服务的满意度。

3. 员工意见反馈

对游客需求和满意情况最为了解的且与游客接触最多的是一线员工。他们的信息来源最直接、快捷、丰富和可靠。一位基层的员工肯定比管理者更经常听到"枕头太高了，也不舒服"、"你们的毛巾不够柔软，用着很不舒服"等类似信息。员工往往有许多的建议、信息或一些好的想法，如果能通过科学、有效的渠道加以收集，那么整体的服务将会得到显著的提升。

4. 专项调查

专项调查是针对游客的一种专门性的调查。一般会事先设计好调查表，并放置在游客容易看到的地方，如写字台、床头柜、餐桌等处。这种专项调查更具有针对性，也能更多地获取游客对某些服务需求的反馈，同时还可以通过网络问卷调查得到游客对客舱服务的一些反馈意见。

第四节 休闲娱乐部服务管理

邮轮康乐活动是游客在邮轮上参与的主要活动之一，特别是国际知名的邮轮公司，如美国皇家加勒比、歌诗达、丽星等。邮轮活动多样化、场所大型化、康乐设施设备高端化是未来的发展趋势，所以各邮轮公司争相建造巨型邮轮。

邮轮是一个移动的酒店，邮轮康乐服务指邮轮员工通过商业销售、及时制作加工和服务型劳动，在邮轮上向客人们提供的各种康乐活动的总和。邮轮康乐服务能满足客人的正当需求，提高邮轮的经济效益，稳定和增加客源，丰富邮轮上的生活。其种类繁多，能使人提高兴致，增进身心健康，主要包括康体活动、保健娱乐活动、休闲活动等。

一、邮轮运动服务项目

运动服务项目是借助一定的运动设备设施、场所，通过客人主动参与来调节心情，在愉快的气氛中促进身心健康，以达到休闲、交友目的的体育活动。

（一）运动型项目

运动型项目主要包括健身器械运动、游泳运动、球类运动、冒险性运动。其中健身器械运动包括心肺功能训练项目、力量训练项目等；游泳运动有室内游泳项目、室外游泳项目；球类运动包括高尔夫球、网球、台球、乒乓球、保龄球等；冒险型运动包括攀岩、滑冰、模拟冲浪等。

器械的选择需高规格、高质量，减少故障率，才能为游客提供舒适的享受。在设计运动健身项目时，应根据邮轮实力和客人需要提供配套服务。客人的参与性是运动健身的基本要求，体育器材的正确用法，保龄球、台球的基本技巧，都需要员工提供适当的技术性指导，并防止意外事故的发生。

（二）健身房

健身房是邮轮上必备的配套设施，其服务直接影响到客人对邮轮的整体评价。视邮轮规模，健身房可大可小，通常规划面积在 60 ~ 110 平方米。健身房的室温应保持在 18 ~ 20 ℃，照明充足，通风换气设施良好。多数分为四个功能区，准备区让客人可以做健身前的身体舒展，心肺功能训练区放置仰卧式自行车、跑步机、划船模拟机等既锻炼肌肉也增加神经系统敏感性的设备，体能训练区放置手臂推举机、屈腿重力机、仰卧起坐器、胸颈推举机、腰部旋转机、肩背训练机等多功能组合健身架，以及哑铃练习区域。

健身房宜适量装置墙镜，以利健身者自我欣赏，又可使健身房"扩大空间感"。地板宜采用人造纤维的软地板。健身房还应配有体重秤、空调设备、音响系统、柔和灯光、室内电视系统、烟感和喷淋，以及饮水机。

健身房应尽可能与其他娱乐设施，如桑拿浴室、游泳池、按摩室、美容中心设计在一起，做到相互配套。且旁边要有与接待能力、档次和数量相当的男女更衣室、淋浴室和卫生间。

（三）球类

1. 高尔夫（Golf）

高尔夫是 GOLF 的音译，由四个英文单词的缩写组成。他们是 Green、Oxygen、Light、Friendship，意为"绿色、氧气、阳光、友谊"，是一种将自然、身体锻炼和游戏融为一体的活动。高尔夫是一种把球打进洞的球类运动。现代高尔夫已成为贵族运动的代名词，是由中国古代一种叫做"击打"的球戏演变而来。邮轮上受规模大小的影响，提供的是新型高尔夫运动，有 3D 高尔夫和迷你高尔夫两种。

3D 高尔夫是一种用现代科技手段模拟场景的高尔夫球场，并能反映出球员在该模拟球场打球的方位。具体设置为：在一间不到 50 平方米的房间内，用投影仪或幻灯机投射出某 100 多公顷球场的场景，场景的荧幕具有对击球力度的感应能力，可根据感应的力度和方向将球的影像及球的飞行轨迹反映到屏幕上，并通过计算机反映出球的飞行距离，使击球人产生在现实球场击球的感受。最后，还可以使用推杆将球推进洞穴。3D 高尔夫球场的占地面积很小，是邮轮运动项目的好选择。

迷你高尔夫是用木材或水泥等材料制作出各种不同障碍的球道及洞穴，从 9 洞到 26 洞都有，室内或室外都可。

高尔夫比赛有比洞比赛和比杆比赛两种。比洞比赛前要先商定比赛的球洞数，之后一个洞一个洞的比赛，谁以最少的杆数完成谁获胜。一个洞的击球进洞杆数相等，则判该洞平分。比杆赛的胜负是在所有参赛者打完规定的球洞后，以击球进洞的累计杆数多少论定，所用杆数最少者胜。

2. 保龄球（Bowling）

保龄球是指木板道滚球击柱的一种室内运动，具有娱乐性、趣味性和技巧性。由于它是室内活动，不受时间、气候的影响，也不受年龄限制，男女老少皆宜。现在，各大邮轮公司都将这项受人欢迎的项目设置在邮轮上，让客人体验海上保龄球的乐趣。

保龄球的器材由球道、球瓶和球组成。球道由助走道、滚球道和放置球瓶区构成，球道材质多为漆树木和松木。保龄球基本颜色为白色，3 孔，中心以软木塞和合成强化橡胶混合，外层用硬质橡胶、塑胶或玻璃纤维包围。服务员应该依据客人的实际情况为其选择恰当的保龄球。

保龄球的比赛规则以局为单位，以击倒球瓶多少来计分定胜负。一局为十轮，每轮有两次投球的机会。如果在一轮中，第一次投球就把 10 个球瓶全部击倒，即全中，就不能再投第二次。唯有第十轮不同，第一次投球如果全中，仍要继续投完最后两个球；如果是补中，就要继续投完最后一球，结束全局。若两次投球未曾 10 瓶全击倒，第三次机会取消。比赛以抽签的方式决定道次。每局在相邻的一对球道上进行比赛，每轮互换球道，直至全局结束。最终均以 6 局总分累计决定名次的高低。

3. 网球（Tennis）

网球是一项优美而激烈的体育运动，通常在两名单打球员或两对双打组合之间进行。

球员在网球场上隔着球网用网球拍击空心橡胶球。网球运动量较大，可以提高心肺功能，增强体力，还有助于增强动作的连贯性、流畅性和协调性。由于仅需要握住球拍并击球，因此这是一项适合各个群体和各个年龄段的人进行的运动。网球场地按环境结构分为室内和室外两种，按地面材质可分为草地场、红土场、硬地场、地毯场等。

网球是一项需要耐力和爆发力的运动，因此，在每一次锻炼前要做好准备活动，以避免扭伤和肌肉拉伤。

4. 壁球（Squash）

壁球所需场地小，是向墙上打的球，其娱乐性、趣味性、消遣性强。打球时，击球的一方需将球击向正面或侧面的墙壁，待球反弹回来，另一方才可击球。壁球可以单人练，也可二人对抗。这种室内项目不受季节、天气限制，可全天候运动，老少皆宜，参与年龄非常广泛，但患有心脏病、高血压、呼吸道疾病的人群不适宜此项运动。

（四）戏水设施

1. 游泳池（Swimming Pool）

邮轮上的游泳池根据邮轮规模大小和经营需要来设计建造，一般可以分为室内、室外、室内外综合等类型。还应有适合儿童的浅水区域。

室内泳池不受季节和天气的影响，任何时间都可以开放，水温、室温也较易控制，使用率较高。受规模限制，邮轮室内泳池相对较小。

露天泳池多位于顶层，视野开阔，周围海景尽收眼底。通常会依据功能分为儿童乐园区、沙滩泳池、主泳池、日光浴等。可以在不同的时节安排不同航线以保证客人能够体验最佳的气候。

室内外综合泳池具有室内和室外的优点，可以享受大自然的阳光、空气、风景，活动的天棚能根据天气和客人要求开启或关闭。

邮轮还需要配备男、女更衣间以及洗手间、水吧；池边地面使用防滑材料，且利于清洁；水系统设备应具备池水循环过滤、消毒、加温及溢流和补水功能。

2. 戏水游乐场（Water park）

戏水游乐场是在人工营造的室内外环境中进行戏水活动的场所，具有游泳池的性质，但比游泳池更富有娱乐性，除了可以游泳外，还可以冲浪、坐水滑梯、嬉戏海浪等，客人能够在此处享受刺激和欢乐。

（五）冒险型项目

冒险型项目主要特点是富有刺激性，且多为被动式参与的机械设备。需要注意的是冒险型项目都用来满足年轻客人寻找刺激的需求，所以安全问题十分重要。

1. 攀岩（Climbing）

攀岩是从登山运动中衍生出来的竞技运动项目，攀爬的对象主要是岩石峭壁或人造岩墙。攀登时不用工具，仅靠手、脚和身体的平衡向上运动，手和手臂要根据支点的不同采用各种用力方法，如抓、握、挂、抠、撑、推、压等，所以对人的力量要求及身体的柔韧性要求都比较高。

攀岩时要系上安全带和保护绳，以免发生危险。该项运动主要以攀岩者的攀登时间长短或攀爬高度来决定胜负，它集健身、娱乐、竞技于一体，既要求参与者具有勇敢顽强、坚忍不拔的拼搏精神，又需要具有良好的柔韧性、节奏感及攀岩技巧，这样才能娴熟地在不同高度、不同角度的陡峭岩壁上轻松、准确地完成身体的腾挪、转体、跳跃、引体等惊险动作，给人以优美、流畅、刺激、力量的感受。

惊险、刺激是攀岩运动最突出的特点，同时此项运动能充分满足人们回归自然、挑战自然、挑战自我的欲望。邮轮上的攀岩主要以娱乐为主，主要采用人工岩壁的形式。

2. 室内跳伞（Indoor skydiving）

室内跳伞主要使用的是风洞舱，主要由进气段、动力段和飞行区等部分组成，通过人工制造和控制气流，能够将客人在一个特定的空间里吹浮起来，让人既能体会到太空漫步的奇妙感觉，又可以直观地了解空气动力学知识和风洞实验技术。以训练为目的而开发的跳伞情境模拟器，能模拟跳伞时所遇到的各种气流，借助对气流流向和强度的调节，体验"大鹏展翅""空中翻滚"等特技。

3. 滑冰（Skiing）

滑冰运动不仅能够锻炼、增强人体的平衡能力、协调能力以及柔韧性，可以提升人的心肺功能和有氧运动能力，能够有效锻炼下肢力量，还有很好的减肥效果。对于青少年来说，滑冰有助其小脑发育。邮轮上的溜冰场一方面可以用作观看溜冰演出，另一方面可以向客人开放，进行溜冰活动。

二、邮轮娱乐服务项目

娱乐项目是指在一定的环境或设施条件下，客人通过参与一定形式或自助娱乐形式的文娱活动，得到精神上的满足。娱乐项目包括的范围比较广泛，人们日常生活中的歌舞类项目（歌舞厅、酒吧等）、游戏类项目（棋牌游戏）、视听阅览类项目（书报阅览）、表演类项目（歌舞表演、乐器演奏）都属于娱乐项目。

娱乐活动场所应高雅、洁净且具有一定的文化品位。娱乐活动场所吸引客人的主要因素是环境和氛围，内容丰富、品位较高的娱乐项目与洁净高雅的娱乐场所不仅能给客人带来愉悦的心情，而且会给客人带来宾至如归的感受。

（一）酒吧

酒吧是指提供啤酒、葡萄酒、鸡尾酒等酒精类饮料的消费场所，它是邮轮娱乐不可或缺的部分。BAR 多指娱乐休闲类的酒吧，提供现场乐队（Live Band）或歌手表演，高级的 BAR 还有调酒师表演精彩的花式调酒。而 PUB 和 TAVERN 多指英式的以酒为主的酒吧。酒吧的主要形式有以下几种：

1. 主酒吧

主酒吧大多装饰美观、典雅、别致，具有浓厚的欧洲或美洲风格，视听设备完善，并配有足够的靠柜、吧凳，酒水、载杯及调酒器具等种类齐全，摆设得体。许多主酒吧的另一特色是具有各自风格的乐队表演或向客人提供飞镖游戏。到此消费的客人大多是来享受音乐、美酒以及无拘无束的人际交流，对调酒师的业务技术和文化素质要求较高。

2. 酒廊

这种酒吧形式在邮轮大堂和歌舞厅最为常见，装饰上一般没有突出的特点，以经营饮料为主，也提供一些小吃。

3. 服务酒吧

服务酒吧是一种设置在餐厅中的酒吧，服务对象也以用餐客人为主，多位于西餐厅。

西餐厅服务酒吧较为复杂，除要具备种类齐全的洋酒之外，调酒师还要具有全面的餐酒保管和服务知识。

4. 宴会酒吧

这类酒吧是根据宴会标准、形式、人数、厅堂布局及客人要求而摆设的酒吧，临时性、机动性较强。

5. 外卖酒吧

外卖酒吧是根据邮轮旅游的需要，在某一地点临时设置的酒吧。

6. 多功能酒吧

多功能酒吧大多设置于综合娱乐场所，不仅能为午、晚餐的用餐客人提供酒水服务，还能为赏乐、蹦迪、练歌、健身等不同需求的客人提供种类齐备、风格迥异的酒水及服务。这一类酒吧综合了主酒吧、酒廊、服务酒吧的基本特点和服务职能。良好的英语基础、高超的技术水平、全面的娱乐知识，是考核此类酒吧调酒师的三项基本条件。

7. 主题酒吧

这类酒吧的明显特点即为突出主题，到此消费的客人大部分也是来享受酒吧提供的特色服务，而酒水往往排在次要的位置。

（二）剧院

邮轮上的剧院是进行重要演出活动，如大型音乐演出、戏剧表演、歌舞表演或者魔术表演的场所。剧院也是最大的游客集聚区域，既可以用于应急演习，又可以作为岸上旅游的集合地点。通常每天晚上有 2 ~ 3 场表演。表演活动是按照时间滚动进行的，这样的设计可以确保节目新颖和有趣。

三、邮轮保健服务项目

保健服务项目是指通过提供相应的设施设备或服务作用于人体，使客人达到促进血液循环、消除疲劳、恢复体力、养护皮肤、改善容颜等目的的活动。其项目特点是参与性强，可使参与者达到放松肌体、焕发精神的目的。目前保健服务项目主要包括足疗、药浴、淋浴、温泉浴、洗浴桑拿、按摩保健等。

无论是按摩、搓背，还是足疗，都需要由受过专业训练并取得上岗资格证书的人员来提供服务。专业服务人员的水平关系到项目的经营效果，也关系到客人的评价，可以说，专业人员是保健服务的基础。

保健类服务，员工会直接碰触到客人的身体，卫生条件对客人的身体健康非常重要。所以保健类服务员要做好个人卫生，其用品、设施必须严格消毒，卫生是保健服务的保证。

在服务过程中，若服务人员操作失误或设施设备出现故障而对客人造成伤害，邮轮负有不可推卸的责任，顾客安全是保健服务的立足点。

（一）按摩

按摩师运用推、拿、按、滚、摩、摇、扳、牵、振、拨、揉、捻、弹、扣、扫、挤等手法辅以踩背法，对客人身体的不同部位或经络进行按摩，从而达到促进血液循环、疏通经络、消除疲劳、增进健康的目的。

1.按摩适应及禁忌群体

适应群体：神经衰弱、失眠、健忘者；轻度感冒、消化不良者；急性软组织损伤、慢性劳损性无皮肤破损者；骨关节的滑膜嵌顿和细微错动者；创伤后肢体关节僵直粘连及软组织挛缩、肌肉萎缩者；骨关节病及麻痹引起的肢体疼痛、关节活动不便者；骨关节可逆性畸变者。

禁忌群体：精神病患者；妊娠3个月的孕妇；有皮肤病或按摩部位有皮肤损伤者；有传染病者；有出血倾向的血液病患者；严重心肺疾病患者；骨关节结核、骨髓炎、老年骨质疏松者；骨关节或软组织肿瘤者；急性软组织损伤者；急性脊柱损伤伴有脊髓症状和椎体重度滑脱者。

2.分类

按摩（Massage）可分为泰式按摩、中式按摩、韩式按摩、日式按摩、欧式按摩、热石按摩、淋巴按摩等。

泰式按摩是各种按摩方式中最为激烈的一种，采用脚踩、肘推，按摩部位以全身的关节为主，达到消除疲劳、强身健体的效果。由泰国御医吉瓦科库玛结合古印度传入的按摩手法及中国移民的按摩手法创造而来，其技法被铭刻在瓦特波卧佛寺的游廊壁上，那里被称为"泰式按摩基地"。

中式按摩是中国传统医学的重要组成部分，融合了中医理论的精华，以经络穴位按摩为主，其手法渗透力强，可以放松肌肉、消除疲劳、调节人体机能，具有提高人体免疫力、疏通经络、平衡阴阳、延年益寿的功效。

韩式按摩由家庭按摩改良而成，松骨是其一大特点，推油和热敷是其主要内容，按摩师的通常步骤是顺着肩胛骨、脊椎、胯骨的骨缝用扳的手法进行松骨。放松四肢后，再用麦饭石或热水袋热敷皮肤，放置于肩关节和脊椎骨处。待毛孔张开，按摩师将按摩油倒入掌心搓热，进行背部和四肢的推油。另外还附加洗脸、洗头、采耳、修甲、中草药沐浴等项目。

日式按摩即日式指压，是源于中国古代针灸、按摩医术而演变出来的一种按摩手法，较多地应用了中医学的针灸穴位，更接近于中医学的经络学说。按压时用手指的指腹着力。施力时不用腕力，而是将肢体或手指作为支撑架，利用自身的体重，垂直向肢体的中心部位施力。按摩背部时，按摩师会跪在背上用膝盖进行按摩。为了舒缓指压对身体某些部位可能造成的不适，也同时结合搓、捏和拍打等按摩手法。

欧式按摩源于古希腊和古罗马，以推、按、触摸为主，加上压、捏、揉、搓、提、抹等手法，搭配芳香油，沿肌纤维走行方向、淋巴走行方向、血管走行方向，给人轻松、自然、舒适的感受。

热石按摩是将按摩石经过特殊加热后，放置在皮肤与经络上，利用深层的热传导方式把热力输入客人体内，再经由反射穴点的传导，对肌肉组织和关节起到调节作用，辅以按摩精油能更好地发挥功效。

淋巴按摩目的在于加强淋巴循环，由按摩师沿着客人的淋巴流向进行推、擦，以拇指指腹或其余四指并拢在淋巴结的每个位置反复进行。

（二）桑拿（Sauna）

桑拿源于芬兰，故又名芬兰浴，是在封闭的房间内，利用蒸汽对人体进行反复干蒸冲洗的冷热刺激，使血管反复扩张及收缩的理疗过程，能增强血管弹性，预防血管硬化，对关节炎、腰背肌肉疼痛、支气管炎、神经衰弱等有一定的保健功效。

桑拿可分为干蒸、湿蒸，或分为芬兰式、泰式、日式、韩式等，还可分为蒸汽桑拿、远红外桑拿、电气石汗蒸等。

蒸桑拿是一种时尚与保健兼备的休闲娱乐方式，喜好者众多，其基本方法和程序如下：浴者更衣，首先入浴室洗去浮尘，然后到水按摩池内泡浴，分冷水按摩池（4～8℃）和热水按摩池（37℃上下）。池中设水流喷口，能起到按摩肌肤的作用。再进入干桑拿房，可拿起木勺舀清水浇在灼热的桑拿石上，产生大量蒸汽，一般客人会大汗淋漓。在桑拿房待两三分钟或者一二十分钟，视客人的体质及耐受力而定。至于湿桑拿，是自行调节蒸汽阀门。从桑拿房出来，可以选择在沐浴室沐浴后再入按摩池泡浴；还可以桑拿房、冷水浴反复出入，从而使肌肤在骤冷骤热中得到锻炼、以提高免疫力。最后在休息室内休息或按摩。患有慢性疾病、高血压、低血压、心脏病、皮肤病的客人，不宜洗桑拿。

（三）SPA

SPA 源于拉丁文 "SOLUS（健康）PAR（在）AGULA（水中）"，即水疗和养生。早期是以具有疗养效果的温泉和矿泉为主，现在演变成一种集医疗、美容、减压于一身的休闲健康新方式。SPA 包括冷水浴、热水浴、冷热水交替浴、海水浴、温泉浴、自来水浴。每一种都能在一定程度上松弛、缓和紧张、疲惫的肌肉和神经，清除体内毒素，预防和治疗疾病。若再配上芳香精油按摩，会加速脂肪的燃烧，获得瘦身的效果。

现代 SPA 是透过人体的五大感官功能，即听觉（疗效音乐）、味觉（花草茶、健康饮食）、触觉（按摩）、嗅觉（天然芳香精油）、视觉（自然或仿自然景观、人文环境）等达到全方位的放松，将精、气、神三者合一，实现身、心、灵的放松。美容美体、抗压力、瘦身、加快新陈代谢、促进排汗都是 SPA 特有的功效。例如，美容美体多指用水疗配合海藻之海洋疗法，经由皮肤吸收多种矿物质与微量元素，恢复人体内部平衡，辅以淋巴循环的渗透与刺激，排除毒素并维系良好身材。

（四）针灸

针灸（Acupuncture），是以针刺艾灸防治疾病的方法。针法是用金属制成的针，刺入人体穴位，运用手法，以调整营卫气血；灸法是用艾绒搓成艾条或艾炷，点燃以温灼穴位，达到温通经脉、调和气血的目的。

针灸具有疏通经络的作用，可使瘀阻的经络通畅而发挥其正常的生理作用，这是针灸最基本、最直接的治疗作用。经络不通，气血运行受阻，会导致疼痛、麻木、肿胀、瘀斑等症状。针灸还有调和阴阳的作用，疾病发生，可以说是阴阳失衡导致，通过调节经络的阴阳属性，配合经穴配伍、针刺完成治疗。针灸还可以美容，治疗成人痘和减肥疗效显著。

针灸一说，还有着扶正祛邪的功效。其疗法有着广泛的适用性，操作简单，医疗费经济，副作用小等特点，故世界 140 多个国家和地区都有分布，甚至发展出地域特色。

（五）氧吧

人体由细胞构成，细胞的活力取决于人体吸收的碳水化合物与氧的化学反应能力。现代社会紧张的工作和快速的生活节奏，使人体的耗氧量增大，可能使人因供氧不足而疲劳或患病，会有记忆力衰退、神经衰弱、头疼、失眠、反应迟钝、消化不良、免疫力下降、内分泌失调、生物钟紊乱等一系列问题出现。这时候，需要增加体内含氧量，提高血红蛋白的供氧能力，较为简单有效的方法就是吸氧，因而氧吧应运而生。氧吧能产生负离子，增加空气中氧气含量。产生的负氧离子具有超强的抗氧化能力和还原力，拥有良好的生物活性，极易透过人体的血脑屏障，进入人体各类系统中发挥它的作用，被誉为"空气维生素"。近几年，邮轮上也可以为客人提供天然氧吧服务。

四、邮轮美容美发服务项目

一般情况下，邮轮上的美容美发设在相通的两个房间里。要求拥有现代化的设备、技艺高超的美容师和美发师，以满足客人的需求。美发室主要提供美发、护发服务，包括洗剪吹、焗油、染发、发型设计、卷发、修面及新娘梳头、晚妆梳理等；美容室主要提供美容服务，包括面膜、深层清洁、手部颈部护理、除皱、纹眉、修眉、化新婚妆以及美体服务等。

（一）发型设计

邮轮上发型设计室不同于普通理发室，必须拥有现代化的理发设备、丰富的染护发产品、洁净的理发工具和优秀的理发师。客人是来自世界各地的旅游者，发型各异，要求不同。理发师们应具有高超的技艺和足够的应变能力，设计出让客人满意的发型。

（二）美容护理

中外客人尤其是女性，非常注意日常美容，故邮轮上需要有掌握现代美容技艺的优秀美容师，其美容室还需配备离子蒸汽机、电动美容仪器、阴阳电离子导入仪、纹眉机、多功能美容仪、高频电疗仪、真空吸管电疗仪、超声波美容仪、皮肤检测仪、蜡疗脱毛机、综合美容仪以及丰富的高档护肤品。

需要注意的是，美容美发必须由专业人士提供服务，目前大多数国家美容美发师都需要持有相应行业主管部门颁发的资质证书。卫生状况也很关键，当地的卫生防疫部门对服务员的健康状况、设施设备及用料检查都十分严格。随着科技的进步，设备设施也需要不断更新。

第五节 其他服务管理

一、邮轮免税店服务

免税店指经海关总署批准，由经营单位在中华人民共和国国务院或其授权部门批准的地点设立符合海关监管要求的销售场所和存放免税品的监管仓库，向规定的对象销售、供应免税品的商店。《中华人民共和国海关对免税商店及免税品监管办法》规定，免税商店分为口岸免税商店、运输工具免税商店、市内免税商店、外交人员免税商店、供船免税店等。

（一）邮轮免税店

邮轮上一般都有丰富的免税商品，包括珠宝首饰、皮具箱包、手表、化妆品等。许多国际知名品牌均在邮轮上的免税店设有专柜或专卖店。在《中国海关通关指南》中，这样的免税店被称作运输工具免税店。运输工具免税商店销售对象限于搭乘进出境运输工具的进出境人员。免税商店销售免税品限运输工具在国际（地区）航行期间经营。免税商店应当向主管海关交验由运输工具负责人或者其代理人签字的"免税品销售明细单"。

此外，邮轮旅游还会有一些岸上观光行程，安排乘客前往当地大型的免税店，以满足乘客购买当地免税商品的需求。

（二）海关政策

1. 免税额

进境居民旅客携带在境外获取的个人自用进境物品，总值在5 000元人民币以内（含5 000元）的；非居民旅客携带拟留在中国境内的个人自用进境物品，总值在2 000元人民币以内（含2 000元）的，海关予以免税放行，单一品种限自用、合理数量。船员另行规定。

2. 烟、酒

香烟400支或雪茄100支或烟丝500克，12度以上酒精饮料限2瓶（1.5升以下）。

3. 超出免税额的物品

应主动向海关申报，经海关审核确属自用的，海关仅对超出部分的个人自用进境物品征税，对不可分割的单件物品，全额征税。

4. 不予免税的商品

电视机、摄像机、录像机、放像机、音响设备、空调器、电冰箱（电冰柜）、洗衣机、照相机、复印机、程控电话交换机、微型计算机及外设、电话机、无线寻呼系统、传真机、电子计算器、打字机及文字处理机等。如携有20种不予免税商品，应主动向海关申报，经海关审核确属自用的，征税放行。

5. 常见物品税率

自2019年1月1日起，根据中国《电子商务法》及海关个人物品征税标准，行邮税税率标准分为三档，分别为15%、30%、60%。15%这档税率，商品包括计算机、照相机、食品、饮料、玩具、游戏品、金银首饰等；30%这档税率，商品则包含衣服、包、鞋、一万元以下的手表、一般化妆品、自行车、摄像机、钻石首饰、洗护用品等；60%这档，商品包括高档化妆品、香水、高档手表（单价1万元以上的手表）、宝石首饰、烟酒等。

16岁以下居民不设烟草、酒精制品免税额度，年满16岁的香港澳门居民及往来香港澳门的内地居民，每人免税香烟200支或雪茄50支或烟草250克，12度以上酒精饮料750毫升，其他年满16岁的旅客，每人免税香烟400支或雪茄100支或烟草500克，12度以上酒精饮料1 500毫升。

化妆品中的护肤品行邮税税率30%，也是按随身携带物品5 000元以上才征税。完税价格在每毫升10元或者10元/毫（克）或15元/片（张）及以上的美容、修饰类化妆品属于高档化妆品，税率为60%。

境外购物＋免税店购物不能超过 8 000 元。

【拓展阅读】

全国首家邮轮进境免税店获批，邮轮购物服务能级又添"硬核"

2019 年，财政部同意在吴淞口国际邮轮港增设口岸进境免税店，这是我国首家邮轮进境免税店，获批进境免税店规模为 1 700 平方米，其中两个航站楼各 850 平方米。

一、利好政策日益完善

口岸进境免税店指设立在对外开放的机场、水运和陆路口岸隔离区域，按规定对进境旅客免进口税购物的经营场所。2015 年 4 月 28 日，国务院第 90 次常务会议决定恢复和增设口岸进境免税店。财政部会同商务部、海关总署、国家税务总局、国家旅游局研究提出了口岸进境免税店政策和增设方案。

2016 年 2 月 18 日，财政部、商务部、海关总署、国家税务总局、国家旅游局等五部委联合发布《口岸进境免税店管理暂行办法》，提出国家对口岸进境免税店实行特许经营，统筹安排口岸进境免税店的布局和建设，口岸进境免税店的布局选址应根据出入境旅客流量，结合区域布局因素，满足节约资源、保护环境、有序竞争、避免浪费、便于监管的要求。经国务院批准，在广州、杭州、深圳等地增设 19 家口岸进境免税店。

免税店免除的税种主要包含关税、进口环节增值税和消费税。当前，在进境免税店购物金额方面，在维持居民旅客进境物品 5 000 元人民币免税限额不变基础上，允许其在口岸进境免税店增加一定数量的免税购物额，连同境外免税购物额总计不超过 8 000 元人民币。

2018 年 3 月 29 日，财政部、商务部、文化和旅游部、海关总署、国家税务总局联合发布《关于印发口岸进境免税店管理暂行办法补充规定的通知》，提出口岸进境免税店的经营主体须丰富经营品类，制定合理价格，服务于引导境外消费回流，满足居民消费需求，加速升级旅游消费的政策目标等要求。

二、免税业务潜力满满

免税店是奢侈品消费的主要渠道，近年来全球范围内免税店销售额增速较快，2017 年全球免税业销售总额达到 686 亿美元，同比增长 8.1%，近十年年复合增长率达到 7.5%。当前，中国消费者是世界奢侈品最大规模的消费群体，但 70% 以上的奢侈品消费在境外发生。

近年来，我国出境旅游消费保持全球领先地位，2018 年中国大陆居民出境旅游消费超过 1 200 亿美元。根据《2018 年中国跨境旅行消费报告》，中国出境游客人均消费排名世界第一，大幅领先其他国家，出境游客人均旅游产品花费达 5 800 元，其中高端游客在所有出境旅客占比约为 20%，但却贡献了超过 80% 的境外消费总额。根据《2018 年中国移动支付境外旅游市场发展与趋势白皮书》数据显示，2018 年中国游客消费支出结构前三位的仍然是购物（25%），酒店住宿（18%）和餐饮（16%）。

免税渠道由于享受特有的政策优惠，拥有明显的价格优势，已经成为我国消费者消费奢侈品与精品的重要渠道。根据贝恩公司的调研数据显示，对于单价 1 000 元以上的精品消费品，我国消费者通过免税店渠道购买的比例达到 38%，成为最主要的精品购买渠道。在出境免税店基础上建立进境免税店，可以推进境外购物消费内流，有效促进国内消费。

近年来，消费升级有效地促进中高端消费增长，促进免税行业的发展。在 2011 年 4 月至 2018 年 10 月期间，海南离岛免税商店累计销售额达到 385 亿元，购买免税品旅客超过 1 200 万人次。2018 年海南离岛免税购物量达到 97.4 亿元，同比增长 21.5%，从而带动海南外贸进口免税品额达到 69.9 亿元，同比增长 21.7%，免税品进口成为推动海南外贸增长的新动力之一。

免税商品之所以受到如此的追捧，其中一个非常重要的原因是价格相比市场价较低，有相关数据显示，境内外购物，酒类商品平均价格差在六成左右，服装、箱包及化妆品等价格差在三成左右，使得游客乐于在出境旅游过程中购物。

三、邮轮消费升级箭在弦上

目前我国免税店经营形式主要包含口岸与市内免税店、离岛免税店以及免税外汇商场等三种形式，丰富免税业发展形式成为促进邮轮购物消费升级的新方向。

2018 年 10 月，上海市人民政府办公厅印发的《关于促进本市邮轮经济深化发展的若干意见》提出，推动邮轮购物消费升级，支持邮轮口岸设立出境和进境免税店，研究在邮轮港周边布局免税店或离境退税店；推动线上线下结合，支持搭建全国性邮轮网上商业展示交易平台，打造邮轮跨境购物平台，加快引导境外消费向境内消费转变。其实，早在 2016 年 6 月，《上海市推进国际航运中心建设条例》中提出，设立进境和出境双向便利的免税购物商店，加快邮轮相关服务贸易发展。

当前上海邮轮口岸只有出境免税店，吴淞口国际邮轮港免税店出境免税店位于"东方之睛"客运大楼二楼，面积为 554 平方米，由中免集团经营，中免集团是具有全国范围免税牌照的特许经营商。超过 10% 的出境游客会选择在免税店购买商品，游客在出境免税店购买物品最多的是烟、酒，近年来免税商品销售额突破 1 亿元人民币，并呈现上升趋势。但游客入境不能购买免税品，邮轮游客只能将购买的东西带到船上。邮轮通常为朝至夕发，出境免税店仅满足出境游客购物，设立进境免税店可以实现游客出入境均可以购物，实现上午为入境免税购物，下午出境免税购物。并且当前出境经营品牌较少，主要是烟酒及化妆品，入境免税店可进一步丰富经营品类，可经营烟酒、美容美发及保健器材、首饰和工艺品等 14 个大类，更好地满足游客的购物需求，同时也将更好地促进邮轮经济的发展，提升邮轮经济贡献。

免税作为政策壁垒较高的行业，渠道优势受电商冲击较小，与跨境电商商品相比具有价格优势，旅游购物属性较强，并且受到各地政府的大力支持。2018 年 11 月 28 日，财政部等部委出台《关于进一步调整海南离岛旅客免税购物政策的公告》，将海南离岛旅客（包括岛内居民旅客）每人每年累计免税购物限额增加到 3 万元，不限次数，并且免税商品清单中新增了部分家用医疗器械。

随着我国邮轮游客消费升级的推动，对高品质的商品的需求日渐提升，使得销售高端商品免税店的市场前景更加广阔。上海在打响"四大品牌",营造面向全球、繁荣繁华消费市场的过程中,要想充分发挥上海亚洲第一、全球第四的邮轮母港地位,必须把大力发展邮轮购物作为新的亮点和发力点,在出境和进境免税店的基础上,逐步完善免税功能,建立邮轮免税店,进一步推进境外旅客购物通关和退税便利化,允许在国内购买免税国外商品,更大程度上提升邮轮购物能级,只有这样,才能更好地促进上海邮轮经济的发展。

资料来源:中国水运报 2019-02-20.

阅读思考:

1. 从"不断满足人民日益增长的美好生活需要"的角度分析设立邮轮进境免税店的社会经济意义。

2. 上海邮轮港进境免税店是上海创建中国首个邮轮旅游发展示范区中的重要环节。如何理解该示范区将从上中下游整体推进健全邮轮全产业链?

(三)邮轮免税店运营商

在歌诗达邮轮、地中海邮轮、公主邮轮等邮轮上会有自营的免税店,其实,很多邮轮上的免税店都是被外包的,全球知名的免税店承包商目前有:Starboard Cruise Services,Harding Retail, Dufry Ltd 以及中国免税品(集团)有限责任公司(CDF)。

1. Starboard Cruise Services

Starboard Cruise Services 在 100 艘邮轮上设有超过 700 家零售店铺,已稳固地成为全球最大、最具主导地位的邮轮零售商。Starboard 的东家是 LVMH Mot Hennessy Louis Vuitton,它也是推出奢侈品牌专属独立专卖店的首家船上零售商。Starboard 为 LVMH 旗下品牌设计了 10 家精品店,如皇家加勒比"海洋量子号"邮轮上的 Bulgari 或 Hublot 精品店,与每个品牌的独特价值理念完美契合。邮轮界的新船——嘉年华地平线号(Carnival Horizon)、皇家加勒比"海洋光谱号"(Spectrum of the Seas)、精致邮轮的 Celebrity Edge、歌诗达邮轮的 Costa Smeralda 都被 Starboard 收入囊中。

该公司位于迈阿密的总部约有 400 名员工,负责销售、营销、门店规划和设计、视觉营销、人力资源、IT 和财务。船上邮轮零售团队由全球 2 400 名员工组成,Starboard 的年销售额接近 8.5 亿美元。

Starboard 的服务对象包括:皇家加勒比游轮、精致邮轮、嘉年华邮轮、歌诗达邮轮、诺唯真邮轮、星梦邮轮、水晶邮轮、银海邮轮和荷美邮轮。

2. Harding Retail

Harding Retail 作为全球第二大邮轮零售商,目前在 62 艘邮轮拥有超过 250 家商店和精品店。2018 年 1 月,Harding Retail 宣布成为维珍邮轮(Virgin Voyage cruise line)的唯一特许经营商。其他雄心勃勃的项目还包括马雷拉邮轮(Marella Cruises)最新的 Marella Explorer 号。位于 Marella Explorer 的中央旅游零售购物中心 Broad Street Shops,其零售面积为 420 平方米，展示了 30 多个新的独家关键品牌。

Harding Retail 公司为全球 22 家邮轮公司提供零售业务，包括精钻会邮轮、嘉年华邮轮、P&O 邮轮、冠达邮轮、世邦邮轮、弗雷德奥尔森邮轮、皇家加勒比游轮、丽晶七海邮轮、途易邮轮、维京邮轮、汤姆森邮轮、马雷拉邮轮和撒加邮轮。

3. Dufry Ltd.

瑞士免税零售商 Dufry 成立于 1865 年，总部位于巴塞尔，主要在机场、邮轮、港口、火车站和中央旅游区经营免税和应税商店以及便利店，于 2005 年上市。Dufry Ltd 正在迅速占领邮轮零售渠道。迄今为止，他们在 27 艘邮轮上拥有零售特许权。Dufry 签署了一份新合同，荷美邮轮旗下的 8 只船交给了他们来运营船上商店。另外与诺唯真旗下的"喜悦号"（Norwegian Joy）、"畅悦号"（Norwegian Bliss）、嘉年华的"灵感号"（Carnival Inspiration）签署了合作协议，Dufry 将增加近 2 800 平方米的零售空间，这将是一次重大的扩张。

Dufry 提供下列邮轮零售服务：嘉年华邮轮、诺唯真邮轮、荷美邮轮及普尔曼邮轮。

4. 中国免税品（集团）有限责任公司（China Duty Free Group）

2013 年，中免集团与世界第三大邮轮公司——丽星邮轮有限公司（Star Cruises）签署合作协议，在其邮轮上开设免税店，向国际邮轮市场迈出了重要的一步。

中免集团在 2018 年拿到了歌诗达邮轮大西洋号的免税店运营，这也是中免集团首家独立自主运营的邮轮免税店。中免集团大西洋号邮轮免税店位于大西洋号 3 层甲板，由香水化妆品区、精品配饰区、烟草酒水区、食品特产区及专卖店组成，面积逾 400 平方米。免税店专注于打造全方位的免税购物环境，通过正品保证和贴心服务，务求无论顾客在通往何处的旅程，都能享有同样精彩、奢华的购物体验。

在 2019 年 9 月 27 日，"鼓浪屿号"邮轮免税店正式开业。"鼓浪屿号"免税店是中国旅游集团中免公司继 2018 年获得意大利歌诗达大西洋号邮轮免税经营权后，经营的第二家自主邮轮免税店。新开业的免税店由星旅远洋邮轮与中免公司合作，店铺位于"鼓浪屿号"的第 6 和 7 层，拥有众多国际一流奢侈品牌以及烟酒、皮具、箱包、服饰、太阳镜、食品等大众商品，为消费者在舒适的邮轮体验中提供方便快捷的一站式购物服务，未来也将结合"鼓浪屿号"特色航次提供限量爆款产品，展开优惠促销。

邮轮免税店是中免集团未来着力打造的新型免税渠道，邮轮业务同时也是中免集团母公司中国旅游集团重点扶植的新业态之一，借助母公司优势资源，未来中免集团将加速拓展其他邮轮品牌，逐步开拓邮轮免税海外业务，力争打造全球一流的邮轮免税运营商，为消费者提供更丰富、更具价值的免税购物服务。

（四）免税店销售岗位要求

①应用各种销售技术（附加销售、交叉销售和商品升级），以达到和超过预先确定的

收入目标。

②问候所有进入商店的顾客，通过聊天以确定顾客的需求。

③提升最高质量的零售标准，持续驱动最大的销售结果和优质的客户服务。

④对乘客产生真正的兴趣，积极主动，提供灵活多变的方案来帮助客户。

⑤根据公司的标准，必须保持良好的仪容仪表并在任何时候都表现出恰当的个人形象。

⑥必须能够识别客户的需求，并快速响应。

⑦负责根据公司的营销指令，合理安排货架、柜台或桌子的商品，保持货物的储备充分，并保持店铺整洁。

⑧告知客户当前产品的特点和促销活动的优势，并快速有效地处理所有销售问题。

二、邮轮未来航程预订

航程预订即邮轮舱位预定，是指游客为其将来某一指定时间内保留舱位所履行的手续，也称为订票。预订工作对邮轮自身和游客都有重要意义。对邮轮来说，首先，预订工作是邮轮进行航线和舱房推销的重要手段之一，通过高效优质的预订工作，可争取更多的客源，为邮轮增加经济收益和社会效益；其次，预订工作可以使邮轮更好地掌握未来的客源情况，为邮轮做好总体工作安排提供基本依据，有利于邮轮提高管理成效；第三，可以在对客服务上掌握主动权从而方便游客，增加游客的满意度，使客人能放心前来。

（一）订票的渠道

游客可以在各大邮轮公司官方网站上查询相关航线信息并预订，但国内游客一般无法自己预订，因为大多数邮轮公司都是通过其在中国的代理出售其航线产品，即使有的邮轮公司在国内设有呼叫中心，可以帮游客预留舱位，但最终的结算和协议的签订还是由其代理完成。

1. 直接渠道

舱房预订的直接渠道是指游客不经过任何中间环节直接向邮轮公司预订舱位。游客通过直接渠道预订舱位，邮轮公司所耗成本相对较低，且能对预订过程进行直接、有效地控制与管理。直接渠道的订票大致有以下几类：

①游客本人或委托他人直接向邮轮公司预订舱位。

②旅游团体或会议的组织者直接向邮轮公司预订所需的舱位。

③有代理资质的旅游中间商如旅游批发商，以切舱或包船的方式直接向邮轮公司预订舱位。

2. 间接渠道

对于邮轮公司而言，直接将产品和服务销售给消费者可以节省成本。但是，由于人力、资金、时间等限制，往往无法进行规模化的、有效的销售活动。而在国内，由于我国相关法律规定，境外邮轮公司不具备经营出境游资质，故无法直接销售邮轮船票。邮轮公司需要借助中间商与客源市场的联系及其影响力，利用其专业特长、经营规模等方面的优势，通过间接销售渠道，将邮轮产品和服务更广泛、更顺畅、更快速地销售给游客。间接渠道大致有以下几类：

（1）通过代理旅行社预订舱位

旅行社是游客与邮轮旅游产品之间的桥梁，也是邮轮舱房间接预订的主要渠道。通过旅行社预订舱位的既有散客也有团体和会议客人。特点是房价低、订房时间集中、订房取消率高等。邮轮要向旅行社支付佣金。

（2）通过专门的邮轮代理商预订舱位

专门的邮轮代理商组织和招揽世界各大邮轮公司加入其预订系统，并为有订房需求的游客或客户办理舱房预订事宜。我国各类旅游网站也推出邮轮舱房预订代理业务。

（3）通过邮轮包船商预订舱位

传统旅行社、各类 OTA 或旅游网站会通过包船或切舱的方式向邮轮公司批发舱位出售给游客。

（二）订票的方式

游客采用何种方式订票，受其预订的紧急程度和游客预订设备条件的制约。因此，订票的方式多种多样，各有其不同的特点。游客常采用的订票方式主要有下列几种：

1. 电话订票

游客通过电话订票，这种方式最为广泛，特别是提前预订的时间较短时，这种方式最为有效。其优点是直接、迅速、清楚地传递双方信息，可当场回复游客的订票要求。

受理电话订票时应注意以下几点：

①与游客通话时要注意使用礼貌用语，语音、语调运用要婉转，口齿要清晰，语言要简明、扼要。每一位预订员必须谨记，电话订票虽然不是与客人面对面进行交流，但预订员是游客接触邮轮的第一个人。要当好这个角色，就必须通过电话声音给客人传递热情的服务。

②准确掌握邮轮预订状况，预订单、航班表等用品和资料要放置于便于取用或查找的地方，以保证预订服务工作的快速和高效。

③立即给游客以明确的答复，绝不可让游客久等。若对游客所提预订要求不能及时进行答复时，则应请对方留下电话号码，并确定再次通话的时间。

④通话结束前，应重复游客的订房要求，以免出错。

由于电话的清晰度以及受话人的听力水平等因素的影响，电话预订容易出错，故应事先规范受理电话订票的程序及其相关标准，以确保预订的有效性。

2. 网络订票

随着现代电子信息技术的迅猛发展，通过国际互联网预订邮轮船票的方式正迅速兴起，它已成为邮轮业在 21 世纪发展趋势的重要组成部分。随着互联网的推广使用，越来越多的游客开始采用这种方便、快捷、先进而又低成本的方式进行预订。邮轮公司也越来越注重其网站主页的设计，以增强吸引力。

近年来，原先主要采用电话订票方式的系统都实现了在国际互联网上的在线预订。信息全、选择面宽、成本低、效率高、直面客户、价格一般低于门市价等特点使在线预订越来越受到游客及邮轮公司的青睐。

3. 面谈订票

面谈订票是游客亲自到旅行社或与预订员面对面地洽谈订票事宜。这种订票方式能使预订员有机会详尽地了解游客的需求，并当面解答游客提出的问题，有利于推销邮轮产品。与游客面谈订票时应注意以下几点：

①仪表端庄、举止大方，讲究礼貌礼节，态度热情，语音、语调舒适、婉转。

②把握游客心理，运用销售技巧，灵活地推销邮轮产品。必要时，还可向游客展房及邮轮其他设施与服务，以供游客选择。

③受理此方式时，应注意避免向游客作具体舱房号的承诺。

4. 传真订房

传真是一种现代通信技术，目前正广泛地得到应用。其特点是操作方便、传递迅速、即发即收、内容详尽，并可传递发送者的真迹，如签名、印鉴等，还可传递图表，因此传真是邮轮订票较为常见的方式。

（三）订票的种类

1. 不定期客票预订（Open Booking）

与航空公司的不定期客票（Open Tickets）一样，不确定出行的日期、船只和航线，只是购买了邮轮出行的权利。等游客行程确定后，只需打电话给邮轮公司，可随时安排具体的出发日期、船只和航线。

不定期客票一般是回头客或常客为了获得订金优惠和票价折扣而进行的提前订票行为，对于经常进行邮轮旅游的游客来说，这种方式非常实惠。

2. 确认类预订（Confirmed Booking）

确认类订票与不定期客票正好相反，游客已经确定好出行的日期、船只、航线和舱房类型。

3. 保证类预订（Guaranteed Booking）

游客在订一些海外离港邮轮的时候，比如公主邮轮、皇家加勒比游轮，会看到每个舱型分好几个等级，其中有一种舱位称为 Guaranteed，意思是保证该舱型（内舱、海景、阳台）的舱房，但具体是哪个等级不确定。即在预订时确定舱房种类但不指定舱号，邮轮舱号和等级将由邮轮公司根据销售情况来分配。保证类订票虽然多了不确定性，但价格最便宜，而且有很大的升舱概率，缺点是只有在办理登船时才能知道舱房号。

4. 临时类预订（Hold Room Request）

临时类订票是指游客通过电话、网络或面谈等方式与代理旅行社或中间商达成购买意向，但尚未付款，代理旅行社或中间商将为游客保留 24 小时，若游客仍未付款则预订自动取消。

5. 候补类预订（Wait List）

若游客所选择的邮轮航线已客满无法提供，可以进行候补，即交付一定数量的押金等候通知，若有其他游客退订或取消，则候补成功。若无其他游客退订或取消，则候补不成功，游客的押金将被退回。

三、特殊的对客服务

（一）残疾客人服务

邮轮旅游中一般会遇到四种类型的残疾游客：一是肢体残疾的游客；二是视力残疾的游客；三是听力残疾的游客；四是语言残疾的游客。在邮轮上，服务员对残疾游客的服务应主动热情、耐心周到、尊重隐私、针对性强，并照顾到游客的自尊心，让游客享受愉快的邮轮之旅。

在服务中应注意的事项：

①在游客登船前，根据邮轮港口办理大厅提供的资料了解游客的姓名、残疾的表现、生活特点、有无家人陪同以及特殊要求等，做好相应的准备工作。

②游客登船时，要主动迎接游客，服务要有技巧。问候肢体残疾游客时，邮轮服务员应亲切友好，表情自然，如果游客乘坐轮椅，服务员应保证对游客平视。问候盲人游客时，服务员应在一定距离处通过声音提示让游客及时辨听周围情况。提示时，语气柔和，语调平缓，音量适中。问候听力残疾的游客时，应微笑着注视游客，通过眼神向游客传递平等、友好的信息。如果游客语言有残疾，需要服务员掌握简单的手语，能进行基本的信息沟通。

③为肢残游客提供引领服务时，应走最短路线，做到走平路时适当关注，走坡路时适当帮助，上、下电梯时积极协助。引领视力残疾的游客行走时，服务员应不断通过声音提示和放缓脚步的方式，及时提醒游客前面的路况。上、下楼梯或乘坐自动扶梯时，服务员应先一步上、下，然后回身照应游客。

④带领游客进入房间时，服务员应仔细地向游客介绍邮轮客房内的设施设备和配备物品，帮助游客熟悉客房内的环境，这点对视力残疾的游客尤其重要。

⑤残疾游客到餐厅用餐时，服务员应将游客引领至方便出入且安静的餐位。为肢残游客服务时，餐具和食品应就近摆放。为视力残疾游客服务时，服务员应阅读菜单，并细致解释，帮助游客逐一摸到餐具的摆放位置。上菜时，应向游客描述菜式的造型和颜色，告诉游客食物放置的相对位置，并随时帮助游客。

⑥主动询问游客是否需要客舱送餐服务，配合邮轮餐饮服务人员做好服务。尽力承办

游客委托事项，通过与邮轮其他相关部门的协作，及时完成并回复。当游客离开客房到邮轮其他区域活动时，应及时通知其他区域相关服务人员给予适当照料。

⑦当游客下船时，客舱服务员应主动征询游客的意见和要求，并通知邮轮安保部服务人员帮助游客提拿行李，送游客下船。

（二）生病游客服务

在邮轮上，经常会遇到游客身体不适、生病等情况，这些都直接关系到游客身体的健康甚至生命安全，责任重大，必须慎重。因为邮轮服务员大都缺乏专业的医务知识和医务技能，所以邮轮公司必须制定对生病游客的服务规范。

1. 病客服务规范

①当邮轮服务员发现游客生病时，要表示出关怀和乐意帮助的态度。

②礼貌地询问游客的病情，了解游客生病的原因，如游客明确表示不舒服或能够说出病情，服务员可提醒游客邮轮上有医务室和医生，可建议游客去就诊或请医生到客舱出诊。

③对于在房内卧病在床的游客，应将纸巾、热水瓶、茶杯、垃圾桶等放到游客的床边，同时加送热毛巾。

④要适时询问游客有无特殊要求，建议或协助游客与附近的亲朋好友取得联系，提醒游客按时服药。

⑤注意记录并上报主管。

2. 病客服务注意事项

①在日常对病客的服务当中，服务员只需要做好必要的工作，注意不得长时间在房间逗留，告知病客若有需要可打电话联系客舱部。

②如遇危重病人时，应及时上报客舱部，部门应及时上报邮轮总经理，邮轮总经理必须及时向邮轮船长汇报，通过海事卫星电话与附近海域的港口联系，请求医疗支援，联系停靠港口国家城市医院，做好医疗急救，救护车也应在邮轮停靠港口待接应。如游客处于清醒状态，还应征得游客的同意，方可与急救组织联系。

③客舱服务员若发现客舱内游客有休克或其他危险迹象时，应及时通知客舱部主管，由主管协助采取必要的措施，不得随意搬动游客，以免发生意外。

④如发现游客有传染病应，做到以下四点：关心、安慰游客以稳定游客的情绪；立即请邮轮上的医生为其诊断；对于病客的房间进行封闭，并用紫外线进行消毒；消毒后进行彻底地清扫才能再次出售。

（三）醉酒游客服务

醉酒游客的破坏性较大，轻则行为失态，大吵大闹，随地呕吐，重则危及其生命及破坏邮轮设备设施或造成更大的事故。邮轮服务人员遇上醉酒游客时，头脑应保持冷静，根据醉酒游客的种类及特征，分别处理。对轻的醉酒客人，应适时劝导，安置其回房休息；对重的醉酒客人，则应协助安保人员，将其制服，以免骚扰其他游客或伤害自己。

①服务过程中，如发现游客在客舱内不断饮酒时，客舱服务员应特别留意该游客动态并通知客舱部主管。如遇在外面喝醉酒回来的游客，应上前询问游客入住的客舱号，有无同伴，了解游客醉酒的程度。通过游客的房卡以及有效证件，与电脑资料核对、确认房号。

②若是已经确认好客舱房间的醉酒游客，应在客舱部主管或其他客舱部同事的帮助下，带游客回房间休息。进入房间后，调节空调温度，设法使游客保持安静。如游客饮酒过量，询问游客或同伴是否需要看医生。如游客需上床休息，在床头旁放好垃圾桶，铺好报损的地巾。帮助倒杯温水放在控制柜上。将床头灯、台灯、过道灯及卫生间灯打开，方便游客辨别方位。如游客有呕吐物，要及时清理干净。

③在安置醉酒游客回房休息后，客舱服务员要特别注意其房内的动静，以免客房的设备及家具受到损坏或因其吸烟而发生火灾。若发现游客因神志不清而有破坏行为时，应及时通知邮轮安保部门、客舱部经理等。若游客倒地不省人事和有发生意外的迹象，如酒精中毒等，应及时通知邮轮总经理，同时通知邮轮医务室医生前来检查，以保证游客的生命安全。

④将醉酒游客的房号及处理过程记在交接本上，做好交接。晚间可与安保部门联系，予以特别注意，如有异常随时通知客舱部经理。

⑤若醉酒后造成客房设备物品损坏，做好记录，游客酒醒后，按邮轮规定处理。

【复习思考题】

1. 邮轮前厅服务和酒店前厅服务有何异同？

2. 邮轮餐饮服务有哪些特点？

3. 在邮轮客舱服务中，如遇到残疾人，服务员应提供哪些针对性服务？

4. 邮轮公司的休闲娱乐部应该从哪些方面来适应目前的中国游客休闲娱乐消费市场？

5. 预订未来航程的船票有哪些渠道？

6. 针对邮轮前厅部、餐饮部、客舱部及休闲娱乐部的工作环境及特点，谈谈自己的想法和从业意愿。

【推荐阅读】

［1］姚丹丽，柴勤芳. 现代邮轮休闲娱乐活动类型及发展前景探析［J］. 世界海运，2016，39（6）：14-18.

［2］于后菊. 新形势下国际邮轮英语面试的常见问题和面试技巧［J］. 中华辞赋，2019（9）：6-6.

［3］姜汉斌. 邮轮环球记［M］. 北京：知识产权出版社，2019.

［4］"上海国际邮轮旅游人才培训基地"教材编委会. 国际邮轮旅游销售实务［M］. 北京：中国旅游出版社，2014.

第四章　邮轮航线设计

【本章概要】
　　邮轮航线是由邮轮始发港、海上行程、停靠港、目的港串联而成的邮轮旅游线路，是邮轮产品的主要构成要素之一。航线设计受诸多因素影响，而目的地旅游发展状况是邮轮航线选择的重要依据。

【学习目标】
　　理解：邮轮航线的定义与分类；邮轮港口的定义与分类。
　　熟悉：我国邮轮航线布局存在的问题及航线拓展对策；我国主要邮轮港口发展现状；我国邮轮港口综合竞争力提升对策。
　　掌握：掌握世界主要邮轮航区地理与文化状况，特别是主要邮轮航区的旅游业概况和涉及的港口及航线；邮轮航线设计的目标、内容与影响因素；邮轮航线开发原则。

【开篇导读】

全球十大经典邮轮航线，邮轮旅游看世界

　　旅游是大部分人最喜欢的一件事情，邮轮旅游也是很多人的选择，那么全球十大经典邮轮旅游航线有哪些呢？我们一起来看看。

　　1. 地中海航线

　　东地中海和爱琴海从来都是全球最为浪漫的旅游行程之一。也被广泛地称为"古文明之旅"！航线经过埃及、希腊、土耳其、意大利等国，亚历山大的辉煌和古埃及的文明与爱琴海上的千百座迷人岛屿交相辉映，邮轮之旅仿佛穿梭于过去和现在之间，营造出独特的浪漫迷人氛围。

　　2. 阿拉斯加航线

　　阿拉斯加航线是邮轮旅行中最为经典的行程，很多邮轮公司航线都涉及这片海域，每年的5—9月是航线旅行的最佳时期。阿拉斯加航线基本上可分为"内湾航道"和"冰河湾航道"两种。大多数航行是从加拿大温哥华或者美国西雅图启程北上，航行至哈伯冰河

后在折返南下，更北可以到达苏厄德和安克雷奇等地。

3. 东南亚航线

东南亚航线是以香港、新加坡、曼谷、马尼拉、马来西亚吉隆坡（巴生港）、马来西亚马六甲、马来西亚槟城、马来西亚兰卡威岛、马来西亚热浪岛、泰国普吉岛、泰国苏梅岛和泰国甲米等旅游城市为主要目的地，航线环绕中国南海、泰国湾、印度洋和菲律宾海。

4. 南极航线

南极航线经行区域：南极洲。极地航线是邮轮航线中最为特殊的一种。航行目的地都是人迹罕至的两极地区，饱览沿途风光更是任何旅行都无法替代的珍贵记忆。

5. 日韩航线

日韩邮轮旅游是距离我国最近的邮轮航线之一，也是亚洲地区重要的旅游线路。但航行此线路的邮轮其实并不多，由于相对行程较短，停靠港口较少，而且与陆路相比并未有十分明显的经停地点优势，所以选择此线路邮轮旅游，更多会关注邮轮航行时船上活动。当然，一些亚洲邮轮公司也针对航线特点推出一些庆典活动，加上日韩地区独特的祭典活动、地道的美食、购物和自然风光，依然让整个行程充满乐趣。

6. 北欧航线

北欧一般特指挪威、瑞典、芬兰、丹麦和冰岛 5 个国家，以及法罗群岛。此航线基本串起了所有北欧知名的大城市和港口，包括丹麦首都哥本哈根、瑞典首都斯德哥尔摩、芬兰首都赫尔辛基、挪威首都奥斯陆和爱沙尼亚首都塔林。还有俄罗斯、波兰等国家，有些航线甚至还能到访荷兰和拉脱维亚等国，是一次性饱览北欧及俄罗斯风光的绝佳机会。北欧航线最大的特点是沿途的峡湾景观，沿着奥斯陆一路北上，会经过世界上最长的松恩峡湾、优美险峻的盖伦格峡湾，沿途奇美的山峰、绝壁、湖泊、瀑布和冰原，都能让游客尽情饱览。

7. 南美洲航线

中南美航线亦称拉丁美洲航线。泛指包括南美洲、墨西哥、加勒比海及西印度群岛等部分北美洲南部区域在内的相关航线的统称。在国际航运的航线分类当中，通常包括南美东线、南美西线、加勒比海航线、中美洲航线等。中南美航线是所有邮轮航线中行程难度最高的一条，航线可以环绕整个南美洲一圈，经过巴西、乌拉圭、阿根廷、智利、秘鲁等南美洲国家，正因为其行程的壮观，为这条航线赢得了非凡的口碑和名誉。

8. 夏威夷航线

最适合短途旅行、最具有热带海洋风情的环球豪华邮轮航线之一，沿线不仅能欣赏到美属夏威夷群岛的热带风光，还能将航线扩展到更南端的塔希提岛，领略当地原住居民所保留的原始土著习俗。在夏威夷还能够学习冲浪，在岩石地形乘坐吉普车探险，或者乘坐直升机上飞越火山口。

9. 澳新航线

新西兰和澳大利亚是太平洋航线中航行天数较长的一种。与同属太平洋海域的夏威夷航线不同，新澳航线位于南半球，也是世界上为数不多的位于南半球的邮轮航线，只有当每年北半球秋冬季节来临，才是南半球邮轮旅行升温的时期。乘坐邮轮跨越赤道之后，温暖的海风会把游客从寒冷中重新带回温暖湿润的夏季海边，继续海洋之梦。

10. 加勒比海航线

加勒比海航线环绕墨西哥湾和加勒比海，以迈阿密为邮轮母港，途经古巴、海地、多米尼加、牙买加和墨西哥等地。加勒比海是大西洋的一个边缘海域，面积约275万平方千米，是世界上最大的内海，散布有7 000多座岛屿，一般游程为一周，可以到达8个港口，诸如迈阿密、巴巴多斯、太子港、哈瓦那、圣胡安和坎昆等。17世纪充满传奇色彩的海盗时代为加勒比海域增添了浓郁的时代色彩，也是人们神往的度假胜地。

资料来源：第一户外传媒2018-07-20.

阅读思考：请分析十大邮轮航线上榜的原因，总结邮轮航线设置的主要依据。

第一节 邮轮航线概述

深入人心的邮轮文化和高水平的航线布局（包括优良的邮轮港口、密集的邮轮航线和优质的岸上产品与服务）是邮轮产业持续健康发展的重要保障。邮轮产业销售的主要是由一系列邮轮港口组成的邮轮航线，而非目的地本身。邮轮航线对邮轮满舱率具有显著的影响。

一、邮轮航线的定义与分类

（一）定义

邮轮航线是指邮轮公司根据现有海洋资源和旅游发展的整体状况，以邮轮游客在一定时间内获得最大旅游体验为目的，以串联邮轮始发港、海上航程、中途港及停泊点、目的港为手段，以邮轮作为载体所形成的航行走向。邮轮航线设置是在充分考虑市场供求关系前提下进行邮轮港口筛选、邮轮产品设计以及邮轮服务优化的行为。

邮轮航线的设定是根据现有海洋资源的分布状况和旅游发展区域的整体布局，选择能够满足游客需求的挂靠港，确定合理的航行路线，最终使旅游者获得丰富旅游经历的过程。

（二）分类

邮轮航线主要有三种分类方法：

1. 按航线运营时间长短划分

海上邮轮大部分提供周班服务，按照航期时间长短可以分：超过9天航期的属于长期航线，6～8天航期的属于中期航线，2～5天航期的属于短期航线。国际上最受欢迎的邮轮航线是7天左右的中期航程。

2.按航线涉及区域划分

分为地区邮轮航线和环球邮轮航线。环球邮轮航线比较少，绝大多数属于地区航线。从地理区域分布来看，主要分布在地中海、加勒比海以及亚太地区这三大地区，其中，加勒比海域是现代邮轮雏形的诞生地，也是皇家加勒比游轮公司和嘉年华国际邮轮公司的驻扎地，这两家邮轮公司是目前世界上规模最大的两家邮轮公司。同时该海域拥有世界上最多的邮轮航线，所对应的欧美市场也是最为成熟的，每年的邮轮游客量在全球首屈一指。其次是地中海地区，该地区的邮轮航线占全球邮轮航线的19%，因为地中海区域有许多与欧洲紧密相连的沿岸港口，为发展邮轮旅游提供了优良的天然条件。亚太地区虽然错过了邮轮产业发展的第一波热潮，但依靠亚洲整体经济的不断发展，吸引到各大邮轮公司纷纷抢占市场，在一定程度上加快了亚洲地区邮轮市场的发展。由此可见，目前世界邮轮航线仍然集中于欧美地区，但伴随着亚洲经济的发展，尤其是中国的崛起，航线分布已有逐渐东移的迹象。

3.按航行方式划分

邮轮航线可分为环形和单向两种。单向邮轮航线指的是邮轮只能在始发邮轮母港和邮轮旅游目的地之间单向行驶，抵达目的地港口后整个航程便结束了。环形邮轮航线指的是游客乘坐邮轮从邮轮母港出发，抵达邮轮旅游目的地后进行岸上观光旅游，之后乘坐邮轮回到邮轮母港的一个环路航线。

【知识链接】

内河游轮

提到内河游轮，可能大家还不是特别熟悉。国内水上旅游市场还比较小众，远不如国际豪华邮轮那么被人津津乐道。但这种出游方式在欧美非常的盛行，随着国人对出国旅游的热情越来越高，乘坐内河游轮的旅游方式也渐渐地进入了大家的视野。

内河游轮旅游其实是一种便捷的深度旅游方式，它灵活而便捷的航行模式留给了游客们更充分的时间去体验两岸风光，人们完全有足够的时间和精力完成对每一个目的地的深度旅游。结束观光再返回游轮，休息之后又接着到达了下一个目的地，节奏安排可谓是非常合理。相比于豪华邮轮是邮轮活动和岸上游各占一半，内河游轮是以岸上旅游观光为主，游轮活动为辅。

全球著名的三大内河游轮及其背后的文化：

第一个就是"维京内河游轮"。这家被多家权威媒体机构多次评选为全球多项"内河游轮之最"的公司，应该算是当今内河游轮的标杆。不仅仅是因为北欧神话所赋予它名字自带的光环，还因为它确实也像维京人那流淌着的血液中所蕴含的强悍、胆量和毅力。目前它旗下的长船都以那些当地神话人物而命名。这家年轻的游轮公司于20世纪90年代末成立，创始人的初衷就是将品质游轮体验与传奇维京勇士的开拓精神相融合，带给游客们非常全新的感受。作为内河游轮之冠，维京游轮已经将它的内河航线遍布欧洲各大主要城市及港口，目前麾下有多达 65 艘的河轮。

第二个就是"Aqua Expedition"，目前麾下只有两艘游轮："Aria Amazon"和"Aqua Mekong"，分别行驶在南美洲的亚马逊河流域和东南亚的湄公河流域。虽然它们的吨位算得上全球最小，载客量都不超过 40 人，但是却是全球数一数二的顶级豪华内河游轮。亚马逊河和湄公河的航线可不是随便的一家游轮公司都敢轻易去开发的。众所周知，这两个地方的生态、地理环境都异常的复杂，所以一直都是游轮旅游的禁区。但是"Aqua Expedition"的这两艘内河游轮满足了游客融入当地生态和文化的需求，逐渐受到大众的广泛关注，也获得了业界一致的好评。

最后一个就是"Belmond"，贝尔蒙德集团，它的前身是 Orient Express 酒店集团，即著名的"东方快车集团"。集团所涉及的旅游业务非常广泛，不仅仅包含遍布全球的酒店和精品的列车线路，也投入了豪华游轮行列。它旗下的内河游轮都是非常的奢华，与其说是游轮，更不如说是水上漫游的豪华别墅。目前它的航线也非常丰富，既有传统的欧洲运河航线，还有东南亚的伊诺瓦底江航线，满足全球不同游客的需求。

资料来源：跨海环球游 2018-12-16.

二、邮轮航线的运营方式

邮轮航线的运营模式包括：邮轮公司调遣合适的、配套的邮轮船舶，选择好邮轮母港（始发港）以及中途挂靠港，在设计低碳环保、有效控制成本的航行路线的同时，又能满足游客的消费需求。每个国家邮轮航线的运营方式在此基础上又各有差异，但是判断一条邮轮航线是否成功的核心标准是唯一的，即运营模式与时俱进，紧密贴合市场。

邮轮公司结合特定海域的风情和文化，利用邮轮航线将所要到达的旅游地港口串联起来，形成各式各样风格独特的邮轮航线。游客通常会结合自身的喜好和邮轮航线的特色来进行旅游产品的选择。通常来说，一个邮轮公司的产品越丰富，所能提供的航线内容越多，服务越定制化，则越可以吸引到更多的游客。比如，目前为止世界上规模最大、技术最为先进的嘉年华邮轮公司，已拥有 25 艘高端奢华邮轮，150 余条遍布全球的邮轮航线，可以迎合各种游客的喜好。每个邮轮公司的邮轮航线都富有自身特色，游客会根据自身的实际需求选择最为适合的邮轮航线及服务，因此邮轮公司经营邮轮航线的模式绝大部分都是独立经营。

三、邮轮航线开发涉及范围

邮轮航线涉及多个主体环节：包括港口、邮轮游客、中间商、岸上观光等，邮轮公司常常衡量以上主体要素，进行资源的组合优化。总的来说邮轮航线设计一般重点包括：港口选择、邮轮旅游服务和岸上产品开发等三个主要工作。

（一）港口选择

邮轮港口的选址与邮轮航线密切相关。邮轮公司通过衡量邮轮港口位置、港口费用的高低、港口是否便捷可达、港口的接待能力好坏、港口数量的多少、港口间顺序的编排、港口之间距离的远近、船舶属性等决定是否开设邮轮航线。

（二）邮轮旅游服务

邮轮旅游服务是连接邮轮公司和邮轮游客之间的桥梁，良好的邮轮旅游服务是游客选择邮轮航线的关键，是树立邮轮公司品牌形象，赢得邮轮游客忠诚度，提高邮轮游客重游率的保障。邮轮航线设计要为邮轮游客提供全方位、高质量的服务，包括邮轮游客的通关便捷性、最佳巡游时间、丰富的岸上活动、全程花费适当等。

（三）岸上产品开发

邮轮航线设计包括海上时间及项目的设计和停港时间及观光活动的开发，邮轮公司根据邮轮游客的不同需求调整两者之间的平衡，开发良好的岸上观光活动，一定程度上对整条航线的吸引力具有"画龙点睛"的作用。岸上观光产品开发取决于港口的选择，需要充分考虑目的港旅游资源的丰富程度、旅游接待的能力等重要因素。

第二节　世界邮轮航线布局概况

现代邮轮旅游已经形成较为稳定的航线布局，学界普遍将全球邮轮航线划分为美洲的加勒比海、美加与美墨；亚洲的中日韩与中国台湾海峡两岸，东南亚及南亚；大洋洲的澳新与夏威夷；欧洲的地中海、北欧与英格兰以及极地、中东等航线。地理空间邻近性是航区划分首要原则，而邮轮公司基于利益最大化在各大航区实行差额邮轮投放以及航区自身发展邮轮旅游条件差异，使全球航区呈现不同密度的航线布局。

一、全球邮轮航线整体分布特征

从整体来看，全球邮轮航线时长分布范围较广，其中超过 63.89% 的邮轮航线时长在 6～14 天。邮轮始发港共 234 个，劳德代尔堡、阿姆斯特丹、迈阿密、罗马和巴塞罗那航线运营最为丰富，而挂靠港口共覆盖 1 861 个目的地，共有 405 艘邮轮船舶运营航线，其中执行航线最多的邮轮是冠达邮轮旗下玛丽皇后 2 号。根据区域航线分布特点，可将全球划分为美国东北部、美国东南部、美国中南部、美国西南部、美加地区、地中海地区、地中海之外欧洲地区和亚洲及中东地区等。其中美国东北部、美加地区、地中海之外欧洲地区属于协同发展；美国东南部和西南部、地中海地区更多体现出竞合关系，优势互补，产业发展十分活跃；美国中南部港口较少，航线布局尚不完善；亚洲及中东地区作为新兴市场，各港口更关注自身发展。

二、不同航区的航线布局特征

邮轮港口是航线规划的重要节点。每条航线的始发港为初始节点，挂靠港为中间节点，节点之间由"边"连接。在航线设置中，邮轮公司所选中的港口代表了航线网络中的关键节点，在特定地理区域内全体邮轮公司运营的航线便形成了整个邮轮市场的聚合网络。随着邮轮产业不断的成熟发展，目前已基本形成较为稳定的邮轮航线布局，其中，北美是邮轮产业聚集程度最高且航线设置最密集的区域，加勒比海地区、地中海地区、地中海以外欧洲区域和以中国为核心的亚洲地区则是全球邮轮航线布局的主要子区域。

（一）美国东南部及加勒比海地区

劳德代尔堡、迈阿密、圣胡安、拿骚、圣马丁等港口，处于邮轮航线布局的核心位置。劳德代尔堡具有世界顶尖级的邮轮港管理水平，拥有 9 个邮轮码头和可同时容纳 30 艘邮轮的泊位接待能力，航线布局覆盖加勒比地区、巴拿马运河、地中海地区、北欧、大西洋、南美等多个区域。作为巴哈马最重要的邮轮挂靠港，拿骚承接了大量始发于美国东南部港口的邮轮接待业务。迈阿密、劳德代尔堡、圣胡安对其他港口航线布局产生重要影响。其中，迈阿密港口是全球最大的邮轮客运港，邮轮产业最为完备；劳德代尔堡依托便利的交通和丰富的自然资源优势，发展迅猛；圣胡安是美国波多黎各自由邦首府，同时也是岛上最大的港口，是大西洋和加勒比海间重要的海上交通枢纽。

（二）地中海地区

排名前五的邮轮港口为罗马、巴塞罗那、雅典、威尼斯和里斯本。其中，罗马和巴塞罗那地理位置优越，内外交通便利，历史文化资源丰富，在区域航线设置中处于关键位置。罗马的奇维塔韦基亚港是地中海和欧洲地区最受欢迎的始发港和挂靠港之一，共有 8 个邮轮码头和 15 个泊位。巴塞罗那也是全球顶尖的邮轮港口，拥有 7 个邮轮泊位，邮轮游客接待量欧洲第一。罗马、巴塞罗那、里斯本、雅典、阿姆斯特丹、威尼斯、特罗姆瑟、科隆、波尔多和克里特岛等，在地中海航线布局中起到桥梁作用。值得注意的是，阿姆斯特丹并非地中海地区港口，但作为地中海始发航线进入北欧地区的重要桥梁，成为整个欧洲地区重要的枢纽港口。

（三）地中海以外的欧洲地区

地中海以外欧洲邮轮航线主要始发于北欧地区。南安普顿、阿姆斯特丹、伦敦、雷克雅未克、里斯本、巴黎、卑尔根、都柏林、哥本哈根是该地区航线布局中重要的邮轮港口。南安普顿是英国的头号邮轮港口，也是最繁忙的邮轮港口，号称"北欧邮轮之都"和"英国邮轮中心"，共有 4 个码头，是多家邮轮公司的母港，始发航线可同时布局北欧和地中海地区。总体上看，该地区港口数量众多，但在航线布局上呈现明显的非均衡性。

（四）亚洲及中东地区

新加坡、中国香港、东京、上海和釜山是该地区航线布局的重要节点。目前这些港口均是亚洲著名的邮轮始发港。其中，新加坡的核心地位最明显，发挥着重要的邮轮枢纽港作用。新加坡是世界著名的邮轮母港，综合服务功能全球领先，是全球最有效率的邮轮码头之一，始发航线可以去往亚洲、欧洲各地。香港和上海是中国最重要的邮轮母港，游客接待量位列全球前列。作为新兴的邮轮市场，亚洲邮轮港口的数量较少，区域航线网络尚待完善。新加坡、巴厘岛和迪拜社群与其他社群相对独立，航线布局市场竞争较弱。东亚的香港、上海、东京、釜山航线有所重叠。

（五）大洋洲地区

大洋洲位于太平洋中部和中南部的赤道南北广大海域中，在亚洲和南极洲之间，西邻印度洋，东临太平洋，并与南北美洲遥遥相对。由一块大陆和分散在浩瀚海域中的无数岛屿组成，包括澳大利亚、新西兰、新几内亚岛（伊里安岛）以及美拉尼西亚、密克罗尼西亚、波利尼西亚三大群岛。

大洋洲邮轮旅游目的地主要集中在澳大利亚和新西兰。澳新邮轮旅游航线结合了都市风情、自然风情、原始部落风情等丰富多彩的观光内容。邮轮之旅从澳大利亚启航，进入浩瀚的南太平洋，欣赏风景宜人的港湾，感受世外桃源的气息，登上梦幻中的岛屿，进入绿色森林的天堂，火山岛、珊瑚岛、温泉、阳光、沙滩、原始部落都会让人留下美妙的记忆。

澳新航线一般从澳大利亚最大的城市和港口悉尼出发，途经或停靠有澳大利亚东部沿海的凯恩斯、大堡礁、布里斯班、纽卡斯尔，南部沿海的墨尔本，西部沿海的珀斯，南部岛屿塔斯马尼亚岛的霍巴特，新西兰的惠灵顿、但尼丁、奥克兰等。

（六）北美西海岸和阿拉斯加地区

北美西海岸邮轮航区是除阿拉斯加以外，包括美国夏威夷，北美洲西部太平洋沿岸等地区，邮轮旅游集中在美国加利福尼亚州、俄勒冈、华盛顿州以及夏威夷州，其中洛杉矶、旧金山、西雅图、圣迭戈、长滩等都是非常出名的邮轮旅游目的地。这里有绵延的公路海岸线、西雅图的不眠夜、乐园王国迪斯尼、电子王国硅谷等。充满阳光与海滩的加州，海上活动尤其发达，冲浪、赏鲸、游泳和航海等都是极为受欢迎的运动。

夏威夷有洒满日光的海天一色，有热情欢快的部族群舞，有优雅静谧的海滨步道，有恢宏震撼的火山地质奇观。马克·吐温曾说：夏威夷是大洋中最美的岛屿，是停泊在海洋中最可爱的岛屿舰队。夏威夷吸引观光游客的，并非名胜古迹，而是它得天独厚的美丽环境，以及夏威夷人的热情、友善、诚挚。夏威夷风光明媚，海滩迷人，日月星云变幻出五彩风光；晴空下，美丽的威尔基海滩，阳伞如花；晚霞中，岸边蕉林椰树为情侣们轻吟低唱；月光下，波利尼西亚人在草席上载歌载舞。夏威夷的花之音，海之韵，为游客们奏出一支优美的浪漫曲。

阿拉斯加航线一般以美国西雅图、苏厄德、加拿大温哥华为出发港，停靠城市、港口或峡湾有美国阿拉斯加州的朱诺、斯卡圭、科奇坎、安克雷奇、特雷西峡湾、冰峡、加哈伯德冰川，加拿大的维多利亚等。冰川、峡湾、湖泊、河川、野生动物是阿拉斯加邮轮旅游的主要吸引物，温度最高的7—8月是最好的旅游时节，冰河湾国家公园、哈伯德冰川和学院峡湾是阿拉斯加三个最著名的邮轮停靠地。

（七）南极地区

南极洲位于地球南端，四周被太平洋、印度洋和大西洋所包围，边缘有别林斯高晋海、罗斯海、阿蒙森海和威德尔海等。南极洲由大陆、陆缘冰、岛屿组成，大陆几乎全被冰川覆盖。南极洲生物绝大部分分布在南极半岛和沿海地带及岛屿。海岸和岛屿附近有鸟类和海兽。鸟类以企鹅为多，海兽主要有海豹、海狮和海豚等。

南极洲是很多旅行爱好者和探险家穷极一生的梦想之地。目前到达南极有三种方式：纯飞机旅行、空海旅行、邮轮旅行，邮轮是最普遍的一种方式。主要邮轮目的地有：

南极半岛：几乎所有去往南极的邮轮都会到南极半岛。一般是从阿根廷南部城市乌斯怀亚出发，穿越德雷克海峡，经过或者登陆南设德兰群岛，抵达南极半岛的西部。以看冰山、企鹅、鲸鱼、海豹为主。

南极三岛：福克兰群岛、南乔治亚岛、南极半岛被称为"南极三岛"，是邮轮航线必经之地和重要的旅游目的地，属于南极终极线路。一般是从乌斯怀亚出发，先参观福克兰群岛，之后到达南乔治亚群岛，最后与上面南极半岛经典线路重合，返回乌斯怀亚。可以看到其他线路看不到的王企鹅、马可罗尼企鹅、信天翁、黑眉信天翁、象海豹等。

【知识链接】

无目的地邮轮航线

国际上对邮轮无目的地航线统称为"cruise to nowhere"，事实上无目的地航线不是真的没有"目的地"，而是邮轮本身就是目的地，是邮轮自始发港出发后不挂靠任何其他港口，经过1～3个晚上后回到始发港的航线。这其中有几个点值得关注，第一，邮轮本身就是旅行的目的地；第二是始发港出发后所有游客在中途不登陆任何其他港口，仍旧回到始发港离船；第三，整个航程一般为1～2晚，最多不超过3个晚上。为了更好地理解无目的地航线，我们可以从以下几个角度去认识它：

1.设计运营无目的地航线的目的

从国际邮轮公司无目的地航线部署情况来看，一部分无目的地航线是在常规航线运营的间歇，专门为短期休闲度假游客提供的邮轮度假选择，船上所有的娱乐设施包括酒吧、剧院、健身设施以及博彩、免税店等均对游客开放，邮轮本身成为游客休闲娱乐的小世界，让游客在不被打扰的环境中享受短暂的邮轮假期。第二种情况是在邮轮转换航线或部署的空档期，为了缓解运营成本，在到达新的港口但未开始新的航线之前的时间里安排1～2晚的无目的地航线，这在一定程度上可以适当降低邮轮运营成本，但对邮轮公司销售船票和市场宣传水平要求较高。此外，还有一种情况就是当一艘全新的邮轮到达新的母港时，开设2晚左右的无目的地航线，目的是让旅行社代理、媒体、邮轮评论人员等第一时间体验邮轮设施，了解邮轮的特色，以利于品牌宣传和市场推广。

2. 无目的地航线的特点

在了解无目的地航线设计的目的后，其特征也显而易见了。第一，邮轮本身作为旅游目的地，其设施、娱乐项目的丰富度和吸引力便成为首要卖点，完备的设施、丰富的船上生活客观上要求这些邮轮总吨位较大，结合该类航线多以新船部署到新的港口为契机，由此可以看出，开设无目的地航线的邮轮一般需要较大吨位，船上设施和娱乐项目本身就要极具吸引力；第二，国际上将无目的地航线时间设置为1~2晚，主要是为了船舶能够开到公海，让游客有充裕的时间体验Casino以及免税商店这些重要邮轮元素；第三，无目的地航线的计划性比较低，基本不会事先出现在邮轮公司年度航线计划内，市场推广时间和销售周期非常短暂，由于没有挂靠港等其他成本，无目的地航线的船票价格一般较低。

3. 无目的地航线的主要客户群体

基于无目的地航线的设计初衷，港口城市内短期休闲度假游客是首要的目标客户，这些游客可快速地获得航线信息，快速到达港口，短时间内作出决定并携带家人、朋友，只需简单的行李，把邮轮当作周末度假酒店。还有一些游客从未体验过邮轮产品，通过短期的无目的地航线可以充分了解邮轮船上生活，熟悉邮轮环境，进一步提升对邮轮旅游的兴趣，以期待在更长的航线上更好地享受邮轮假期。这其中也会存在一些到邮轮港口城市旅游的外地游客，在简化登轮手续的情况下，1~2晚的无目的地邮轮旅行也可以成为他们不错的选择。

资料来源：北京商报2019-07-23.

三、中国邮轮航线布局概况

（一）中国邮轮航线布局基本特征

目前我国正处在邮轮产业发展的初级阶段，航线设置较为单一。母港航线主要布局在东北亚（主要以天津、青岛和上海为出发港）、东南亚（主要以三亚为出发港）以及海峡两岸区域（主要以厦门为出发港），尚未形成特色鲜明、主题多样、长短结合的布局态势。邮轮航线吸引力很大程度上取决于岸上产品的供给情况，而全面提升港口岸上产品的质量、数量是打造优质邮轮旅游目的地的关键。

我国约九成邮轮航线时长集中在3~9天。航线始发港主要包括华北地区的大连、天津、青岛，华东地区的上海以及华南地区的厦门、广州和深圳七个邮轮母港，其中从上海出发的航线数量最多，这些航线主要挂靠韩国、日本、澳大利亚、越南、菲律宾、新加坡、印度尼西亚和俄罗斯港口。星梦邮轮探索梦号、地中海辉煌号和歌诗达邮轮大西洋号三艘邮轮在我国市场经营着超过半数的邮轮航线。从邮轮公司来看，星梦邮轮公司目前在我国的邮轮产品选择最为多样。在中国市场投放新款巨型邮轮船舶已然成为邮轮公司不约而同的战略计划。进一步分析华北、华东和华南三大地区邮轮航线布局现状，我国面临的现实问题主要包括邮轮产品选择有限、数量少且类型单调、挂靠港政策限制、岸上产品吸引力弱、邮轮相关利益主体竞争制约、区域间发展不均衡、港口联动效果不明显等。

（二）中国邮轮航线布局存在的问题

1. 航线总量少，航线类型单一

目前我国邮轮航线数量偏少，正在运营邮轮航线的港口只覆盖 7 个沿海城市，有近一半港口暂无航线运营，而部分条件良好的邮轮港口目前仅运营 1 条邮轮航线。先进港口资源闲置，港口潜力尚未发挥，港口及城市邮轮吸引力有待加强。此外，现有航线以短期航线为主，集中于 5 ~ 6 天，30 天以上的环球航线尚未涉及，15 天左右航线选择单一，且多集中在上海港口。高端邮轮航线缺位，国内运营邮轮稀少，航线类型的选择不丰富，显然无法满足全球第二大邮轮市场中国游客的多元需求。

2. 挂靠港闲置，岸上产品选择少

现有邮轮航线超过半数以韩国各港口为目的地，其余航线则主要去东南亚、澳大利亚和俄罗斯各地，共 7 个国家，选择有限。因中国游客乘坐游轮前往日本有免签政策，对于日本航线开辟以及中国市场拓展带来巨大的积极影响。东南亚国家也多与中国实行免签、落地签等政策，也是航线迅速拓展的重要因素。国内航线目的地的丰富，与国家相关政策关系密切，仍需国家层面争取更多便利政策以推动邮轮业的发展。导致航线产品吸引力偏低且岸上体验产品满意度较低的最主要原因是产品种类单一和产品内容单薄老套。岸上产品内容、服务质量及数量价值的综合提升是丰富邮轮航线产品和打造邮轮旅游优质目的地的核心。岸上观光体验的产品及服务是吸引邮轮船舶挂靠和拓展母港航线的重要因素之一。目前服务于邮轮游客的专项岸上旅游产品较为单一，岸上旅游线路选择少，旅游产品品质不佳，资源组合特色不清晰，吸引邮轮游客的能力十分有限。同时国内景点、导游、旅行社在旅游产品开发、服务质量、诚信经营等方面还有待进一步改善，严重影响邮轮游客消费及拓展航线品质。

3. 市场主体重竞争，合作发展缺乏

外国邮轮公司、本国政府、企业、商家以及目的地社区等基于不同的利益主体，有着不同的利益诉求。在国内，政府、企业、商家和目的地社区希望邮轮航线能多港停靠，以充分带动国内旅游业及其他配套产业，并且积极争取外籍邮轮多港停靠政策。但是近几年随着出境旅游高涨，邮轮旅游成为新选择，母港出境旅游需求增大，而邮轮旅游挂靠港需要服务沿途上、下船游客，部分航段间产生空舱现象，影响船方在航次全程中的收益。外国邮轮公司基于自身利益，主要以开展母港出境游业务为主，对于一程多站、多港挂靠的积极性并不高。同时，由于国内与邮轮旅游发展密切相关的政府部门之间的利益诉求，航线开发主体和岸上旅游组织主体之间的利益诉求，以及政府、旅行社、景点和邮轮公司与目的地社区之间的利益诉求，在某种程度上难以平衡，这种错综复杂的利益链条在现实中大大制约国内航线的拓展。

4. 发展不均衡，缺乏区域联动

华南地区如深圳、广州和厦门的邮轮航线数量分布较为均衡，且挂靠港涉及国家相对丰富；而华北地区邮轮航线绝大多数集中于天津港口，青岛和大连两大港口停靠航线仅1条，且所有航线挂靠港集中于韩国境内；华东地区邮轮航线虽只有上海接待邮轮停靠，但挂靠港在国内三个主要邮轮分布区内涉及国家最为丰富；天津和上海作为区域内重要的港口，无论从港口建设完备程度，还是从航线数量的丰富程度，对于辐射范围内影响作用还是偏弱。此外，华北、华南和华东三大区域之间的邮轮航线，除星梦邮轮旗下探索梦号和地中海邮轮旗下辉煌号阶段性挂靠外，其他邮轮都是在某个区域单独挂靠，辐射市场十分有限，港口联动发展效果较弱。

（三）中国邮轮航线拓展的对策

1. 完善中心港口功能配套，提升综合服务能力

邮轮港口的发展不仅需要承担基本的交通运输，也需要完善功能配套。美国东南部及加勒比海地区劳德代尔堡、地中海地区罗马、地中海以外欧洲地区南安普顿、亚洲及中东地区新加坡作为不同区域航线网络的核心节点，具备较强的枢纽能力，这些港口城市最大的共性就是拥有领先的基础设施和配套服务。比如，劳德代尔堡毗邻国际机场，配有现代化乘客运输系统、完善的指示标牌、超大型停车场、免税店、咨询处、银行等服务项目，艺术和娱乐活动、购物中心、体育活动等旅游资源也十分丰富。为此，邮轮母港应以邮轮港口经营为中心，整合港口附近资源，丰富国际购物、旅游休闲、文化娱乐、酒店、特色餐饮、金融、会展等旅游业态，完善综合配套设施和公共服务设施，实现邮轮港向综合性的"邮轮城"转变。另外，应以港口为中心构建完善的交通体系，增设往返机场、车站以及周边主要旅游景区、购物中心的快速交通线路，从而优化邮轮港口周边吸引物的交通可达性。

2. 丰富邮轮航线设置，开发本土特色航线产品

通过对比美国东南部及加勒比海地区、地中海地区、地中海以外的欧洲地区等为代表的邮轮产业成熟区和亚洲及中东地区为代表的新兴邮轮市场，可以发现欧美地区邮轮公司及邮轮船舶多样性更高，航线布局更广泛，航线数量更多，航线类型更丰富。欧美地区主要港口通过与本土邮轮品牌密切合作，实现航线布局常态化，在航线网络布局中保持市场竞争力。因而，要发挥政策利好，深化邮轮公司的战略合作，引进不同定位的邮轮公司，扶持本土邮轮公司发展，丰富船舶类型，设计符合我国消费习惯与假期制度的航线产品，例如推出3~5天的短途航线，以亲子、老年、商务为主题的近海或沿海航线等，做到常规航线与主题航线有效结合。

3. 建立港口合作机制，保障多母港航线常态化运营

多母港邮轮航线的设置，不仅可以提升航线丰度，还可以通过多港收客保证邮轮满舱率和航线运营常态化。比如，在长三角、环渤海、东南沿海、珠三角、西南沿海等地的邮轮港口间建立合作关系，积极寻求邮轮旅游发展共识，探索邮轮旅游区域合作方式，促进

母港和经停港航线达成共同开发协议。积极争取开通面向中国台湾的邮轮航线，加强与亚太地区的联动，优化区域竞合关系，在客源互通、出入境政策等方面开展多元化合作，扩大邮轮航线布局范围。可借鉴地中海地区经验，探索突破政策和运营限制，简化签证与出入境政策，开发多港收客航线，同时提升不同站点"邮轮联盟"的收客能力，可在东北亚和东南亚港口密集区探索"开口"航线和开发面向东盟的"泛南海"邮轮航线和"海上丝绸之路"航线等。

第三节　邮轮航线设计与开发

一、邮轮航线设计目标和内容

邮轮航线是将始发港、挂靠港以及目的地港等节点连接起来的邮轮海上航行路径，是构成邮轮旅游产品的基本条件和前提。设计好的邮轮航线是邮轮运营非常重要的环节。

（一）邮轮航线设计目标

邮轮的航线设计是以航线运营利润最大化为决策目标，是邮轮公司瞄准特定的邮轮旅游细分市场，从而取得高额经营利润的主要经营业务之一。邮轮公司是依托邮轮及海上旅游资源，为邮轮旅客在一定时间内提供愉悦的邮轮旅行经历，从事相关经营活动的营利性的经济实体。邮轮公司以邮轮作为载体和平台，以邮轮母港作为基底，以航线和停靠港作为运营支撑，以组合式邮轮旅游产品的销售和高质量的邮轮服务作为收益的主要来源。

（二）邮轮航线设计内容

邮轮旅游航线设计的内容包括：一是航线的起点和终点设计，一般都是以旅游客源地或旅游活动的出发地为基础，将邮轮母港城市确定为航线的始发港和返程目的地港；二是航线节点上的挂靠港设计，主要是综合挂靠港的旅游价值以及邮轮旅游活动的整体安排来考虑；三是航线整体行程的安排，需要考虑费用、时间和距离等。

二、邮轮航线设计的影响因素

从邮轮产品开发的过程来看，邮轮航线设计的总体思路首先需要考虑目标市场的选择以及邮轮产品的定位，瞄准特定细分市场，以产品的差异化为基础设计航线。航线设计包括旅游目的地选择、行程计划安排等内容，需要根据顾客的偏好作出决策。通过市场调研，从现实和潜在的顾客中收集数据，并利用数据解释顾客行为，预测其对新航线的反应，从而进一步修正产品定位以及新航线的设计方案。

（一）港口选择

邮轮港口是航线规划的重要节点。人口数量、经济发展水平、客源市场和海陆空的连通性等腹地因素决定了一个港口能否成为邮轮航线的母港或者挂靠港。Castillo-Manzano 等通过对西班牙邮轮港口系统进行研究发现，人口密集、临近机场、综合性港口更容易吸引邮轮挂靠和游客访问，其中，交通因素是主要指标。Wang 等研究表明，吸引国际邮轮前来挂靠的主要因素包括区位、交通、环境气候、人文文化、旅游资源以及邮轮码头服务配套设施等。其中，旅游资源是首要因素，交通便利性紧跟其后。由于成本和时间效率的问题，邮轮航线中港口间的距离会影响邮轮公司的整体规划。此外，港口与主要旅游吸引物之间的接近度会显著影响出行游客在不同航线之间的选择偏好。同时，政府政策支持也是一项不可或缺的因素。邮轮港口应注重交通、旅游资源、政策等多要素配备。邮轮航线设计具有整体性，需要采用多维和系统的方法以保证策划方案能够长期有效。设置邮轮航线时不仅要考虑港口条件、季节气候、停靠港口国的政策法规等因素，还要考虑岸上观光景点、游客可接受的旅行时间和费用、海上航行与上岸观光的行程搭配等。

（二）旅游目的地选择

旅游目的地的选择要考虑以下四个要素：

1. 吸引物

目的地吸引物可包括人造工程（如悉尼歌剧院、埃及吉萨金字塔等）、自然景观（如大峡谷、阿拉斯加冰川等）、赛事活动（如高尔夫球公开赛、奥运会等）等。

2. 可进入性

可进入性主要是指交通便利，方便采用包括公路、铁路、机场、港口及不同交通方式的合理组合。此外，旅游目的地创新交通方式也很重要，创新性交通方式可包括建设步行小径、自行车路线、马车以及乘坐直升机等。

3. 便利设施

辅助设施与吸引物之间的界限较为模糊。通常，餐厅、商店、酒吧以及酒店等是用来支撑吸引物的便利基础设施，但对于邮轮乘客来说，购物广场、有声望的餐厅等本身就具有一定的吸引力。此外，便利设施还包括一些当地的基本服务设施，如洗手间、游泳池、娱乐设施、理发店、货币兑换处、安保服务和赌场等。

4. 辅助服务

作为协调、开发和营销旅游目的地的机构或主体，如游客咨询处、城市旅游部门、旅游会议中心等有助于旅游目的地确立一个可识别的资料和形象，同时发挥领导职能，增强目的地各利益相关者的凝聚力，还可以为旅游者或旅游团体提供信息、服务和建议。

（三）航行水域、停靠港口条件

明确航行水域的地理因素及季节性的风、浪、流、雾、冰等水文气象条件是保证船舶海上航行安全的基本前提。停靠港口条件包括港口的水深、避风条件、水文气象条件、便捷的游客通道、专业化的先进设施设备及其安全性、舒适性等，港口建筑设计本身也具有一定的吸引力。邮轮公司在选择停靠港时通常还会考虑停靠费用，以确保成本效益比在可接受的范围内。

（四）避免游客和工作人员感染疫病

在一些国家，外来旅游者更容易感染由细菌、蚊子或其他昆虫传播的疾病，在恶劣的卫生条件下食物被污染引起的疾病以及当地供水污染等造成的疾病。邮轮公司应提前告知游客和员工疾病的危险性，如有疑问或感觉不适应及时联系邮轮上的医生。

（五）港口国的法规、制度、政策

港口国的法规、制度、政策涉及人员、物品及资本流动、卫生安全、环境保护、消费者权益保护、航运等多个方面。就人员、物品及资本流动等方面而言，邮轮公司将会面临应对边境管制。当游客到达目的地或从目的地离开时，会产生涉及护照和签证管制、海关、货币兑换、邮轮游客通行许可等问题。到达国外港口的船舶需进行抵达报关，乘客方能登陆上岸。这一常规手续因所实行的规定以及船舶注册国的不同而有所不同。

（六）航行、靠岸时间和岸上观光

邮轮公司首先根据燃料和航行时间等后勤因素设计行程，接着根据游客岸上观光的需求调整船舶海上航行时间，形成一个海上航行与岸上观光相平衡的航线计划。旅行经营商与岸上旅游部门合作，设计岸上观光计划，编制旅游手册。编制计划时应考虑的因素包括邮轮乘客的数量和类型，在港口的停留时间，汽车、火车、飞机等交通方式的便利性。避免与多艘邮轮同一天到达港口，以免形成拥堵，浪费游客岸上观光时间。编制旅游手册需根据不同类型游客的喜好设计不同选择。

（七）后勤规划

后勤规划存在很多形式，规划重点在于燃料、食物、消费品等的供给和服务，物资消耗时间表以及库存管理，保证船舶安全、舒适地航行在港口间。燃油消耗量需符合一定的节约优化比率，但要确保到港时间和离港时间符合每一个日程安排表。制定各个停靠港口的物资采购计划，保证质量且有效控制成本。

三、邮轮航线开发原则

（一）安全性原则

邮轮航行在世界上最美丽的海域，交织成世界各大邮轮旅游航线。与陆上旅游相比，海上旅游存在一定的风险，会遭遇包括地震、海啸、台风、火灾，甚至政治性问题等危险因素，从而导致危险事故的发生。邮轮航线的设计与开发必须确保跨国家跨地区海域的国际间政治和平和友好，遵守航线上邮轮始发港、邮轮目的地港、邮轮挂靠港和海上航行海域的相关法律法规，确保邮轮航行安全与乘客安全。

（二）多样化原则

在进行邮轮航线的设计中，应充分遵循多样化原则，将邮轮航线的每个细节都考虑进来。例如邮轮旅游目的地岸上旅游项目的选择。邮轮的岸上观光产品有很多种，有自然景观观赏、免税店购物项目、博物馆和主题公园、古迹参观和地方美食等。其中自然景观观赏以中老年人为主，最受邮轮游客的欢迎；女性更偏好免税店购物项目和地方美食；年轻人更喜爱旅游目的地的主题公园和地方美食。一条高品质的邮轮航线犹如优雅动听、沁人心脾的音乐，要有多样化的音符构成，才能婉转动听。邮轮航线的船上娱乐项目也需尽量多样化，由于游客们的个性不同，兴趣爱好也包含多个方面，为了迎合他们的需求，多样化的休闲娱乐项目很有必要。

（三）个性化原则

在激烈的邮轮旅游市场竞争中，邮轮公司的核心竞争力在于始终创造并保持顾客。邮轮航线的开发必须审时度势，牢牢把握邮轮公司的发展战略。按照邮轮游客的愿望和需求把总体市场划分为若干个具有共同特征的子市场，并对细分市场进行评估进而准确定位。主题鲜明的邮轮航线具有突出的鲜明特色，不仅在邮轮游客心中占据特殊的位置，在邮轮旅游市场中也是独树一帜。

（四）地域依托型原则

邮轮航线的开发要遵循地域依托型原则，既要依托风景秀美，具有足够吸引力的旅游资源，同时还要毗邻广阔的经济腹地。一条邮轮航线的设计与开发是完备的，它是在满足邮轮游客对旅游目的地或停靠港需求的同时实现邮轮一系列后勤保障目标，以确保邮轮游客在一段时间内获得最佳旅游体验的集合。

（五）区位可及性原则

邮轮航线开发要考虑沿途各目的地的趣味性、可及性以及可持续发展等要素。一些地区在发展邮轮旅游方面有着有利资源条件、优越地理区位，例如加勒比海地区，凭借紧邻美国的地理优势，加上独特的亚热带岛屿风情，成为全球邮轮首推地域，获得广泛的青睐。

（六）冷热均衡原则

在邮轮航线的规划设计过程中，受游客青睐的热门邮轮航线得到了充分的重视，并在此基础上，不断更新与完善。可那些淡季的冷门航线一直被邮轮母港和邮轮公司所轻视甚至忽略，这些冷门范围的邮轮航线也是一大组成部分，也很影响邮轮航线整体的规划和评估。因此冷热均衡原则在邮轮航线的规划设计中不可或缺，充分的重视这一原则可以减缓邮轮热门航线的游客承载压力，减少对海洋自然环境的影响，还能够保证邮轮旅游产业的均衡发展。与此同时，更丰富的邮轮航线也能迎合不同邮轮游客的需求，增加他们对邮轮航线整体的满意度。

四、邮轮航线设计注意事项

邮轮旅游航线设计的关键在于适应市场需求。具体而言，就是航线设计必须最大限度地满足邮轮旅游消费者的需要，这些需要包括：去未曾到过的地方增长见闻并拥有多姿多彩的旅程；从日常紧张的生活中短暂解脱，舒畅身心；尽量有效利用时间而又不太劳累；尽量有效利用预算等。因此，在进行航线设计时，还应该关注以下注意事项：

（一）沿途景点的区位性与可及性

邮轮母港的交通和配套设施是否便利，是吸引游客的重要因素之一。港口的自然条件、港口对游客的服务、所在地机场或火车站的可及性等都是在进行邮轮旅游航线设计时需要考虑的因素。

（二）沿途景点的观赏性与吸引力

人们开展旅游活动最基础的形式就是观光，邮轮旅游活动也是从观光起步。邮轮游览景点的停靠选择和邮轮时间、节奏的安排，应该根据邮轮活动主题和不同需求来决定。一般来讲，具有丰富旅游资源的景点城市是邮轮航行的首选访问目的地。

（三）不同季节水域的适航性与安全性

航线设计时要考虑邮轮在各种不同海洋情况下的安全情况以及航行能力。邮轮公司既要充分了解航行水域的水文气象、地形地貌，还要认真做好邮轮安全营运中的每个环节，才能设计出一条既安全又经济的航行路线。

【知识拓展】

推广无目的地海上游 适时启动沿海航线

疫情前，我国邮轮旅游市场的邮轮产品基本为出境邮轮，虽然我国已成为全球第二大邮轮客源地，但我国邮轮市场的发展一直受限于航线单一。开展无目的地海上游、沿海游，是邮轮旅游的一大突破口，也是丰富邮轮航线产品、解决长久以来阻碍邮轮市场健康长效发展问题的契机。

2019年5月，交通运输部出台《关于推进海南三亚等邮轮港口海上游航线试点的意见》，明确实施主体是中资邮轮运输经营人及其拥有或者光租的方便旗邮轮，试点港口为海口和三亚。2020年5月，交通运输部在给全国人大代表徐珏慧的《关于新冠肺炎疫情下邮轮产业如何可持续发展建议的答复函》明确：新冠肺炎疫情后鼓励更多邮轮公司参与试点，并在试点成功的基础上向国内其他港口复制推广。

在国外疫情持续得不到控制的情况下，以往的邮轮出境游短期内很难有实现的可能。因此，无目的地海上游航线被符合条件的邮轮公司寄予希望。前文提到的中资邮轮基本上符合试点条件，但试点港口仅限于海南则在一定程度上限制了该政策的有效实施，邮轮公司更期待在上海等邮轮产业基础更好的港口尽快实现试点。

这其中有两个重要的因素。首先，上海邮轮产业发展基础较好。历史上，上海邮轮产业规模始终占据全国总体规模 50% 以上，邮轮产业配套完整度、邮轮服务水平、邮轮客源市场规模等也始终在较高水平。市场对高端特色邮轮产品的需求日益高涨。第二，试点意义具有典型性。作为中国邮轮产业的发源地，上海以产业政策突破创新始终引领全国邮轮产业的发展，签证便利化政策、中国台湾直航、外籍邮轮多港挂靠、邮轮船票制度等均在上海率先成功试点，并在全国成功复制推广。

无目的地海上游在海南试点的基础上，如能尽快在上海复制，将极大地巩固试点成果，并持续放大效应。宏观方面体现中国在疫情防控常态化背景下在全球邮轮产业的领先地位，微观角度可以有效改善邮轮旅游信心并带动邮轮文化的培养。

一直以来，对于国内沿海航线的呼吁从未间断。中国沿海港口布局及港口城市文化旅游资源的丰富度足以支撑沿海航线的设计，并对境外游客有较强的吸引力。但由于没有符合沿海邮轮条件的船舶，该类产品迟迟未能得到实施。招商蛇口与维京邮轮成立合资公司并计划将旗下船舶"维京太阳号"改挂五星红旗的消息成为撬动沿海航线的支点，且该邮轮相比传统大众邮轮更高端，产品差异度更加明显，相信在不远的时间内，沿海邮轮产品将展现在国内游客面前。

鉴于无目的地海上游、沿海游业务对于实施主体的特殊要求，给予中资邮轮公司较大的竞争优势，对本土邮轮公司而言，这也是积累资源优势、形成规模效应战略机遇期。对于国内沿海邮轮港口而言，可基于沿海邮轮航线互为母港操作改善港口经营，进一步盘活城市旅游资源，实现邮轮经济的杠杆效应。

资料来源：冯宪超.疫情防控常态化下对邮轮产业发展的思考［J］.中国港口，2020（12）：28-31.

第四节　邮轮港口

邮轮港口是发展邮轮旅游经济的关键基础要素，也是打造邮轮产业链的重要环节，不仅承担邮轮旅游接待的核心功能，而且发挥着邮轮产业聚集的载体作用。邮轮航线的丰硕程度将直接影响客源流、资金流、信息流在邮轮港口及腹地区域的汇集效果，进一步影响邮轮经济对区域经济的整体辐射作用。对于新兴市场而言，港口基础设施投资巨大，只有同时具备丰富的航线布局和充足的客源市场，才能有效抵抗基础设施闲置的风险。

一、邮轮港口的定义

港口（Port）是指位于海洋、江河、湖泊沿岸，具有一定水陆联运设备和条件，供舰船停泊、避风、维修、补给和转换客货运输方式的场所。由于港口是联系内陆腹地和海洋运输的一个天然界面，因此人们也把港口作为国际物流的一个特殊结点。

邮轮港口是指具有供邮轮船舶进出、停泊、靠泊，旅客上下，货物装卸、驳运、储存等功能，具有相应的邮轮码头设施，由一定范围的水域和陆域组成的区域。

二、邮轮港口的功能要素

（一）水域及码头

虽然邮轮有大型化的趋势，但其吃水量并不是很大，因而港口水域应尽量满足邮轮全天候进出港。另外，邮轮干舷以上部分很高（50米以上），邮轮港选址应保证具有足够的净空。

码头（Wharf）是指供船舶停靠并装卸货物和上下旅客的建筑物，广义的码头还包括与之配套的仓库、堆场、道路、铁路和其他设施。传统意义上的码头，通常是一条由岸边伸往水中的长堤，也可能只是一排由岸上伸入水中的楼梯。人类利用码头，作为渡轮停泊、乘客上下及货物装卸之用，还将其发展成吸引游人约会集合的地标。按照用途，码头可以分为客运码头、货运码头、集装箱码头等多种类型。

邮轮码头是客运码头的一种，可供大型邮轮停泊以及游客上下及行李、货物装载，多数会附有完善的配套设施。邮轮码头通常是跨境运输，所以设有海关、出入境柜位、卫生检疫办事处、行李处理区、票务处、旅游车停泊区以及上落客区等。由于邮轮体积和排水量大，邮轮码头需要建在水深港阔的地方。

从码头的结构上讲，邮轮码头与通常的货运码头并无不同。事实上，有一些港口的邮轮也临时停靠货运码头，利用邮轮自带的栈桥作为旅客上下船的通道。大多数邮轮码头没有指定由哪家公司使用。在欧洲的一些港口城市，邮轮码头与货运码头在同一港区并存的现象非常普遍，这既可以方便邮轮在泊位紧张时挂靠货运码头，也可以实现客货在同一港区的和谐发展，还可以让游客感受货运港区的非凡魅力。但近些年来，随着邮轮游客增多和码头货运装卸业务的繁忙，邮轮公司逐渐将客运码头和货运码头分开管理，这主要是基于快速通关、安检、游客上下船、岸上观光组织等要求而实施的。

（二）泊位

邮轮泊位的长度和水深应满足现代超级邮轮的停泊要求。

（三）航站楼

满足游客短暂停留、快速通过的航站楼是邮轮港的必备设施，航站楼内可以实现旅客的候船休息、行李取送、验票、安检、通关、上下船等。为配合旅客游憩及消费，航站应提供多元的休憩活动服务，包括购物、消费、水上活动、资讯导览和交通运输。

（四）上下船设施

邮轮港口需要设置便捷的上下船设施。多数邮轮码头都采用登船桥＋登船机的形式，为适应潮位变化和舱门位置的不同，登船机可以实现水平移动和竖直方向上的调节，使登船口和邮轮舱门保持对接。登船机后方设置登船桥，后方与航站楼相连，形成便捷的上下船通道以及实现客运设施的封闭管理。

（五）物资补给

邮轮母港应给邮轮提供各种补给和物资运送服务，因此港口应配备适当的储存和作业区。以观光为主的邮轮港，港区是否美观会直接影响到对旅客的吸引力，应通过适当的立面处理来隐藏作业区。在邮轮港规划中，将休憩区与作业区作适当的分隔是必要的，以避免作业区对环境的影响。

（六）行李处理

邮轮乘客一般携带行李较多，在管理方式上，旅客和行李一般是分离的，这和机场管理比较相似，不同之处在于机场行李是由旅客进行托运，邮轮上则需要由服务人员将行李送至旅客的舱房。邮轮乘客行李一般每人 2～3 件，行李一般在验票前和出关后取送，在船上则需要在旅客客舱交接，这就需要有完善的管理措施。一般邮轮码头设有专门的行李处理设施。行李处理区的最小面积通常是每个旅客 1 平方米，另外还应考虑进出通道、海关检查和休息室所需的面积。

（七）对外交通

对外交通存在广义和狭义之分。狭义的对外交通指具体的邮轮港口的对外交通，具体方式包括公路、城市铁路等，交通工具包括大型巴士、出租车、地铁等。广义的对外交通指邮轮港口所在城市的对外交通设置，具体包括公路、铁路、航空、水运等，特别是对于邮轮母港，由于邮轮乘客来源广泛，往往对航空运输要求较高，单艘邮轮的载客量可接近大型客机的 10 倍，邮轮港口的形成需要机场充足便捷的航班保障以及邮轮港口与机场之间交通、管理、票务方面的无缝隙衔接。对于一般性邮轮港口，邮轮码头只是旅客上下船的节点，只需通过交通工具实现到市区的快速集散即可，一般采用巴士或自驾车等。对于综合性邮轮港口，除邮轮乘客外，往往还承担部分城市功能，需要考虑其他旅客以及市民的交通需求，因而在交通规划上需要综合考虑各种交通方式的便捷衔接，形成交通枢纽。

（八）停车场

小汽车到港比例的高低，与当地的大众交通运输系统的发展程度有关。北美地区由于大部分城市的公共交通发展不完善，因此港口的停车设施需求量较大，而欧洲及亚洲地区（中国香港及新加坡）则是搭乘公共运输系统，故港口整体的停车需求较少。

（九）住宿

邮轮母港的旅客中约有 20%～25% 在邮轮假期开始前或者结束后需要住在港口所在的城市内，等待邮轮或者航班，故需有足够的国际级住宿服务。

三、邮轮港口的分类

世界上除了少数邮轮母港外，大多数邮轮港口的规模都不大。通常情况下，一般大型港口的设施均可以满足邮轮停靠的基本需要，只有在邮轮频繁停靠时，邮轮专用泊位的建设才有必要。根据世界的惯例，邮轮港口通常分为母港（Homeport）、停靠港（Ports of Call）和小码头型港。

（一）母港（Homeport）

指该目的地是邮轮航程的主要营运中心，是航程中的出发港或终点站。邮轮母港是邮轮的基地，邮轮可以在母港进行维护和维修，接收全方面的服务，一些邮轮公司会将地区总部或公司总部设置在母港。按照服务辐射范围大小，邮轮母港又分为国际性邮轮母港和区域性邮轮母港。前者既有跨洋跨洲航线，又有近海航线，后者以近海航线为主。

（二）挂靠港（Ports of Call）

指该目的地是邮轮航程的中途站，并非航程的出发港或终点站。停靠港码头仅仅是邮轮网络的一个延伸点，邮轮一般会在停靠港停 4 ~ 8 小时，乘客可以上岸观光，邮轮也会接受一些额外补给、补充等服务。

（三）小码头型港

仅供乘客上岸观光，作较短的停靠，在该类型码头的停靠时间一般少于 4 小时，基本上不增加供给，也很少有乘客辞别邮轮或新增加乘客。

四、邮轮母港

（一）邮轮母港与挂靠港的区别

邮轮母港是邮轮出发和返程并进行后勤补充和维修的固定地点，也是游客的集散地，不仅拥有包括定期和不定期停泊大型邮轮的码头，还配套有设施齐全、相关产业发达、旅游资源丰富的城市及其周边区域。作为母港，有很多区别于停靠港的地方，分别体现在住宿、船舶维修、物流服务业、港口后勤设施等几个方面。

首先，国际大型邮轮装载人数很多，可以达到几万之众，船员也有数千人，但由于母港城市并不作为邮轮旅客唯一的来源，有更多的游客来自母港城市周围的其他城市，如此一来，势必带动母港城市的住宿行业发展。来自全国各地的邮轮旅客会在邮轮出发的前几天来到母港城市，可能观光，也可能购物，但毋庸置疑的一点，他们一定会找个地方住下来。

其次，由于国际邮轮在母港停留时间最长，所以国际邮轮的修理维护、停泊等必定会在母港进行，如此必将带动母港城市船舶制造、维护、修理业和港口服务业的发展，会增加大量的就业岗位。这也是停靠港所享受不到的，挂靠港的邮轮，一般是在早上抵港，晚餐时离港，通常留给游客有足够时间在一天内参加两个观光活动。

再次，母港必须具备完备的物流硬件设施。邮轮与飞机一样，内部封闭，所以食物、商品及其他的货物供应皆在邮轮母港进行，如此势必会带动母港城市物流业的发展。把单纯的港口扩大为港口区域，一般说来，有两种模式：第一种是"前港口，后工业"的空间布局，使港口具有整合生产要素的功能，形成以港口海运为先导，临港工业为支柱，港口物流业为补充的整体体系。第二种，则是港口和背靠经济腹地联动，港口城市或其经济腹地提供货物。根据这两种模式的不同，物流服务的范围和重点也不尽相同，这就必须因港制宜形成自有的特色物流。

与主要邮轮公司相对应，世界主要邮轮母港也大都分布在北美、欧洲和东南亚地区，包括美国的波士顿、纽约、迈阿密、洛杉矶、旧金山、西雅图，加拿大的温哥华，英国的伦敦，丹麦的哥本哈根，荷兰的阿姆斯特丹，西班牙的巴塞罗那，新加坡，中国香港以及马来西亚的吉隆坡等。

（二）邮轮母港的作用

邮轮母港是港口城市的重要经济增长极。若港口城市被定位为邮轮母港，该区域就会受到邮轮经济的较大影响，主要表现为以下几个方面：

1. 刺激本地消费

邮轮母港经济给城市带来的是全方位的消费结构升级。每艘邮轮的抵达，将带来数以千计的邮轮乘客在港口城市旅游消费。还包括邮轮在港口城市添加补给、油料、淡水与处置废品，接受港口服务，邮轮的维护与修理等。

2. 赚取外汇收入

邮轮公司是国际企业，邮轮游客是国际旅客，邮轮公司和邮轮游客在母港的消费与支出，可以为港口城市带来可观的外汇收入。

3. 促进港口城市就业

邮轮公司需要在母港城市设置规模较大的地区总部，并招聘一定比例的船务人员，为母港城市直接提供一定的就业岗位。

4. 提升港口服务管理水平

邮轮对港口服务以及专任人才素养要求很高，邮轮的抵达与离开，能促进港口码头航运服务与管理水平的提升。

5. 提升港口城市国际形象

纵览发达国家的港口都市，无不拥有邮轮母港。

（三）邮轮母港的发展条件

邮轮码头发展与邮轮航线密不可分，母港是邮轮航线的起讫点，挂靠港只是邮轮航线的途经点。母港需要具备游客集散、加载燃油、补充物资和邮轮养护维修等基本功能，因此，并不是每个港口都具备建设母港的条件。具体来说，邮轮母港发展的基本条件包括地理位置、港口设施、交通运输、旅游资源、商业服务、物资供应、金融保险等因素。

1. 地理位置

邮轮母港的选址与邮轮航线密切相关，而邮轮航线的规划则取决于旅游资源的丰富程度以及是否容易被邮轮公司开发成为邮轮旅游热点。比如，以地中海为中心的欧洲各国普遍崇尚航海文明，且具有大量的自然和人文旅游资源，因此，沿线分布着很多邮轮港口，其中不乏巴塞罗那等著名邮轮母港，其选址既继承了欧洲城市港口发展的传统，又体现了现代文明对城市发展的影响。

2. 港口设施

对于邮轮母港而言，必须设有专用的泊位、上下船通道、候船厅和停车场。邮轮码头的建设需要注重实用性和便捷性，候船厅、商业设施和辅助设施建筑应该精致、紧凑，重在突出码头组织邮轮游客快速上下船的功能。邮轮码头的清关速度直接影响邮轮的靠泊以及邮轮公司是否选择在该港开设邮轮航线。

3. 交通运输

交通网络的建设在邮轮母港的建设中至关重要。安全、便利、快捷、舒适是邮轮旅游者对旅游交通的基本要求。凡是邮轮产业发展较快的地方，都有比较便利的交通运输条件。在邮轮码头构成的交通枢纽中，只有各个子系统相互配套组合，才能发挥应有的作用，最终实现邮轮与城市的无缝衔接。

4. 旅游资源

邮轮旅游业对港口城市提供的旅游服务有很高的要求。旅游资源是否丰富、景区分布是否合理、景点是否密集、与周边城市及周边国家联系是否紧密等都是制约一个港口是否成为邮轮母港的重要因素。

5. 商业服务

邮轮游客到港消费，很重要的内容是餐饮、零售和配套服务，因此邮轮母港对服务业的要求非常高，商业设施的发展规模也普遍较大，意在吸引游客上岸消费。事实上，如确定在邮轮码头周边发展大型商业设施，目标市场定位也可以是周边居民，而不仅仅是邮轮游客。

6. 物资供应

物资供应包括邮轮自身的补给与维修、油料添加、生活必需品采购、淡水添置等。作为专业接待和服务邮轮的母港，应该满足邮轮在港口集散游客、加载燃油、补充各类物资和提供邮轮养护维修等方面的需求。

7. 金融保险

金融保险业对邮轮产业的发展至关重要。纵观世界各大邮轮产业地区，均将发达的金融保险业作为其坚实的经济后盾，并使之形成具有国际标准的服务体系，更好地满足邮轮业的发展需求。

五、我国主要邮轮港口发展现状

（一）我国主要邮轮港口接待能力

我国的邮轮产业自 2006 年正式开始发展，逐步进入正轨，经过十几年的探索发展，全国邮轮市场不断壮大，从无到有，从东部沿海个别发达城市发展到自北向南的全线邮轮城市，目前我国客源市场已经居全球第二。2019 年中国邮轮港口接待邮轮 804 艘次，接待出入境游客量为 412.70 万人次，其中上海吴淞口国际邮轮港接待邮轮数量和游客数量均处于领先位置，全年累计接待游客数量高达 187.14 万人次，占全国游客接待总人数的 45.34%。其他主要邮轮港口的接待能力如图 4-1 所示。

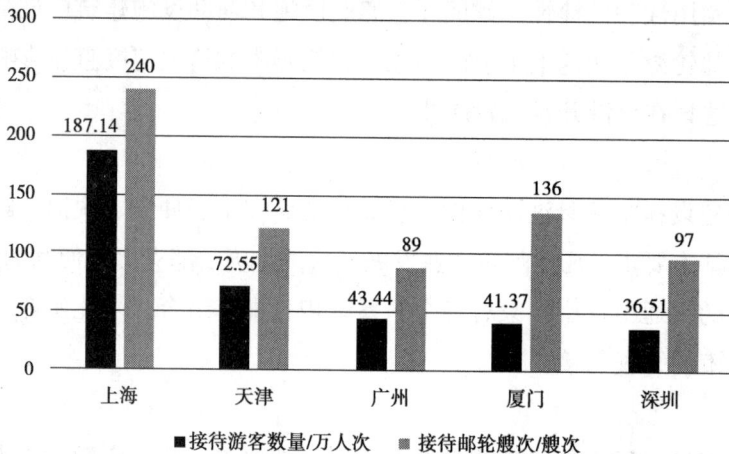

图 4-1　2019 年我国主要邮轮港口接待邮轮和游客数量

资料来源：王丽，齐林恺，邱羚.我国邮轮港口综合竞争力提升研究［J］.中国水运，2021（7）：21-23.

根据中国邮轮和游艇产业协会（CCYIA，2017）的数据表明，中国已有 11 个邮轮母港，分别为大连、天津、烟台、青岛、上海、舟山、厦门、广州、深圳、海口和三亚，此外，威海和北海是挂靠港。

表 4-1　2013—2017 年我国主要邮轮港口接待邮轮艘次及游客人次

邮轮港口	接待邮轮艘次及游客人次									
	2013 年		2014 年		2015 年		2016 年		2017 年	
母港	艘次	游客人次	艘次	游客人次	艘次	游客人次	艘次	游客人次	艘次	游客人次
大连	9	30 312	6	6 742	17	22 915	27	64 000	31	69 000
天津	70	250 000	55	224 000	96	431 000	142	714 000	175	942 000
烟台	0	0	16	16 569	18	11 286	4	5 000	0	0
威海	—	—	—	—	—	—	—	—	—	—
青岛	2	5 454	2	5 158	19	32 077	52	89 000	63	109 400
上海	198	756 530	272	1 218 087	344	1 645 189	509	2 894 000	512	2 978 000

续表

邮轮 港口	接待邮轮艘次及游客人次									
	2013 年		2014 年		2015 年		2016 年		2017 年	
母港	艘次	游客人次	艘次	游客人次	艘次	游客人次	艘次	游客人次	艘次	游客人次
舟山	0	0	1	2 372	12	20 000	13	17 000	15	30 600
厦门	14	24 858	23	56 444	66	175 737	79	190 000	77	161 800
广州	0	0	0	0	1	2 600	104	325 000	122	401 000
深圳	0	0	0	0	0	0	14	44 000	109	189 000
北海	—	—	—	—	—	—	—	—	—	—
海口	0	0	20	38 600	26	36 295	41	64 000	33	25 600
三亚	113	135 328	71	155 965	30	103 355	25	96 000	12	40 000

资料来源：宋丹瑛，陈旭东，董克，等.中国邮轮港口竞争力研究（上）［J］.中国港口，2019（12）：29-31.

　　学者研究结果显示，中国三个重要的港口城市分别为上海、天津、深圳。上海在所有指标中排名第 1，是最有竞争力的城市。

表 4-2　我国主要邮轮港口竞争力排名

指标项目	大连	天津	青岛	上海	厦门	广州	深圳	三亚
自身条件	0.607 0	0.752 0	0.664 5	0.838 5	0.698 7	0.677 6	0.739 8	0.654 5
旅游状况	0.577 2	0.761 0	0.623 9	0.948 6	0.687 8	0.744 2	0.680 7	0.659 4
经济	0.595 7	0.759 0	0.582 6	1.000 0	0.583 3	0.811 5	0.836 6	0.482 3
发展潜力	0.591 6	0.684 5	0.700 4	0.896 7	0.657 9	0.705 0	0.690 2	0.573 0
竞争力综合指数	0.592 6	0.740 5	0.641 1	0.910 9	0.660 2	0.727 4	0.728 0	0.599 5
排名	8	2	6	1	5	4	3	7

资料来源：宋丹瑛，陈旭东，董克，等.中国邮轮港口竞争力研究（下）［J］.中国港口，2020（1）：34-35.

　　（二）我国主要邮轮港口基础设施建设情况

　　目前，上海、天津、厦门、深圳等城市已经拥有相对完善的港口条件，可供大型邮轮停靠。上海吴淞口国际邮轮港码头总长 1 500 米，占地面积 160.2 万平方米，码头总吨位达到 74 万吨，可实现四艘邮轮同时停靠。吴淞口港口配套设施建设也在不断向国际化水平迈进，20 多条自助通关通道极大节省了旅客通关时间。天津国际邮轮港地处于环渤海港口群的中心，于 2014 年开始试运行，港口占地面积 160 万平方米，目前港口周边的基础设施，如大型商场、高级餐厅、五星级宾馆等正在规划建设中。厦门邮轮港口地处于我国东南沿海，占地面积 90 万平方米，目前配套设施正在建造中，可供停靠的泊位仅有 1 个，港口正规划建造包含雪场、海洋馆和巨型摩天轮在内的海上综合体。深圳作为我国改革开放的窗口，拥有突出的经济优势。目前深圳招商蛇口国际邮轮港占地面积 69 万平方米，大型和小型泊位各一个。国家各项政策的倾斜为港口发展提供了重要支撑，自 2016 年设立深圳邮轮旅游发展试验区以来，港口的配套设施也在不断完善。

（三）我国邮轮港口存在的主要问题

1. 布局密集，缺乏港口间联动性

邮轮港口在布局设计时虽然考虑了客流量的问题，但是部分地区的港口间距较小，布局较为密集，为了获得更多的客源流量，临近港口之间便会通过价格战等方式吸引邮轮公司和游客，造成集聚圈内的港口之间产生恶性竞争，扰乱邮轮市场，降低邮轮港口经济收益。此外，近年来，虽然我国邮轮港口服务设施在不断完善，服务能力也在随之增强，但是各大邮轮港口合作联动频率较低，港口间航线挂靠次数有待增多。

2. 航线单一，缺乏具有特色的邮轮航线

随着我国邮轮产业的快速发展，国内各大港口接待游客人次和接待邮轮艘次均在创造新的记录，邮轮产业发展对我国经济贡献也在不断增长，但是从长远角度来看，单一的航线规划，不利于邮轮产业的健康发展。目前我国邮轮多数为到日本和韩国的短程航线，且受国际政治局势影响较大，邮轮游客在体验过一次出游后，很难再重复旅行，为此需要不断开发有特色的邮轮航线，增加邮轮游客出游频率。

3. 资源浪费，没有充分利用港口设施

目前我国已经建成具备国际化水平的邮轮泊位，但是前期的资金投入与实际泊位利用率不成正比，多数情况下，泊位都没有实现满载，均处于闲置状态。此外，为了吸引更多到访游客，各大港口在不断推进邮轮港口周边服务设施的改进升级，但在实际情况下，在无邮轮停靠港口时，港口的客流量骤减，因此需要改变邮轮港口发展模式的单一性，将邮轮港口改造成可供日常游玩参观的旅游场所，最大限度地利用港口资源。

六、我国邮轮港口综合竞争力提升对策

（一）加强组织领导，创新机制，突破关键政策瓶颈

邮轮旅游与国内普通旅游不同，它属于一种特殊旅游，受到国家政治等多重因素的影响。为此，政府和有关部门需要带头组织领导，制定规范及合理的邮轮运营条例和邮轮旅游政策，打破传统的规则制度，从邮轮运营发展的实际情况出发，创新邮轮发展机制，重点解决阻碍邮轮健康发展的问题，突破关键政策瓶颈，逐步实现邮轮港口多点挂靠，合理引导各个邮轮港口之间形成良性互动，为邮轮产业发展提供良好的政治环境。

（二）规范市场行为，营造良好邮轮营商环境

近年来，邮轮产业迅猛发展，邮轮市场也随之出现了诸多违背市场规则的现象，各大邮轮公司、各邮轮港口为了吸引更多的游客，开启了激烈的价格战，市场秩序混乱。为此，

政府需要制定完备且规范的邮轮市场运营机制，健全邮轮市场运行政策，杜绝盲目改价、肆意降价等不合理、不合规现象的发生，营造良好规范的邮轮营商环境，为邮轮港口和邮轮产业的平稳健康发展提供强有力政策保障。

（三）科学分析规划，促进港口间联动发展

各沿海城市要准确分析周边客源市场，根据自身实际情况，确定是否规划建设邮轮港口，有些港口自身能力有限，尚未具备建设能力，盲目跟风建造不仅达不到预期的发展效果，反而会对港口的正常生产运营活动造成负面影响。此外，各大邮轮港口之间要不断加强产业合作，创造更多互助交流的机会，实现信息资源共享，形成规模优势，推行多点挂靠，实现邮轮港口间优势互补，紧跟国际协同大发展的步伐，促进沿海港口城市联动发展，最终达到 1+1>2 的效果。

（四）完善配套服务，增强危机应对能力

虽然我国邮轮港口的服务设施体系在不断完善，但是与世界著名邮轮港口城市相比，仍有一定的差距。面对巨大的邮轮载客量，港口应建立成熟的游客通关体系，根据客流量变化，动态调整通关检查通道，提高邮轮游客通关效率。各政府有关部门、邮轮公司和邮轮港口应进行邮轮信息实时监测，实现信息资源共享，要制定完备的应急处理预案，防患于未然，在面对突发事件时，相关部门能够第一时间采取有效措施应对，在确保游客安全的情况下，最大限度地降低损失，从而不断提升邮轮港口风险防控能力。

（五）注重生态保护，实现邮轮港口可持续发展

为实现邮轮港口的健康持续发展，不仅要提高港口的产业效益，更要注重对生态环境的保护，良好的生态环境将会给港口发展带来源源不断经济收益。邮轮港口应建立完善的垃圾处理机制，实现无害化处理，最大限度降低对环境的污染程度，要对污水、废气等有害物质进行实时跟踪监测，设置超标预警装置，准确把控周边环境状况，实现邮轮港口可持续发展。

【知识拓展】

广西出台意见支持北海建设国际化邮轮港口

近日，广西壮族自治区人民政府办公厅发布《关于支持北海市发展邮轮产业的意见》（简称《意见》），明确支持北海市加快发展邮轮产业，深度融入"一带一路"建设，促进向海经济发展，打造国际滨海旅游度假胜地。

《意见》指出，将支持北海市开辟境内游船和跨境邮轮旅游航线，重点培育北海—下龙湾、北海—河内、北海—岘港、北海—香港、北海—澳门等精品邮轮航线，逐步开辟北海至马来西亚、泰国、印度尼西亚、新加坡等东南亚国家沿海城市邮轮旅游航线。积极争取邮轮"多点挂靠"政策常态化实施和审批流程简化，加强与三亚、厦门、上海、青岛等

国内邮轮港口合作，开发由北海市始发的"多点挂靠"邮轮航线。支持北海市与亚洲邮轮联盟和中国—东盟邮轮旅游发展联盟等平台合作，联合国内外邮轮港口和邮轮企业开辟"一程多站"式国际邮轮新航线。

在港口基础设施建设方面，《意见》提出，将加快推动北海港石步岭港区货运功能整体迁移，优化完善港口集疏运系统，构建便捷高效的邮轮港口配套交通网络，推进完善邮轮港区与机场、铁路和市区主干道、主要旅游景区间的交通连接。

在制度建设方面，将逐步完善邮轮港口行政审批制度、市场准入制度、海关监管制度。扩大对外开放，加快推进贸易便利化，支持在北海国际邮轮港口率先建设海关政策叠加、资源整合的邮轮监管区。创新口岸管理模式，完善互联网预申报、入境卡电子化等便利措施。支持北海市建立符合邮轮运营保障需求的引航服务和口岸查验制度，建立特殊天气情况下邮轮适航规则和应急保障机制。

资料来源：魏鋆依.广西出台意见支持北海建设国际化邮轮港口［N］.中国水运报，2021-09-24（002）.

阅读思考：请结合"一带一路"倡议分析北海建设国际邮轮港口的机遇与挑战。

【复习思考题】

1.邮轮航线包括哪些环节？
2.全球邮轮航线呈现哪些特征？
3.当前我国邮轮航线布局存在的哪些不足？
4.邮轮航线设计受到哪些因素影响？
5.邮轮港口综合能力提升应采取哪些对策？

【推荐阅读】

［1］孙晓东，林冰洁.谁主沉浮？全球邮轮航线网络结构及区域差异研究［J］.旅游学刊，2020，35（11）：115-128.

［2］姜宏丽，李晋玉，马莹，等.我国邮轮母港航线现状调查及拓展研究［J］.广西质量监督导报，2020（3）：152-153.

［3］智路平.基于主体类别分析的邮轮航线规划布局影响要素研究［J］.中国水运，2020（1）：60-61.

［4］冯宪超.疫情防控常态化下对邮轮产业发展的思考［J］.中国港口，2020（12）：28-31.

［5］王传宇.考虑燃油补给及硫排放控制区的邮轮航线优化［D］.大连海事大学，2020.

第五章　邮轮旅游产品设计

【本章概要】

　　产品的深度是决定市场广度的关键因素，因此邮轮旅游产品设计对邮轮公司乃至整个邮轮产业而言至关重要。从大的方面来说，邮轮旅游产品设计可以从船上产品和岸上观光活动两个方面入手，其中船上产品设计包括住宿安排、餐饮安排以及娱乐活动设计等。随着邮轮企业之间的竞争愈演愈烈，加之邮轮产品同质化问题严重，很多邮轮公司根据市场营销热点，不断开发出内涵丰富的邮轮主题产品，为邮轮旅游产品设计提供了新思路。

【学习目标】

　　理解：邮轮旅游产品的内涵与构成；邮轮旅游产品的特征与分类。

　　熟悉：船上食宿产品类型以及娱乐活动的类型；邮轮主题产品的内涵。

　　掌握：邮轮特色客舱及其设计理念；邮轮客舱设计原则；邮轮菜品设计原则；船上娱乐活动的设计依据及设计原则；岸上观光线路的设计原则、步骤和创新方式；邮轮主题产品的设计原则和开发策略。

【开篇导读】

长江黄金邮轮"重启"：新路走出去 游客请进来

　　2020年7月23日晚，装点着绚烂灯光的"黄金6号"邮轮鸣响汽笛声，从重庆朝天门顺利启航。记者从当日举行的"黄金邮轮·黄金之夜启航仪式"上获悉，此次启航标志着因疫情停航了6个多月的长江黄金邮轮正式复航。

　　当前，重庆长江黄金游轮有限公司（简称"游轮公司"）不断探索新业态，陆续推出"黄金江街·水上酒店"等创新型产品，为因疫情一直"靠岸"的黄金邮轮开辟了新路。在此基础上，游轮公司进一步拓展新产品和新线路，即将开通的重庆市内三条短途航线分别为：重庆—木洞一天"山水都市游"，重庆—武隆三天两夜"世界遗产游"，万州—巫山—万州三天两夜"两峡一峰"三峡精华游。

　　长期运营重庆—宜昌中长途三峡游的游轮公司为何突然开通三条短途航线？记者从此

前召开的"2020年长江黄金邮轮合作伙伴大会"上了解到,这是基于疫情压力下的一种自救。

"疫情虽带来深重影响,但劣势中也暗藏机遇"。会上,游轮公司董事长徐斌表示:"从企业层面,可将疫情看作行业整合重组的契机;从产品层面,形势倒逼游轮公司开辟出更丰富的线路产品,占领更广泛的市场高地;从客源层面,出入境旅游深受影响,但出境游的困境也正是国内游的商机;从销售层面,传统的消费习惯彻底打破,'面对面'转化为'屏对屏',为探索线上销售方式、顺应消费趋势带来契机。"

将危机化为转机,重要的是让新产品更加具有吸引力。据游轮公司工作人员介绍,就当前已开通的重庆—木洞"山水都市游"路线来看,它满足了商务旅客休闲时间短,但渴望欣赏山城美景和乘坐豪华邮轮的欲望,同时,这条路线还能让长江黄金邮轮和世界遗产武隆喀斯特、仙女山等景区实现业态合作,让游客进一步体验三峡文化的魅力。而万州—巫山—万州"两峡一峰"路线的推出,既考虑了时间优化,又同时开辟了"高铁+邮轮""铁水联运"的崭新旅行方式。"新的路线打响了'三峡''山城''人文'和'乡村'等重庆知名品牌,让长江邮轮的产品和线路得到进一步优化,变得更加多元。"游轮公司总经理罗嘉陵说。

记者在"黄金6号"邮轮上看到,一楼大厅两侧设置了"水上创意市集",商品琳琅满目。据悉,这条"漂浮在长江上的街市"将成为国内首条邮轮上的"水上市集"。此外,新航线上的邮轮还将再现"重庆码头传统生活场景",为旅客提供国内首个邮轮沉浸式乡愁自助餐、沉浸式江岸实景舞蹈情境秀、"不息的啤酒节",以及长江上移动的都市邮轮灯光大秀。

同年7月22日,重庆市文化旅游委发出《关于调整旅游企业疫情防控措施的通知》,提出将恢复全市旅行社及在线旅游企业经营跨省(区、市)团队旅游及"机票+酒店"业务,并将旅游景区接待游客量由不得超过最大承载量的30%调至50%,这表明三峡邮轮将恢复跨省旅游航线。对此,游轮公司表示,"黄金2号"邮轮将于8月7日发航,率先吹响跨省水上旅游的复苏号角。

资料来源:中国水运报 2020-07-24.

阅读思考:长江黄金邮轮"重启"后的产品设计对你有吸引力吗?有什么更好的建议?

第一节 邮轮旅游产品概述

一、邮轮旅游产品的内涵与构成

(一)邮轮旅游产品的内涵

邮轮旅游产品,是指由邮轮专门为了满足游客休闲度假、观光游览等需要而特别设计提供的,被现有的和潜在的客户群体所认同且愿意购买的商品。它主要由两部分组成:有形产品(如邮轮本身、邮轮硬件设施设备、邮轮上各种活动、岸上游辅助项目等)和无形产品（邮轮上吃住行等软性服务、游客感受等）。

邮轮旅游产品与其他旅游产品有明显的差异，邮轮既是旅行的工具，同时也是邮轮旅游的目的地，并且比其他旅游产品更需要一个水体作为载体。邮轮作为一个平台，既要求有酒店功能，也要有娱乐休闲的度假区功能，能够欣赏与众不同的风光，其复杂程度比一般旅游产品更高，但是对于顾客而言，方便程度高于其他旅游产品。

（二）邮轮旅游产品的构成

邮轮旅游产品是由不同要素构成的，产品的精神实质和外观展现具有层次性。从产品必备上来说，具有主次不同的要素特征。

1. 邮轮旅游产品的构成要素

消费者是邮轮旅游产品的最终购买者。从消费者的视角来看，邮轮旅游产品一般由航线、设施、服务、气氛、形象、价格六大要素构成。

（1）邮轮的航线

邮轮航线（Itinerary）是指邮轮从母港出发到结束行程过程中所航行的路线，通常会受到水域、景点以及季节条件的影响。邮轮航线是消费者选择邮轮旅游时考虑的主要因素，对于邮轮吸引客源以及经营会产生重要的影响。

（2）邮轮的设施

邮轮设施（Amenities）是指邮轮的规格大小以及船上的各类客舱、餐厅、娱乐活动设施等。邮轮的设施在不同的邮轮类型中不尽相同，大型邮轮拥有宽敞豪华的客舱、餐厅与剧院等，小型邮轮在内部装潢与艺术设计等方面也颇具特色。邮轮的设施是邮轮旅游产品的重要组成部分。

（3）邮轮的服务

邮轮服务（Service）是指邮轮管理者和员工借助一定的旅游资源环境、邮轮及邮轮服务设施，通过一定的手段向游客提供的各种直接和间接的方便利益的总和。邮轮服务项目的多少、服务内容的深度也是邮轮之间竞争的重要环节，良好的服务是树立邮轮品牌形象、提高邮轮知名度的重要手段。

（4）邮轮的气氛

邮轮气氛（Mood）是消费者对于邮轮的一种感知，一方面取决于邮轮的空间布局、设施设备以及内外装饰装修，另一方面取决于邮轮上服务人员的仪容仪表、服务态度、服务特点与服务水平等。

（5）邮轮的形象

邮轮形象（Image）是消费者对邮轮的综合看法，涉及邮轮历史、知名度、经营思想、设计风格、品牌定位等诸多因素。邮轮形象是邮轮吸引客源的重要因素。

（6）邮轮航次价格

邮轮航次价格（Price）在一定程度上反映了邮轮旅游产品的质量，消费者常常通过邮轮航次价格来判断、选择邮轮。

邮轮旅游产品的六大要素相互关联，是邮轮旅游产品不可分割的组成部分。消费者在选择邮轮时会同时考虑这些因素，而不只是单方面考虑其中的一个因素，但不同的消费者在选择邮轮时，对每个因素的重视程度会有所不同。

2. 邮轮旅游产品的不同层面

（1）核心产品

核心产品是基于旅游者购买的基本对象，为了满足旅游者核心利益需求而设计开发的。顾客通过购买旅游产品来满足其对娱乐观光和休闲度假的需要即旅游者的核心利益所在。由于邮轮旅游的核心产品大同小异，因此在核心产品设计上要注重细节。

（2）有形产品

邮轮有形产品是指将核心产品有形化而产生的，可以满足旅游者需求而真实存在的产品。例如邮轮所提供的各种住宿套房、各种休闲娱乐、各种餐饮项目。有形产品应具备高品质、富有特色、品牌价值高、服务质量上乘和安全系数高等特征。

（3）扩展产品

邮轮旅游扩展产品是指游客可以在邮轮上得到的所有核心产品之外的附加服务和奖励。邮轮旅游扩展产品通常是可以解决邮轮旅客的所有问题，例如奖励性活动，帮助解决游客意外情况的服务组合。通常扩展产品要突出理念。

（4）潜在产品

随着外部条件的成熟，邮轮可以策划新的潜在旅游产品。邮轮旅游潜在产品是随着新航线的开辟，主题套餐的推出，以及新邮轮的下水，可以吸引顾客的目光，给人耳目一新的感觉，即将上市或者在筹备过程中的新产品。通常潜在产品要突出创新为主。

邮轮旅游产品的四个层面各具特点、相互独立又紧密联系。在这四个层面上，核心产品和有形产品的质量是使消费者满意的前提条件，扩展产品和潜在产品是邮轮旅游产品灵活性的具体表现，同时也是有形产品在现有价值之外的附加价值。这四个层面的全部意义在于提供一个具有质量保证、具有一定灵活性和竞争优势的邮轮旅游产品。

二、邮轮旅游产品的特征

（一）邮轮服务内容的多样性、综合性和复杂性

从游客需求角度看，邮轮服务包括核心服务和基本服务。从邮轮服务与游客的密切程度看，邮轮服务涵盖了衣、食、住、行、游、购、娱、健康运动等多种类型的设施设备和人员服务，服务面之广、工作量之大、服务时间之长是酒店无法比拟的。从服务形式来看，又分为硬件服务和软件服务。可见邮轮服务的复杂性。另外，邮轮服务是通过为游客提供一种愉悦的经历来完成的，游客愉悦的经历又是由多个服务细节组成的。

（二）邮轮服务设施的特殊性

与其他旅游产品不同的是，邮轮服务所借助的设施是航行的邮轮。游客向往到海洋、江河、湖泊等水域观光、休闲、娱乐和度假，必须借助邮轮这一载体才能得以实现，这就是邮轮旅游产品特殊性之所在。

（三）邮轮功能的多样性与产品的整体性

邮轮既有水上运输的功能（交通的功能），又是旅游酒店、旅行社等旅游企业为游客提供旅游组织、餐食、住宿、观光、游览、娱乐、购物等综合服务的载体。邮轮能够提供满足旅游者旅游活动中全部需要的产品和服务，因而邮轮旅游产品具有整体性。

（四）一站式的旅游体验

邮轮旅游产品可以为游客提供舒适、省心的吃、住、行、游、购、娱等多种功能：

1. 吃

船票包含一日三餐、全船 24 小时免费餐饮，免费早餐 + 午餐 + 晚餐 + 夜宵（含主餐厅和自助餐厅），同时提供付费的高品质餐食料理。

2. 住

邮轮船票包含全行程内的住宿，并提供不同标准的住宿选择，邮轮可媲美五星级标准的酒店，拥有高素质的服务人员，服务细心周到，这是常规旅游团所不能媲美的。

3. 行

邮轮行程将景区进行串联，陆地游览提供相应的交通工具，邮轮是最舒适的交通工具，是海上漂浮的度假村。

4. 游

邮轮消费者可自愿选择下船参加陆上的观光游览，岸上观光行程丰富，有很多线路可供选择，行程自由并有专车接送。

5. 购

邮轮上一般配有免税商店以及纪念品等零售商店，各式品牌专卖店里陈列的时尚新品让游客仿佛身处浪漫的巴黎或繁华的纽约。

6. 娱

船上配备泳池等齐全的游乐设施，同时配备剧院等休闲娱乐场所，每天都有精彩的剧目轮番上演，如经典的百老汇歌舞、3D 电影、主题派对、互动游戏等。

（五）高同质性产品

从邮轮旅游线路开发角度看，国内目前以上海吴淞口国际邮轮港为中心，北部港口销售的产品是以中日韩三国旅游线路为主，南部港口主要销售港台及东南亚旅游线路，各港口间的旅游产品具有相似性。同时，由于邮轮旅游市场需求有限，这种商品同质性容易引起价格竞争。

相对于一般的出境游常规产品而言，邮轮旅游产品的操作难度大，风险较高，尽管度假在中国未来有巨大的商业空间，但邮轮旅游企业对销售豪华度假产品却没有充足的信心。因此，涉及邮轮出境游的旅行社并不多。邮轮产品是全球化的，有些邮轮线路会跨越几个洲，并不是区域性产品，组团难度大。邮轮旅游对游客也有一定的要求，即喜欢邮轮度假的休闲旅行方式，有相对高的消费能力，有一定的英语沟通能力（尤其欧美航线），所以目前客户群还比较小。

三、邮轮旅游产品的分类

（一）船上产品

1. 住宿安排

邮轮客舱是游客在船上的基本住宿空间。游客抵达邮轮之后，享受干净整洁的客舱以及相应的热情服务，成为游客获得美好邮轮旅程的关键，在很大程度上体现了邮轮的服务水平。邮轮公司以高品质的客舱服务建立自己的品牌，并且不断进行探索和创新，从而支撑邮轮产品的有形要素，赢得顾客的忠诚。

2. 餐饮安排

邮轮上的餐厅和美食是邮轮体验的重要构成部分。无论是传统邮轮还是现代邮轮，满足游客的各式菜肴，装饰装潢别具一格的各类餐厅，热情而又个性化的餐饮服务，都是邮轮产品的重要组成部分。各大邮轮公司都会通过精致的美食供应和多样的就餐选择来使自己与众不同，让游客享受无与伦比的饕餮之旅。

3. 娱乐活动

休闲娱乐是具有现代性的旅游新概念。邮轮上的休闲娱乐项目多种多样，不同年龄层次的游客都能够找到适合自己的活动。比如，在剧院观赏演出、在泳池甲板游泳、在运动甲板锻炼、在网络中心冲浪、在高尔夫球场打球、在免税店购物等。绝大多数邮轮通过印制内部资料来告知游客邮轮娱乐活动安排。

（二）岸上观光活动

邮轮大多会在上午靠港，以便游客有充足的时间进行岸上观光活动。岸上观光大致包括游览、购物、运动等不同的线路安排，从而照顾到邮轮上各个年龄层次的游客。当船靠岸之后，游客可以参加邮轮公司或旅行社组织的岸上活动，可以自行上岸游览，也可以继续停留在邮轮上享受宁静的时光。通常邮轮会在组织完岸上观光的团队离船之后，再允许自助游的游客下船。

（三）邮轮主题产品

我国巨大的市场潜力吸引着国际邮轮企业纷纷进入我国抢占邮轮市场，邮轮企业之间的竞争愈演愈烈。加之邮轮产品同质化严重，已不能完全满足游客多元化、个性化的需求。

很多邮轮公司充分把握邮轮旅游业蓬勃发展的机遇，不断开发内涵丰富的邮轮主题产品，在激烈的市场竞争中寻求竞争优势。邮轮主题产品的开发，为提升邮轮企业市场竞争力、解决产品同质化问题、满足游客个性化需求等方面提供了新的发展思路。

第二节　邮轮船上产品设计

一、住宿安排

（一）客舱一般类型

1. 内舱房（Inside Room）

此客舱房间设在邮轮客舱整体的中间部位，客舱内没有窗户。空间面积比较狭小，舱房内的设施设备也比较简单，床的尺寸较小，电视机一般悬挂在舱房顶部的边角处。一般情况下，这种客舱房间的售卖价格较其他房型便宜一些。

2. 内景房（Interior Room）

可以从客舱房间内的窗户看到邮轮中间开放或露天的美丽景观。对于大型邮轮而言，在邮轮构造设计时，为减少内舱无窗房的数量，并体现邮轮不同风格的设计理念，会在邮轮中间部位设置露天的天井。这样做，一是增强了邮轮整体的实用效果，二是靠内部的客舱房间可以从窗户进行采光或观景，以达到整体的美观效果。此房型的价格比内舱房要高一些。

3. 海景房（Seaview Room）

游客可以从客舱房间内的窗户直接看到浩瀚的大海。在房间设计时，该房间的窗户一般被设计成圆形或方形，一般情况下窗户是双层、真空而且不能够打开的。此房型的价格比内景房要高。

4. 海景阳台房（Balcony Room）

房间内部空间比较宽阔，卧室与阳台之间设计为从上到下透明的玻璃拉门，阳台上还会摆放两把凉椅和一个茶几，游客坐在阳台上就可以看到浩瀚的大海。这种客舱房间设计，游客们非常喜欢，尤其是对于度蜜月的情侣，增加了浪漫的情调。此房型的价格相比其他客舱房间要高。

除上述客舱房型外，各家邮轮公司根据不同邮轮系列和邮轮整体构造设计风格，房型的种类也会有所不同。总之，不同的房型设计，会给选择邮轮方式出行的游客提供更多自己喜爱的客舱房间。

（二）特色客舱及其设计理念

邮轮公司根据不同宾客的需求，在邮轮客舱的基本类型房间以外，还会配置或设计一些特殊的客舱房。各种各样的特殊房型的出现，也表明邮轮客舱产品是适应邮轮旅游市场需求的变化而发展的。

1. 概念性客舱（Conceptual Room）

随着邮轮产品的发展，为了满足不同宾客的需求，邮轮公司也相继开发、设计出很多个性化、概念性的客舱。随着一些有代表性的国家将不同的地域文化、建筑特色、个性装潢等设计理念融入客舱房间的设计中，一些新概念客舱不断涌现，如时尚客舱、足球客舱、海底世界客舱、汽车客舱、健身客舱、太空客舱等，逐渐成为邮轮消费者的新宠，也成为邮轮招揽顾客的亮点。邮轮新概念客舱处于不断的开拓、挖掘、创新中。

2. 高科技客舱（Hi-tech Room）

邮轮客舱的科技成分越来越被消费者看重，邮轮对客舱房间内的科技设备配置也越来越重视，很多邮轮客舱具备了网络浏览、远程登录、红外线感应器、声控效果、LED 屏幕窗、多媒体信息服务等功能。也有一些邮轮公司在对客舱房间进行设计时，主要考虑方便、舒适、现代化，如电视采用可旋转的液晶显示屏，音响设备可以遥控，电脑采用触摸屏等。例如：美国皇家加勒比游轮公司就在 2015 年下水的"海洋量子号"邮轮客舱的内舱房（无窗）设计上，在窗户位置安装了一块 LED 屏幕，将邮轮航行在大海上的实时画面呈现出来，使住此房间的宾客就好似住在了海景房一样。总之，越来越多的邮轮公司在邮轮整体设计上都朝着数字化、信息化、智能化的方向发展。

3. 残疾人（无障碍）客舱（Room for Disabled）

为了方便残疾宾客入住邮轮客舱，一些大型豪华邮轮在客舱设计时，也会考虑到为残疾人提供特殊的客舱房间，房间内的一切设施设备都以方便残疾宾客使用、休息、活动和出行为目的。客舱房间一般会选择在离邮轮楼层电梯口较近的位置，门的宽度不小于 0.9 米，保证宾客出入无障碍。在门的不同高度分别安装监视器和帮助召唤的电子铃等。客舱房间内床的两侧装有短的扶手，方便起卧，窗帘、电视、空调等也都采用电动遥控的装置。客舱房内设施、家具一般不高于 1.2 米。卫生间要求出入无障碍，厕位间与门的距离要大于 1.05 米，方便轮椅自由进出，浴缸和恭桶两侧必须装有栏杆或扶手，并能承受 100 千克以上不同方向的压力或拉力。

4. 绿色客舱（Green Room）

随着各国对海洋环境保护的重视，邮轮业更加注重"绿色"服务。绿色客舱将是拥抱大海，热爱自然的绿色环保者所向往的。绿色客舱是指无建筑污染、装修污染、噪声污染，室内环境符合人体健康要求的禁烟房间。房间内所有物品、用具及对它们的使用都应符合"4R"原则，即减量化原则（Reducing）、再使用原则（Reusing）、再循环原则（Recycling）、替代原则（Replacing）。如客舱房间内减少一次性用品和多余外包装，使用可洗涤的用品，改塑料袋为再使用棉布袋、纸袋；对中水、污水进行处理再使用；客舱房间内的常用品做到能回收、可降解，并配有环保告示牌、宣传品等。

在现代邮轮建设过程中，邮轮设计师、建造者都会在宾客需求的调研上越来越深入，邮轮宾客个性化服务的种类也越来越丰富。因此，现代邮轮特殊客舱产品的市场发展将是一个必然的趋势。

（三）客舱设计原则

1. 安全原则

安全是"舒适、健康、效率"的前提。邮轮客舱的安全主要表现为治安、防火和保持客舱的私密性等。

（1）治安

邮轮客舱治安的重点是加强盗窃、斗殴和恐怖袭击等方面的预防和控制。设计时不仅要考虑邮轮整体建筑风格、通风采光、节能降耗、保护隐私的需要，还必须考虑安全的需要。邮轮客舱房门配备电子锁及与其相匹配的电子磁卡等装置。同时客舱还应配备一些其他各类型的安全设施设备。

（2）防火

根据资料统计，公共建筑中酒店的火灾发生率最高，死亡人数也较多。邮轮可称为海上流动的酒店或度假村，每航次的乘客数很多，所以邮轮发生火灾的概率较高。邮轮客舱发生火灾，很大比例是由客舱房间内的宾客在床上吸烟引起的。客舱空间较小，如果发生火灾，烟雾会很快充满房间而使人窒息。因此，邮轮客舱产品设计的安全原则首先要把重点放在预防火灾上。

（3）保持客舱的私密性

邮轮客舱是宾客住宿期间的私人场所，要求安静，不受干扰。因此，在设计时应采取一些手法增强客舱的私密性，以提高宾客的心理安全感。如将房门错开，也可采取葫芦形走廊的手法，拉大客舱门之间的距离，使客舱形成一个较安静的空间。

2. 舒适原则

邮轮客舱是宾客休息的场所，是宾客在邮轮停留时间最长的地方。因此，邮轮客舱的舒适性也就成为邮轮客舱设计追求的主要目标。"舒适"由无数主观因素合成，不像声音、温度那样有具体的测定数据。来自不同国家、地区的宾客，会因各自生活习惯和民族、宗教、习俗的不同，对邮轮客舱舒适性给出不同的主观评价。因此，在邮轮客舱空间布局、家具与装修设计以及现代设备提供等方面的舒适感上，均需要根据邮轮住宿宾客的习惯而进行设计。

3. 健康原则

环境会直接影响宾客的健康。噪声危害人的听觉健康，照度不足影响人的视觉健康，生活在全空调环境内，会因新风不足、温湿度不当而损害宾客的健康。因此，邮轮客舱产品的设计必须遵循健康原则，重视邮轮客舱环境中的隔声、照明及空调设计。另外，邮轮客舱装修材料带来的污染问题也不能忽视。

4.功能和效益相结合原则

邮轮客舱产品设计的好坏，不仅会影响邮轮客舱服务质量，还会直接影响宾客的心理感觉，并最终影响宾客对服务质量的整体评价。因此，在进行邮轮客舱设计时，应充分考虑建筑空间的处理，家具的制作、摆放，工艺品、电器的选择，以及照明的辐射范围等。但是邮轮客舱的设施也不能盲目地追求功能上的豪华，应根据目标市场，灵活地把实用性和功能性结合起来，努力做到经济实惠。

5.文化与时代精神相统一原则

中国是有着悠久历史和灿烂文化的国家，而全世界各个国家也都有着各自不同的历史、文化和独特的风土人情，包括民族特色、地方风格、乡土气息等，往往一幅画、一幅剪纸、一件泥塑等都能体现出不同的文化内涵。如果邮轮客舱产品的设计能适当地融入多个国家文化元素，那么邮轮便会更加富有魅力，更能体现出邮轮客舱产品的文化底蕴。当然，文化也不是一成不变的，它必须在发展中才体现出应有的价值和意义。如今，生活观念、行为方式以及科学技术都发生了很大变化。邮轮的客舱产品设计必须把时代特征和文化特色相统一，才能更符合不同宾客的需求。

文化和时代精神是客舱设计中对立统一的两个方面，过分强调或忽视任何方面都是不可取的。在客源日益复杂和市场日趋大众化的情况下，创造兼具文化特色和时代精神的邮轮客舱产品显得尤为重要。

二、餐饮安排

（一）邮轮餐厅概述

旅游活动的"食"这一要素不仅要满足人的生理需求，还要让客人品尝到不同地方的特色美食、风味小吃等。同样在邮轮上不仅要满足人的一日多餐，还要具有更多特色。单就餐饮场所来说，邮轮就有主餐厅、特色餐厅、快餐厅、自助餐厅、酒吧、咖啡馆等多种餐饮场所，同时还有客舱送餐服务。

（二）菜品设计原则

1.色彩悦目，搭配合理

无论是主餐厅还是特色餐厅，菜点必须靓丽、悦目、富有光泽、色彩丰富、搭配合理。以突出自然色为主，给消费者清新质朴之感。自然色，即来自于原料自身的色彩。绿色茎类、叶类蔬菜和色彩艳丽丰富的蔬菜，如彩椒、西红柿、心里美萝卜等，如加工烹制得法，则成品色泽诱人。若通过清洗、杀菌处理后直接用作沙拉等生食，其营养、色彩都是保护得最好的。动物性原料，如虾、蟹、贝类，若烹制得恰到好处，则会产生诱人的红艳，让人垂涎欲滴。

2. 合理搭配原料，优化、美化菜点

单一原料可以使菜点显得整齐、清爽，而合理搭配、组合，更能使成菜色丰富宜人。比如红尖椒炒土豆丝、荠菜烧豆腐羹、西兰花炒生鱼片等，不仅克服单一原料成品单调的不足，而且使成菜增添了生机和活力。邮轮餐厅的菜点要合理地进行色彩组合，餐台才会精彩纷呈，给就餐客人以美不胜收之感。比如热菜餐台有碧绿的豉油炝芥蓝，有金黄的咖喱牛肉，有艳红铮亮的丁香排骨，有红、绿相间的红尖椒炒荷兰豆，这样的餐台让人驻足流连。

3. 科学烹制菜点，创造诱人色泽

菜点原料色彩欠佳时，通过添加适当的调料，再经精心烹调，准确把握火候，成品会显得色泽明亮，芳香诱人。比如糖醋排骨、东坡香肉烧得恰到好处时汁稠味厚，酱红诱人。

4. 设计针对性菜品，满足不同类型顾客需求

菜品设计应研究就餐客人的生活习惯、口味偏好，设计的菜单更要针对性强，受欢迎程度才高。比如自助餐菜点应针对比较广泛的消费群体，选择为大多消费者喜爱的品种。有些形状怪异、狰狞恐怖或烹制奇特，容易引起女士、孩童或消费者畏惧的菜点不宜采用，如带皮的蛇、怪异的卵虫、野味等。

5. 刀工恰当，切割整齐

区别原料性质，选用不同的刀工技法，以保证经过刀工处理的原料均匀整齐。原料切割后，成形可以是块、段、条、丝、丁、粒等，但同一菜点里的原料必须同一形状，同一大小。这样有几个好处：第一，美观，食用者爱看爱吃，透过整齐划一的原料，可以认定厨师厨艺高超；第二，便于菜肴烹制入味和成熟一致；第三，方便客人取食。

6. 营养搭配，均衡全面

菜点式样丰富，种类齐全，为消费者均衡膳食创造条件。在菜单制定及菜点组合上要注意以下两点：一是，应有富含各种人体营养物质的菜品。人体所需的营养物质主要有蛋白质、脂类、糖类、矿物质、维生素等。有的原料富含蛋白质，如大豆类制品、鱼、虾、动物肉类。有的原料富含维生素，如时鲜果蔬等。二是，各种原料的烹制方法和制作口味应丰富多彩，以适应不同客人的饮食习惯。餐厅菜点既要用富含不同营养物质的原料烹制，同时各种烹制方法，成品的口味、质地还要丰富多彩，这样才能使消费者真正选择到既满足自身营养要求，又符合自己口味的菜点。比如生蚝的蛋白质丰富，用于生吃鲜嫩无比，但自身腥味和滑嫩的质地又使好多人不能接受；牛肉酥烂味浓，虽有大量动物蛋白质，但喜欢肉质鲜嫩的德国消费者却未必喜食。再如时鲜蔬菜是提供人体维生素的主要来源，用作沙拉、生拌食用，营养损失最少；用作堂灼，现灼现食，维生素破坏也较少；但若炒后装盘，再待自助餐消费者慢慢取食，则维生素损失严重。但片面追求营养物质的保全，制作的菜点不能适应自助餐就餐客人的口味需求，同样也是徒劳的。

三、娱乐活动设计

（一）娱乐活动的类型

1.运动型娱乐活动

运动型娱乐活动是借助一定的运动设备、设施、场所，通过游客主动参与来调节心情，在愉快的气氛中促进身心健康，以达到休闲、交友的目的。娱乐活动不是广义的体育运动项目，而是一些具有较强娱乐性、趣味性的运动。运动型娱乐活动的开展必须依赖于特定的现代化设施和场所，如健身房、游泳池、运动场等，既能达到特定的身体锻炼效果，又要达到消遣、放松的目的。

运动型娱乐主要包括健身器械运动、游泳运动、球类运动、冒险型运动等。其中健身器械运动包括心肺功能训练项目、力量训练项目等；游泳运动有室内游泳项目、室外游泳项目；球类运动包括保龄球、壁球、高尔夫球、网球、台球、乒乓球、沙壶球等；冒险型运动目前主要包括室内跳伞、模拟冲浪、攀岩、空中飞索、滑冰、轮滑等。

对于运动型娱乐活动设计，一方面要保证专业设备的质量。因为运动健身服务的核心是给游客提供娱乐设备和运动场地。无论是健身器材，还是其他健身设备都应选择高规格、高质量的，这样可以降低设备的故障率，保证经营的连续性，减少维修费用，还可以提供给游客充分的舒适享受。另一方面，在设计运动健身项目时，应根据邮轮实力和游客需要提供配套服务。不仅每个项目的内部要完善，如有休息室、水吧服务、洗浴按摩、餐厅等配套项目，而且应使各种娱乐活动互相配套、互补，这样才能使娱乐经营项目成为邮轮的主要营业收入来源之一。

2.休闲娱乐类活动

休闲娱乐活动是指在一定的环境或设施条件下，客人通过参与一定形式的文娱活动或自助娱乐形式，得到精神上的满足。休闲娱乐活动包括的范围比较广泛，人们日常生活中的歌舞类项目（歌舞厅、卡拉OK、迪厅、酒吧）、游戏类项目（电子游戏、棋牌游戏）、视听阅览类项目（闭路电视、背景音乐、书报阅览）、表演类项目（乐器演奏、歌舞表演）都属于休闲娱乐活动。

对于休闲娱乐类活动的设计，应保证娱乐活动场所高雅、洁净且具有一定的文化品位。娱乐活动场所吸引游客的主要因素是环境和氛围，内容丰富、品位较高的休闲娱乐活动与洁净高雅的娱乐场所不仅能给游客带来愉悦的心情，而且会给游客带来宾至如归的感受。此外，很多休闲娱乐活动都要求客人主动参与、自我表现，以达到娱乐的目的。由于现代人大多生活压力比较大，工作节奏比较快，很多游客都希望在参与娱乐活动的过程中，通过自助娱乐达到某种心理或生理上的放松和满足。

3.保健类娱乐活动

保健类娱乐活动是指通过提供相应的设施设备或服务作用于人体，使游客达到放松肌肉、促进血液循环、消除疲劳、恢复体力、养护皮肤、改善容颜等目的的活动，是一种既有利于身体健康，又可以放松精神、陶冶情操的娱乐休闲方式。该类娱乐活动的主要功能是使参与者达到放松肌体、焕发精神的目的。目前保健类娱乐活动主要包括：洗浴桑拿、按摩保健、理疗等几类。具体又可细分为足疗、药浴、淋浴、温泉浴、桑拿浴、人工按摩、设备按摩等。

保健类娱乐活动设计的基础条件是专业人员。无论是背部按摩还是足部按摩，都需要由受过专业训练并取得上岗资格证书的人员来提供服务。专业人员水平的高低不仅关系到服务水平的好坏，更是直接影响到项目经营的效果。另外，卫生是保健类娱乐服务的保证。休闲保健大多是直接接触顾客身体的服务项目，因此卫生条件对游客的健康尤为重要。无论客人用品还是服务设施都应经过严格的消毒，专业人员也要做好个人卫生。同时，顾客安全是保健类娱乐服务的立足点。无论桑拿、按摩、理疗，都应把顾客安全放在首位。在经营服务过程中，如果因专业人员服务操作失误或娱乐设施故障对顾客造成伤害，邮轮都负有不可推卸的责任。

4. 美容美发类娱乐活动

邮轮上一般均设美容美发店，为客人提供美发、护发服务，包括洗、吹、剪、焗油、染发、发型设计、卷发、修面及新娘梳头、梳理晚妆等。提供美容服务，包括面膜、深层洁面、手部颈部护理、除皱、文眉、修眉、健胸、化新婚妆等。一般情况下，邮轮上美容和美发这两个项目会设在相通的两个房间里。美容美发服务要求拥有现代化的设备、技艺高超的美容师和美发师，否则难以满足游客的要求。此外，有的邮轮上还增设了美体等服务。

（二）娱乐活动设计依据

1. 市场需求

市场需求会随着人口数量、经济收入、文化水平、竞争规模、产品开发等因素而发生变化。早期的邮轮娱乐项目较少，不能满足游客的需求。现在的游客在满足了基本生活需求外，对娱乐的需求越来越高。为了满足游客的需求，邮轮相应地引进健身房、高尔夫、网球、保龄球、卡拉 OK、SPA 等娱乐项目。在具体确定游客需求时，邮轮公司还需分析每个娱乐服务项目的需求量，即娱乐服务项目利用率的高低，要防止某个娱乐服务项目的规模和接待能力过大或不足而影响邮轮的整体经济效益。

2. 邮轮接待能力

邮轮上的娱乐服务项目只接待邮轮上的游客，邮轮娱乐设施设备的配备要从量上满足游客的需求。依据邮轮的吨位规模、最大的游客接待量，可以推算出邮轮娱乐部需要的接待能力，从而决定娱乐设施设备的数量和规模。

3. 客源消费层次

邮轮上娱乐设施设备的配置，要在调查研究的基础上，根据游客的消费层次来决定。市场定位要准，要根据不同游客的不同需求配置相应的娱乐设施设备，如工薪阶层与富裕阶层、商务游客与纯度假游客需求的不同，中老年、青年、儿童等不同年龄层的需求也有差异。

4.社会环境

外部社会环境对邮轮娱乐项目的经营能够产生重大的影响，因此，设置娱乐项目时，要把社会环境作为依据之一。与邮轮娱乐项目经营较为密切的社会环境包括航行路线所经过地区的经济环境、人文环境、社会政治环境等方面。

（1）航行路线所经过地区的经济环境

经济环境决定了该地区游客的娱乐消费能力。娱乐消费是游客在满足了衣、食、住、行等基本生活需求之后，用以提高身体素质、保持身心健康所进行的消费活动，是人们收入水平达到一定程度后才具有的消费能力。按照世界邮轮旅游资源的分布，全球邮轮旅游目的地可以划分为北美洲、中南美洲、欧洲、非洲、亚太地区五大区域。因此，娱乐项目的设置应与邮轮所经过的不同地区的经济发展水平相适应，与游客的支付能力相适应。

（2）人文环境

人文环境是社会各种文化因素，包括文化传统、教育水平、社会习俗、宗教信仰、价值观念、审美情趣等。不同地区、不同民族的习俗、爱好、情趣会有很大的差异，即使同一地区的游客，由于文化、年龄、习惯、性别等方面的不同，其娱乐需求也会不同。游客喜欢哪一类型的娱乐项目，与游客的习惯爱好有关，例如有的游客喜欢室内项目，有的喜欢室外项目，有的喜欢休闲的娱乐项目，有的喜欢具有冒险性的娱乐项目；也与游客的价值观念有关，例如有的游客钟情于酒吧，认为那里是交友、放松的好去处，也有的游客认为酒吧是低格调的场所；还与游客的审美情趣有关，例如有的游客喜欢典雅、轻松的交谊舞，有的游客喜欢粗犷、疯狂的迪斯科。因此，娱乐服务项目的设置应该与不同地区的人文环境相适应。

（3）社会政治环境

对于社会政治环境，要从两方面来认识：一方面，邮轮一般都是走国际航线，需要航线范围内的国家或地区政治稳定，社会治安状况良好，这是邮轮正常经营的前提。邮轮上的娱乐活动是邮轮旅游的重要内容，如果邮轮无法正常运营，娱乐服务项目也将陷入困境。因此，其对世界政治环境条件的变化特别敏感。另一方面，邮轮运营需要有良好的政策环境，还要注意遵守不同国家和地区的有关法规。因此，在设置娱乐服务项目时，要认真研究不同国家和地区的政策法规，在政策法规允许的范围内设置娱乐服务项目。

（三）娱乐活动设计原则

1.娱乐项目的设置要具有特色原则

邮轮的经营应立足于特色，进而提高竞争力，这一点在娱乐项目设置上表现得更加突出。

（1）以民族、地方特色来体现项目特色

邮轮公司在选择娱乐项目时，应该考虑将国家和地区特定的文化与现代娱乐方式结合起来，以新颖的、独特的娱乐活动来吸引顾客。如在设立桑拿项目时，可根据邮轮航行区域的习俗，将木盆浴、温泉浴、中药浴、足疗、修脚、搓澡、按摩等各项服务集中考虑，形成特色。

（2）从档次上、规模上凸显娱乐项目特色

有些娱乐项目在引进时，要以高档次、高规格来突出特色，这对于豪华邮轮（Deluxe）和超豪华邮轮（Super Deluxe）尤为重要。另外，可通过扩大规模来突出特色，如建立露天大剧院、高尔夫、保龄球中心等。

（3）以服务方式突出特色

任何娱乐项目都是通过一定的服务方式来完成的，在服务上突出个性，在服务质量上提高水平，就能打造独有特色。

总之，邮轮公司在为邮轮选择娱乐项目时，必须注意分析自己与竞争对手的差别、优势，时刻关注目标市场需求的变化。另外，邮轮还应设法在娱乐项目上追求新奇，开发独特的产品，从而在市场上领先于竞争对手。而对于相同的娱乐产品，应在服务上使自己与竞争对手区分开来，以树立独一无二的形象。

2. 娱乐项目选用的国际化原则

随着邮轮产业的发展，一方面，邮轮的分布区域越来越广，邮轮旅游目的地（Tourism Destination）遍布北美洲、中南美洲、欧洲、非洲、亚太地区五大区域，邮轮公司之间的竞争也趋于国际化。另一方面，邮轮客人呈现国际化、多样性，这就要求邮轮娱乐项目在经营和服务上要与国际接轨。

3. 市场定位准确原则

邮轮的市场定位一般要以市场细分作为基础，通过对航行区域细分的各个子市场进行分析比较，从中选择一个或几个最适合进入和占领的子市场。邮轮娱乐项目市场定位的正确与否，直接关系到邮轮经营的成败，关系到邮轮的赢利状况。正确的市场定位可以使邮轮公司及时把握住市场机会，树立邮轮及其产品在顾客心目中的形象，迅速占领目标市场，实现利润最大化。例如，迪士尼邮轮公司的目标市场就是青少年，其邮轮上的娱乐项目和活动几乎都是针对青少年的需要而设置的。

4. 发挥邮轮优势原则

任何邮轮公司都有自己的优势，有的体现在经营规模，有的体现在齐全的项目配备，有的体现在服务项目的新颖，有的体现在服务质量的优良，有的合理利用区位优势，有的合理利用价格优势，有的通过设备的现代化体现规格和档次，有的则通过管理的优势来吸引游客。总之，邮轮娱乐活动设计必须发挥自己的优势，扬长避短。

5. 发挥整体效益原则

邮轮确定了自己的娱乐项目后，还必须使各种娱乐项目和服务形成有机整体，让游客清晰、明确、完整地了解邮轮的整体服务，从而吸引更多的游客，并使其做出消费决策，发挥整体效益。

邮轮公司在选择娱乐项目时，除考虑经济效益外，还要考虑该项目对社会的影响，看其是否能丰富人们的文化生活，是否有利于人们的身心健康，是否能为航行区域带来良好的社会效益。没有良好社会效益的娱乐项目是不可能有长久生命力的，也不可能为邮轮带来长远的经济效益。所以，邮轮在选择娱乐项目时，必须坚持社会效益与经济效益相结合。

6. 娱乐项目的适应性原则

市场是瞬息万变的，只有充分了解和掌握娱乐需求动态及变化趋势，适时调整定位，以变应变，灵活主动地提高市场竞争能力，才能稳操胜券。

（1）适应竞争的需要

在市场定位过程中，为了扬长避短，邮轮需要适时调整自己的竞争策略。当邮轮公司具备较强的经济实力后，可通过与竞争对手在相同的娱乐项目经营上展开正面竞争，在价格上进行正当竞争，以争夺目标市场。反之，当不具有优势时，就应该避开竞争者的优势，以己之长攻彼之短，实行错位竞争，从小处做起，逐步发展壮大，取得相对优势地位。例如，在各大邮轮公司争相建造大型豪华邮轮的同时，阿瓦隆水道公司（Avalon Waterways）却以小型船队为主，获得了极高的游客满意度。

（2）适应市场发展趋势

现代邮轮在选择一个项目时，不仅要考虑现阶段市场的赢利状况，还应考虑这个项目的生命周期和发展潜力，以及对未来市场的适应性。要分析所选项目是新兴的，还是将要兴起的，或者正在时兴的，然后再决定是否选择。如果是新兴的，经营效果会好，会很快收回投资；如果是将要兴起的，需要一段开拓市场的时间，但前景非常广阔，长期利润会很可观；如果是正在时兴的，若市场已经饱和，对收回投资很不利。所以，一定要考虑项目的发展趋势。

7. 娱乐项目合理配套原则

（1）选定主营项目

根据邮轮的优势和市场占有率，将潜力最大的项目确定为主营项目。主营项目必须具备一定的规模或特色，能成为吸引游客选择的主要因素之一。主营项目必须是邮轮的优势项目，在航行区域或目前的邮轮市场上应独一无二，或者比竞争对手具有明显优势，其也是邮轮的标志性经营项目。

（2）确定配套项目

在确定邮轮的主营娱乐项目后，应该安排相应的配套项目。配套项目是主营项目的补充和完善，在确定配套项目时，既要考虑服务功能的完整性，又要考虑其与主营娱乐项目的一致性。

没有特色的邮轮产品难以吸引游客，更不能发挥邮轮的综合优势。邮轮应在突出主营娱乐项目的同时，发挥配套项目的补充、完善作用。

【拓展阅读】

茶文化带来邮轮饮品的创新思路

全球公共卫生事件后，渊源流长的茶文化迎来了一个巨大契机，这一种东方健康饮品背后的茶文化将形成我国邮轮旅游行业新特色从而影响世界。

1. 茶文化助力全民健康认知

茶，其营养价值高，营养成分种类多，已经成为大众公认的一款健康饮品。茶饮品可以补充多种维生素及矿物质，能保护心脏，补充氨基酸，能加快人体新陈代谢，增强人体免疫力，并有较强的肌肤抗氧化功能。而在公共卫生事件之后的世界人民更是需要通过像这样的健康茶饮来提升对健康的认知。健康将在未来人们的生活中显得尤为重要，而中国的茶文化在当下正是最适合得到广泛传播与普及的文化之一，茶文化可以通过邮轮传播到世界各地，提升全民健康认知。

2. 茶文化带来邮轮饮品的变革

光有文化还不够，茶文化的推广必须是全方位的。茶文化不仅带给了人们健康，同时也带来了更多可口的饮品。通过茶文化，可以对邮轮上的传统饮品进行变革。首先，邮轮饮品将更多地推崇茶的参与。不同种类的茶汤如同不同种类的基酒，参与到各式各样的饮品调制当中。例如：乌龙茶与 NFC 果汁的搭配加上赤藓糖醇，调制成一款低热量、低碳水、零脂肪的健康水果茶饮；铁观音与零乳糖牛奶搭配甜菊糖造就了一款全民都能大胆喝奶茶的健康饮品；祁门红茶与咖啡力娇酒搭配牛奶与罗汉果糖，一款新的鸳鸯奶茶鸡尾酒诞生。茶的种类万千，配料也不胜枚举，但在饮品的变革上始终都应该遵守一点：低碳水、低脂肪、低热量。茶类饮品以其超低的热量与碳水获得巨大优势，再搭配上"健康糖"，这一系列有特色的健康茶饮品将会对邮轮旅游业带来巨大变革。

3. 茶文化改变邮轮饮品消费理念

邮轮上饮品的消费数量十分可观，然而在未来茶文化的立体推动下，在全民对健康认知提升的环境下，邮轮饮品消费观念将会发生变化。不是越贵的饮品就越健康，也不是越可口的饮品就越健康，人们将会更加关注饮品里的成分有哪些，喝下去会对身体带来怎样的作用等等。茶饮品以其健康的本质并参与到数量众多的邮轮新饮品中，将实现游客对于茶文化与健康的认可从而改变他们的消费理念——只有健康的饮品才是最适合自己的。未来中国邮轮上的酒吧会越来越推荐茶类饮品，更多创新口味茶饮品的诞生将对世界邮轮餐饮健康树立新的榜样，邮轮饮品注重健康的趋势将从中国海域的邮轮旅游逐渐向世界各国蔓延。重新回到邮轮上旅游的消费者们带着追求健康理念的心态去寻找邮轮旅游的新特色，他们无疑是邮轮旅游业再次兴起的巨大潜力。

资料来源：王梓安.茶文化背景下邮轮旅游饮品的创新与发展［J］.产业与科技论坛，2022，21（1）：16-17.

阅读思考：创新是引领发展的第一动力，创新能力是一个国家和民族解决自身生存、发展问题能力大小的最客观和最重要的标志。结合上述材料，谈谈你对未来邮轮旅游产品创新的思考。

【拓展阅读】

蓝梦邮轮上的"中国文化"

福建中运集团于2016年成立上海蓝梦国际邮轮股份有限公司，旨在打造属于中国人的邮轮品牌，蓝梦邮轮紧扣"国民邮轮"的品牌定位，将中国传统文化精髓与当代潮流元素相结合，形成了别具一格的邮轮标识，树立了富有新意和创新精神的邮轮形象。勺水渐积成沧海，拳石频移作泰山。蓝梦邮轮倾情打造蓝梦之星，希望给到游客别具特色的国风体验，也将中华特有的文化通过邮轮的方式不断传播出去。

1. 蓝梦邮轮之食在中华

蓝梦邮轮上的美食可谓是极具特色，十里洋场的上海本帮餐厅，无论什么季节都有当季新鲜的食材供应，海派风情像是携您穿越到了当年灯红酒绿的大上海，即使战火纷飞也能保一隅平安。独具特色的刘仪碗明星面馆，纯手工制作值得一品，以中国心和民族情匠心熬制六大好面，带来无与伦比的味蕾体验。

2. 蓝梦邮轮之乐在中华

"五十六个民族五十六枝花，五十六个兄弟姐妹是一家。"蓝梦邮轮诚邀内蒙古东方艺术团献演民族歌舞秀《风从草原来》《东方风韵》，在海上感受独具特色的民族文化。蓝梦邮轮的夜上海大剧院精心打造多元化、多形式的高端演出，不仅有民族风情的舞蹈、乐队、魔术等表演，更能支持多种形式的海上活动，是传统中国和新型的潮流中国的衔接。还有面积达400平方米以上的新世纪俱乐部，拥有四大活动区域：百乐门酒吧餐厅、棋牌室、健身房、游艺综合区，既能玩乐也能锻炼，简直是应有尽有。

3. 蓝梦邮轮之学在中华

一个国家穷什么也不能穷了教育，这句话无时无刻不适用。因此蓝梦邮轮特别打造了文化板块，让大家可以学在中华。从中华传统美学应用到书法协会名家墨宝赏析，无一不体现着大中华的文化。茶道，修身养性兮。自唐萌芽，于宋发源，自明革改，于清极盛，中华之茶道自成一系统。学学茶艺，见见中华。书法，去浮去躁兮。书法被誉为：无言的诗，无形的舞，无图的画，无声的乐。一个人的脾气秉性皆在字中，一手好字无疑是一张好的名片。这两种中华文化的鲜明代表蓝梦邮轮尽收囊中。联手青岛"中承中医"医院，打造邮轮中医文化全新体验。

不管是食在中华，还是乐在中华，又或者是学在中华，每一种都是我国特有的文化，都有其独特的中国魅力。蓝梦邮轮用它特别的方式向我们讲述了中华之美，从吃喝玩乐的身体享受到学在中华的精神享受，这种别具一格的特色旅行，值得我们背上行囊去体验别样的邮轮中国。

资料来源：旅游天下间 2021-08-23.

阅读思考：谈谈将传统文化运用到现代邮轮旅游产品设计中的意义何在？选择一项你了解的传统文化，并思考如何将其运用到邮轮旅游产品的设计中。

第三节　邮轮岸上观光产品设计

一、岸上观光产品概述

岸上观光（Shore Excursions）是邮轮旅游的重要组成部分。岸上观光也称陆上观光，是邮轮停靠目的港后，游客可以在限定的时间内参与岸上活动，参观游览当地旅游景点、地标性建筑、博物馆等，也可到购物场所购买当地特产，一饱眼福和口福。当然，若游客觉得劳顿，也可以待在邮轮上不下船。

游客每到达一个停靠港，通常有四种选择：

1. 通过邮轮公司选择岸上观光线路进行岸上观光

所有国际邮轮公司都会提前制定好几条岸上观光游览线路供游客选择，游客可在预订邮轮航线时同时选择岸上观光行程，也可登船后在岸上观光咨询柜台预订岸上观光线路。

2. 通过码头或码头附近的旅游商购买岸上观光行程

停靠港码头附近分布着众多的旅游商和旅行社，游客可通过其购买并参与岸上观光行程，这种方式自由灵活，可方便游客自行选择自己喜欢的景点和行程，但这种方式可能存在潜在风险，诸如游览质量得不到保障、语言不畅影响沟通、时间无法保证、返回不及时、耽误邮轮离港等。

3. 游客自行游览港口及附近的地方

若游客想自行游览停靠港及附近区域，可到邮轮图书馆借阅各停靠港的相关介绍材料，介绍材料非常详细，每个港口都列出了停靠码头的位置；建议的旅游线路；使用的交通工具；当地旅行社的地点、线路和价格；公共交通；饭店、购物及娱乐活动等。

4. 选择待在邮轮上不下船

若游客觉得劳顿或想放松一下，也可以选择待在邮轮上，不参加岸上观光行程，船上的活动和食物依然丰富。

岸上观光有很强的多样性，港口城市及港口腹地旅游资源的开发对岸上观光产品设计具有重要影响。根据访问港旅游资源的差异，岸上观光产品主要可分为 9 大类，包括休闲观光/城市旅游、探险之旅、美食之旅、演出与娱乐、野生动植物探索、沙滩与水上活动、浮潜与潜水、飞行观光以及高尔夫等。从国际邮轮岸上观光产品来看，休闲观光/城市旅游是邮轮旅游岸上活动的主导产品，再加上其他混合型活动，休闲观光/城市旅游的占比可达 75% 以上。此外，沙滩与水上活动、演出与娱乐、探险之旅、野生动植物探索以及美食之旅也是重要的产品。从北美和欧洲的情况来看，具有休闲观光性质的产品最多，达到了总产品数的约 75%，具有沙滩与水上活动性质的产品和具有探险之旅性质的产品各占约 20%，带有野生动植物探索类产品约占 15%，带有演出娱乐、美食和潜水元素的产品各约占 6%，而高尔夫和飞行观光类产品的占比则极低。

中国游客对岸上观光情有独钟，日韩航线岸上观光比例接近 100%，但岸上观光线路以购物为主，饱受诟病，游客投诉率很高，岸上观光体验差。因此，大型邮轮公司需要构建岸上观光自主接待体系：成立独立的旅行社或收购当地旅行社，组建旅游车队，培训优秀的导游服务团队，成立购物中心、餐饮和娱乐中心，专门接待邮轮团队和散客，实现岸上观光接待一条龙服务，实现邮轮旅游接待闭环，以全产业链发展作为发展的目标。

二、岸上观光线路设计的原则

在生活节奏不断加快的今天，对于多数旅游者来说，在舒适度不受影响或体力许可的前提下，能花较少的费用和较短的时间尽可能游览更多的风景名胜，是最大的愿望。而这一目标的实现要求岸上观光线路的设计必须遵循科学的原则。只有在正确原则的指导下，才能够设计出合理的旅游线路。

（一）市场导向原则

旅游者因不同的地区、年龄、职业、文化等，对邮轮旅游产品的需求是不一样的，而随着社会经济的发展，邮轮旅游市场的总体需求也在不断变化。成功的观光线路设计，首先，必须预测市场的需求数量和需求趋势，分析旅游者的旅游动机和消费因素，把握旅游市场的变化状况，针对不同的旅游群体设计出不同的旅游线路，从而打开销路，实现其价值。这就必须坚持市场导向原则，最大限度地满足旅游者的需求。其次，旅游者的需求决定岸上观光线路的设计方向。根据旅游者需求的特点，同时结合不同时期的风尚和潮流，设计出适合市场需求的旅游线路产品，可以创造性地引导旅游消费。

（二）突出特色原则

岸上观光线路可以多种多样，但特色是旅游线路的灵魂。突出特色（或主题）可以使旅游线路更有魅力。这就要求邮轮公司精心选择好岸上观光线路的资源、形式，力求充分展示邮轮旅游的主题，做到特色鲜明，以新、奇、美、异吸引旅游者。岸上观光线路设计突出特色，以差异竞争代替价格竞争，是旅游产品摆脱低水平竞争的关键。

（三）多样化原则

岸上观光线路的安排要注意旅游景区（点）及活动内容的多样化，如在一个旅游景点参观一些古代庙宇、佛塔等古迹，而在下一个旅游景点则可欣赏风景优美、民风淳朴的宁静小镇等。总之，在设计旅游线路时，为增加旅游的乐趣，要使景点选择尽量富于变化，避免单调重复。以游览观赏为主要内容的旅游线路，要避免时间安排过于紧张，避免把轻松愉快的旅游变成疲劳的参观活动。

（四）时间合理性原则

合理的岸上观光线路时间安排，首先要保证旅游线路上的各项活动内容所占的时间和时间点间距的安排合理恰当；其次，要在旅游者有限的旅游时间内，尽量利用快捷的交通工具，缩短单纯的交通运行时间，以争取更多的游览时间，并减轻旅途中的疲劳；第三，适当地留有自由活动时间，同时，还要留出时间应付旅途中随时可能发生的意外。如果时间紧张的话，要抓住重点，宁可放弃一些次要的旅游点。也就是说，岸上观光线路设计必须把握空间顺序和时间顺序的科学性、点间距的合理性以及购物安排的有序性，给予旅游者舒适的旅游体验。尤其需要注意的是，邮轮停靠港口的时间是有限的，游客必须在邮轮离港之前返回到船上，否则会影响邮轮起航，导致邮轮公司损失大笔的延迟离港费，或者邮轮准时离港，而游客损失剩余行程。

（五）安全第一原则

就旅游消费而言，安全是人们最基本的需求。出门旅游，旅游者最担心的就是安全，邮轮公司最担心的也是安全问题。因而在设计岸上观光线路时，应遵循"安全第一"的原则。在线路设计的过程中，必须重视旅游景点和旅游项目的安全性，把旅游者的安全放在首要地位，做到"安全第一，预防为主"，必须高标准、严要求地对待旅游工作的每一个环节，对容易危及旅游者人身安全的重点部门、地段、项目提出相应的要求并采取必要的措施，消除各种潜在隐患，尽量避免安全事故的发生。

三、岸上观光线路设计的步骤

（一）考察邮轮旅游目的地的吸引物和可进入性，确定邮轮航线

邮轮航线是指由邮轮始发港、海上航程、中途港及停泊点、目的港串联而成的邮轮旅游线路，是邮轮产品的主要构成要素之一。确定邮轮航线的过程也是对邮轮目的地的岸上观光吸引物的考察过程。

（二）根据邮轮航线，设置具体停靠港

以精致邮轮东加勒比海5天4晚的航线为例，邮轮从迈阿密（Miami）出发，途经拿骚（Nassua）、椰子洲岛（Coco Cay）和基韦斯特（Key West）三个停靠港，确定了停靠港后，接下来需要设计每个停靠港的岸上观光行程，一般情况下，每个停靠港设计3～4条岸上观光行程以供游客选择。其中拿骚是巴哈马的首都，岸上观光行程以城市观光和水上活动为主；椰子洲岛是精致邮轮的私人海岛，游客可在岛上选择参与各项活动；基韦斯特是美国的"天涯海角"，岛上也有海明威的故居，岸上观光行程以参观游览为主。

（三）挑选岸上旅游商或旅行社进行合作，由其安排游客的岸上游览行程，负责交通、餐饮和住宿等

为了更好地为游客提供岸上观光行程，同时也为了节省人力成本，邮轮公司一般会与岸上旅游商或旅行社合作，由其安排游客在岸上的一切活动，包括导游、餐饮、住宿、交通、购物等。挑选岸上旅游商或旅行社时，要充分考虑其在当地的影响力，选择影响力大、实力雄厚、声誉良好的旅游商或旅行社。

四、岸上观光线路设计注意事项

从岸上观光活动的持续时间来看，岸上观光的平均时间为 4.73 小时，99.3% 的岸上观光时间在 14 小时之内。具体来看，66.5% 的岸上观光产品时长在 3～8 小时，属于中长时产品；0.5～3 小时的短时产品占 25.1%，主要为乘坐直升机、马车、缆车、船等交通工具的短时游览；超过 8 小时的产品仅占 7.1%，仅有 0.5% 是超过 24 小时的超长时产品，此类产品涉及邮轮游客在挂靠港及周边城市的过夜问题，往往会受到相关法律法规的限制。

由于岸上观光时间短，停留时间有限，在 8 个小时左右的岸上活动中，要安排往返交通、购物、观光、用餐等活动，时间管理非常重要，各环节的衔接需要统筹规划，周密安排。尤其是购物要素在日韩港口的观光线路中所占比例过高而广受诟病，因此在线路设计时需要适度控制购物的时间比例，优化购物环境，分散购物时间，避免拥挤，以提升游客的整体度假体验。

针对不同游客的需求差异，邮轮公司应设计差异化的岸上观光特色线路，供游客选择：

①自然风光之旅：以山、河、湖、海、林等自然风光为主要游览对象，亲近自然，适度安排购物活动。

②文化古迹之旅：以文物古迹为主要游览对象，包括各类博物馆，一般以学生游客和老年游客为主体。

③亲子之旅：针对家庭游客，游览对象以儿童乐园、博物馆、海洋世界等人造景区为主，并安排参与性强的旅游项目。

④纯休闲之旅：针对高端顾客，不专门安排购物，但客人仍有强烈购物需求，可以在景区、餐厅附近留下充足时间让客人购物。此类线路报价最高。

⑤血拼购物之旅：针对购物需求强烈的消费群体，购物作为主要内容，一般只安排一个或两个观光景点（多为免费景区）。此类线路价格便宜，甚至免费。

五、岸上观光行程的组织

岸上观光行程的组织非常考验邮轮工作人员的服务水平，需要邮轮各部门、港口海关、岸上旅行社等多方面协调，保证游客岸上观光行程的顺利进行。

（一）集合领取交通票

岸上观光通常在早餐后集合出发，集合地点一般选在邮轮的大剧院中，不同路线的观光团队分别贴有不同颜色的标记，具体集合时间和地点需参照当天安排。出游时，大巴是主要的交通工具，所以游客需要领取乘车票，乘车票上有所搭乘车辆的具体信息。在无法停靠大型邮轮的浅水港口（Tender Port），游客需搭乘接驳船（Tender Boat），所以需要领取接驳船票（Tender Boat Ticket）。

（二）组织游客入境过关

根据各停靠港的入境要求填写入境卡，出示护照和签证办理入境。国内游客赴日韩旅游时，上岸的流程比较简单，只需在护照复印件粘贴上岸许可证即可，返回时将证交回。

（三）引导并组织游客登车

游客下船后，会有工作人员引导并组织游客到停车场登车。

（四）游览完毕及时组织游客返回船上

严格控制岸上观光活动的时间，确保游客及时返回邮轮，保证邮轮准时开航。

六、岸上观光线路设计的创新方式

（一）线路改进

线路改进即对原有的观光线路加以改进，如改进旅游设施，调整旅游景点，给旅游者一种同以前或市面普通产品不一样的旅游体验。改进观光线路可以从两个方面着手，一是扩展线路的深度，也就是在原有线路的基础上增加观光点，或者适当地安排带有旅游地特色的娱乐活动，从而适当地延长观光线路或者增加停留时间，让旅游者可以更多地领略当地的风情风光。另一个是可以改进产品的档次。在不改变原有游览内容的前提下，提高餐饮、交通等设施的等级。如经济等改为标准等、豪华等。

（二）线路升级

在原有线路的基础上，注入新的资源要素，开发新的旅游功能，实现岸上观光线路升级。升级型产品的渗透可以使原有的产品发生质变。新的旅游需求偏好的产生，使邮轮旅游的目标市场得以扩展。现代旅游者更注重参与性、娱乐性和体验性，因此，原有传统的观光线路对旅游者逐渐失去吸引力，邮轮公司应及时调整观光线路，以迎合旅游者的需要。

（三）开辟新线

旅游新线的开辟是对邮轮公司的最高挑战，需要利用新资源、新技术打造出全新观光线路，面临很大的风险，尤其是安全方面的风险。但没有哪一条线路是一开始就有的，都是经过长时间的发展才不断完善和成熟的。邮轮公司必须在线路的开拓中勇于创新，不断推出新产品，走在竞争对手的前面。如通过理念创新，把神圣的婚礼同蔚蓝的大海组合起来，在婚庆旅游市场上推出诱人的"海洋婚礼"旅游线路，也不失为一种产品创新。

第四节　邮轮主题产品设计

一、邮轮主题产品的内涵

为吸引公众的眼球，拓展新的客源市场，很多邮轮公司致力于在产品的差异性、独特性上下狠功夫，开发出特色鲜明的邮轮主题产品。邮轮主题产品是指邮轮公司通过发掘、利用或创造某一主题素材，通过邮轮的外观展示、氛围营造、航线设计、服务设施、娱乐活动等的供给，为游客提供满足其需求的难忘体验。它最大的特点是赋予邮轮以某种主题，围绕既定的主题来设计产品，使主题刺激旅游者产生消费行为。从游客的角度看，邮轮主题产品是一次难忘的体验；从邮轮角度看，邮轮主题产品是通过主题化设计为游客提供难忘体验的一系列活动。

邮轮主题产品与一般邮轮产品的区别在于：第一，邮轮主题产品是一种专项产品。与传统的观光、休闲、度假等产品不同，它是围绕某一特定的主题素材将诸多旅游活动组合在一起而形成的一种体验性、参与性、文化性更强的旅游产品。第二，邮轮主题产品的时效性较强。由于该产品的主题可围绕某事件、某社会热点、某节庆活动等加以策划，因此具有一定的周期性或季节性。第三，邮轮主题产品的客源市场具有针对性。邮轮主题产品是以某一素材为主题，其客源市场往往集中于对该素材具有特殊偏好的群体。

二、邮轮主题产品设计的原则

（一）市场导向原则

现代营销学之父——科特勒指出，产品是提供给市场并引起人们的注意、获取、使用或消费，以满足某种欲望或需要的任何东西。产品的基本特征是要满足顾客的需要。因此，邮轮主题产品的开发不能盲目，一定要在对市场进行调研、分析和预测的基础上，以游客的需求为出发点，开发出既满足市场需求，又能被游客所接受且价格适宜的产品。也就是说，在进行邮轮主题产品开发时，必须以市场为导向，发掘、凝练、创造主题，开发出具有特色的主题产品，从而引导邮轮市场的开拓。

（二）文化性原则

具有文化内涵的产品才有生命力，因此对邮轮主题产品的开发必须坚持文化性原则。所谓文化性原则是指在开发邮轮主题产品时，要根据所发掘的文化亮点，如地域特色、历史文化、节庆活动、社会热点、名人文化、艺术特色等，进行深层次的挖掘，凝练出最具特色的主题文化，再使邮轮的设计、建造、内部装修、产品开发、经营管理、服务等方面，以此为主线进行打造。总而言之，邮轮主题产品开发的核心就是要选定主题文化。

（三）体验性原则

随着体验经济时代的到来，邮轮旅游者并不是单纯地追求邮轮观光、休闲、度假，他们更希望在邮轮旅行中获得一些新奇的体验。为此，在开发邮轮主题产品时，邮轮企业应该围绕既定的主题，从邮轮的舱房、餐饮、音乐、灯光、活动、品牌形象等方面着手，使其满足游客物质和心理方面的体验需求。具有体验性的邮轮主题产品既能充分地调动游客参与的积极性，又能为游客提供一个值得回忆的旅程。

（四）差异性原则

当前，随着邮轮旅游的持续升温，邮轮旅游市场竞争日趋白热化。邮轮企业要在激烈的市场竞争中脱颖而出，就要开发出具有特色的邮轮产品，从而抢占客源市场。所谓差异性原则就是邮轮企业凭借自身的优势，开发出在服务、形象、活动等方面优于竞争对手的产品。与市场上现有的邮轮产品相比，差异化的产品更能满足邮轮旅游者个性化、多元化的需求。可以说，邮轮产品的差异化竞争已成为现代邮轮企业成功运营的关键。

三、邮轮主题产品开发的策略

（一）明确目标市场，找准市场定位

邮轮旅游活动的参与者带有极强的群体性特征，如银发市场、家庭市场、蜜月市场、商务市场等，不同的群体对于住宿、餐饮、参与性活动和场地设施等需求都不同。对于邮轮企业来说，要满足所有类型游客的需求偏好是不可能的。因此，邮轮主题产品的开发要正确选择目标市场，做好目标市场的定位。首先，邮轮企业需要对客源市场进行认真的调研和分析。其次，按照游客的个性特征、偏好、需求等变量进行市场细分，寻求适合自身的目标市场。最后，再对选择的目标市场进行市场定位。例如：2012年，为纪念泰坦尼克号沉没一百周年，英国一艘名为"巴尔莫勒尔号"的邮轮推出了"泰坦尼克号纪念之旅"。该艘邮轮从泰坦尼克号当年始发地英国南安普敦出发，重历泰坦尼克号当年的航程，造访其沉没地点，让乘客们亲身感受当年的场景。通过市场细分，邮轮公司选择了泰坦尼克号幸存者或遇难者的后代、历史学家、小说家和泰坦尼克号粉丝作为目标市场。该主题产品推向市场后，船票提前几个月售完。可以说，邮轮主题产品开发的成败，关键在于市场定位是否精准。

（二）精心提炼主题，注重文化内涵

邮轮主题产品的核心是主题，文化内涵则是主题的灵魂。因此，邮轮主题产品的开发，不仅要有合适的主题，而且要注重产品文化内涵的挖掘。只有这样，邮轮主题产品才更具

有自己的特色。目前，邮轮产品主题的类型已呈多元化发展的态势，有历史文化型、地域特色型、节庆活动型、社会热点型、艺术特色型等。对邮轮产品主题的选择应考虑目标客源市场的人口特征、需求、喜好等。除此之外，选择的主题一定要有创意，避免与其他产品的主题雷同，从而确保在市场上的新颖性、独特性。例如，歌诗达邮轮公司结合地域特色，以"意大利风情"作为主题，深入挖掘意大利文化，将"海上意大利"的形象演绎得淋漓尽致。旗下的邮轮不仅外观、内部的装潢弥漫着意大利气息，而且船上纯正的意式餐饮、休闲娱乐活动等都体现了优雅的意大利文化。它推出的"威尼斯狂欢节""Ciao，意大利欢迎你"等主题航次，更是将意式浪漫发挥到了极致。乘坐歌诗达邮轮的乘客可以尽情享受热情、神秘的海上意大利之旅。

（三）营造主题氛围，提高游客参与性

游客除了对邮轮产品本身进行体验外，更重要的是对主题环境、氛围的感受。2018年1月31日，随着首家海上尤文图斯足球俱乐部落户歌诗达·赛琳娜号，游客不仅可以体验在海上"驰骋绿茵场"的快感，更能够深入了解尤文图斯120年的辉煌历史。这一切，都随着歌诗达与尤文图斯联合举办的"海上意冠荣耀联盟"主题活动的展开成为了现实。为营造"踏入歌诗达·赛琳娜号，开启一段奇妙海上足球之旅"的主题氛围，歌诗达·赛琳娜号的五层甲板布置了尤文图斯文化长廊，这里陈列着自1970年至今的经典赛事的冠军奖杯、锦旗、各个年代的刊例照片，还有不同赛季的球衣和明星球员签名的球鞋。可以让游客沉浸在这些珍贵的展品中，回忆每一场紧张刺激、热血沸腾的经典赛事。同时在五层甲板设计了尤文图斯运动主题酒吧。在这里，可以品尝独一无二的定制酒水饮料，享用以体育元素为灵感的特色小食。放松身心后，肆意徜徉在"尤文图斯精品购物廊"，选购限量版纪念品。位于第十层甲板的儿童俱乐部是孩子们的乐园，小朋友们可以在尤文图斯主题环绕的俱乐部里与"Jay"玩耍互动，观看尤文图斯的经典卡通片，还可以亲手为"Jay"画一幅肖像。作为与意大利顶级足球俱乐部的合作项目，歌诗达·赛琳娜号还会提供更加专业的足球培训服务。这些氛围的营造让游客深入地沉浸在主题之中，感受歌诗达邮轮和尤文图斯共同传承的"激情、快乐、凝聚"的精神，给游客留下了美好而难忘的体验。因此，邮轮企业一旦确定了主题，就必须通过营造邮轮的环境、氛围来全面展现主题。在硬件设施方面，邮轮的外观、内部装修、背景音乐、设施设备等要与主题和谐统一，在软件要素方面，邮轮的经营管理、服务、主题活动等要体现主题的文化内涵。主题氛围的营造不仅能给游客带来视觉、听觉、味觉、嗅觉、触觉等感官和各种情感要素的体验，而且能激发游客参与的兴趣与热情。

（四）适时更新主题，提升吸引力

随着市场的变化，旅游者的需求也在发生变化，加上同行竞争者的模仿，邮轮的主题很容易失去吸引力，这就需要适时对产品的主题进行更新。邮轮主题的更新可从以下两方面着手：一方面，可将邮轮的主题进行延伸。所谓延伸是指当主题还具有开发价值，而产品已不能满足市场的需要时，选择与原有主题相关的主题或素材进行扩充，以便挖掘新的吸引力。另一方面，可将邮轮的主题进行创新。所谓创新是指当主题已不能满足市场需要时，重新选择主题。例如：MSC 地中海邮轮公司为满足市场的需求，适时更新产品的主题，推出差异化的邮轮产品。2011 年 2 月，MSC 地中海邮轮公司与 AC 米兰足球俱乐部正式联手，同年 6 月推出了"AC 米兰主题航次"，赢得了中国广大 AC 米兰球迷的追捧。2013 年 4 月，MSC 地中海邮轮公司又推出了"自行车主题航次"，受到了自行车运动爱好者们的青睐。

（五）打造主题品牌，扩大知名度

随着邮轮旅游的飞速发展，邮轮旅游的竞争常常表现为邮轮企业的竞争，而邮轮企业的竞争又往往表现为邮轮品牌的竞争。由于品牌具有强大的影响力，对产品个性的塑造、价值的体现、知名度的扩大、竞争优势的形成等有着极其重要的作用，因此主题产品品牌的打造必须引起邮轮企业的高度重视。邮轮企业可以通过邮轮产品主题的塑造，吸引公众的注意，深化游客的记忆，从而形成自己的品牌。同时，邮轮企业还应重视品牌文化的挖掘、品牌形象的识别、品牌的推广与扩张，从而提升邮轮企业的形象和核心竞争力。1994 年，迪士尼集团凭借主题乐园、酒店管理的经验进军邮轮产业。1998 年，迪士尼邮轮正式成立，主要针对亲子家庭旅行者，提供短期的海上度假体验。迪士尼邮轮沿袭了迪士尼"浪漫梦幻"的主题特色，其船身的设计、舱房的设施、内部的装饰、精彩的主题表演和丰富的游行活动，使整个旅程充满欢乐、奇异和幻想。迪士尼邮轮将两个红色烟囱涂上白色米奇头像作为 Logo，更易于游客对迪士尼品牌的识别。迪士尼邮轮所传递的"梦幻"、"快乐"、"童真"的品牌形象受到众多家庭游客的青睐。

【知识链接】

主题邮轮的六大类型

1. 电影、漫画与卡通

（1）Marvel Day at Sea

说起"漫威"就想到超人，迪士尼邮轮公司的 Marvel Day at Sea 以著名电影和漫画为主题，吸引超人迷。壮观的甲板派对，在目眩神迷的烟火下，与蜘蛛人、美国队长、钢铁人、罗根、惊异四超人，或是雷神索尔共舞；超人们在舞台上表演，还有机会上台和超人们共同打击坏蛋，比起电影更真实，宛如置身异时空世界；露天电影院播放百看不厌的超人电影，迎合青少年的超人俱乐部，则提供丰富的游戏和竞赛；参加超人变装秀，化身成为自己最喜欢的角色；更别说随时与超人相遇，合影留念。

（2）Star Wars Day at Sea

或是对星际大战情有独钟？Star Wars Day at Sea 能够满足好几代的星际迷，甲板上有绝地武士们驻守，在各式游戏体会刺激的战役，参加光剑派对还能接受绝地武士训练，与黑武士对决，拯救莉亚公主，好似真的度过一周奇幻的星际假期。

（3）Cartoon Network Wave

这将是小朋友的最爱，也让大朋友们可以无忧无虑地日夜沉浸在奇幻的卡通世界。从外到里，从设施到活动，不论是套房、餐厅、主题公园，就是门板、窗户全围绕着卡通频道里受欢迎的节目设计，像是《Ben10》《The Powerpuff Girls》《We Bare Bears》和《Adventure Time》，卡通明星随时擦身而过，卡通里的场景随处可见，不是只把卡通频道搬到船上，而是就让你生活在卡通世界里，每航程可搭载 2 000 名卡通粉丝。

2. 养生、健身与运动

（1）Rejuvenation Vacation at Sea

由国际性健康倡议组织 Weight Watchers 主办，乘坐有"跟随太阳的船"美誉的 MSC Seaside，360° 全景环绕的户外散步空间，客舱阳台能遮阳，也能做日光浴。有一系列的 Weight Watchers 专家讲座，健康餐烹饪示范，各式健身课程，船上备有 SmartPoints 值注明的餐点，可放开心思尽情享受美食。

（2）Holistic Holiday at Sea

这个讲究全方位健康养生的海上假期即将进入第十六年，在 MSC Divina 欢度一个关照身、心、灵健康的假期。素食是此一邮轮假期的特色，提供别的旅程少有的无麸质 Gluten-free 和无油料理，以及现在正流行的养生饮食 Macrobiotic Diet。从瑜伽、Pilates 运动、动物保护、静坐到烹饪课，另外还包括有机食品专卖店 Whole Foods Market 创办人、营养师，和多位 Dr.Oz 节目来宾主讲的健康讲座等共超过 150 场活动。可别以为这是成人专属邮轮，主办单位强调 Holistic Holiday 适合全家大小，有专为小朋友举办的手工课、才艺竞赛，和 MSC 分龄俱乐部的各种创意活动。这里值得一提的是，MSC Divina 荣获 2018 Cruisers's Choice Cruisecritic 最佳娱乐奖。参加过的旅客说这是一个一生受用的旅程，MSC 还特别安排 Ocho Rios、Cartagena、Costa Maya 等一般加勒比海邮轮少见的停靠站。

（3）Marathon Expeditions's Running Cruises

专为热爱跑步者设计。10 年前，两名跑步爱好者 John Bingham 和 Jenny Hadfield 将海上旅行、岸上观光与跑步结合起来，开创马拉松探险跑步邮轮，不论是美丽的北国阿拉斯加、加勒比海的异国风情，或是风光明媚的夏威夷，停靠站都经过精心挑选安排。不真是马拉松健将也不必担心，共有"跑步""跑步 / 健行"和"健行"三种团队供选择，全程有教练陪伴。经过海上的讲座与训练，上了岸，在汗水中享受美景，既心旷神怡又快意淋漓。

（4）VIP Deluxe Circle Hawaii Islands Golf Cruise

对高尔夫爱好者来说，挥杆永远不嫌多，在充满阳光，风光明媚的夏威夷享受挥杆乐趣，更是无限快意。尊贵 VIP 等级的豪华夏威夷邮轮假期，10 天的行程，从开船前在 Turtle Bay Golf & Spa Resort 的三天假期，无限畅"打"开始，全行程安排七个国际比赛级球场切磋球技。

船上提供最豪华的享受，十个餐厅供应法、意、日、地中海等世界美食，从 5：30—24：00 随时可以享用。全年营运，每周三从檀香山国际机场迎接旅客，行程结束同样专人送至机场。另有南加勒比海行程。

3. 美食与品酒

（1）America's Test Kitchen Cruises

Holland America Line 将美食节目 America's Test Kitchen 搬上船，旅客能观看 America's Test Kitchen 现场秀，与许多美食家或烹饪作家会面、教做各种美食而且有实做工作坊。一趟旅程下来，收集到的食谱或烹饪小点子，可以编成册。美食配好酒，America's Test Kitchen 专为美酒爱好者举办品酒做酒会，由华盛顿州历史最悠久、最富盛名的酒庄师傅示范分辨葡萄酒，并现场教做，每场只有 10 人，每个人可以从五种不同品种葡萄中选做。

（2）Winery at Sea

品酒是生活也是艺术，MSC 在所有 Divina 航线上提供酿酒、品酒主题活动，为已经丰富饱满的旅程增添更多乐趣。Winery at Sea 是一个兼具知识性与趣味性的主题活动，邀请加州 Napa 河谷知名酒庄具十年以上专业制酒师，亲自教做精酿葡萄酒；品酒大师分享酒产业的最新"独家新闻"；品尝只有美国品酒俱乐部会员独享的珍贵葡萄酒；观赏描述 1976 欧洲酒品比赛的著名电影 Bottle Shock，并亲身体验专门复制的电影场景；当然少不了一顿美食配美酒的丰盛晚餐。

4. 音乐和舞蹈

（1）Dancing at Sea-Caribbean New Year's Celebration

想在哪里跨年？热情温暖的加勒比海够不够好？可能想象真的在加勒比海上与伴侣参加舞蹈派对，一同倒数观看烟火？Dancing at Sea 已开始为舞蹈爱好者规划今年的跨年海上舞蹈邮轮，从佛罗里达罗德岱堡出发，8 日 7 夜的海上舞蹈假期，在温暖的阳光、和煦的海风、湛蓝的水色陪伴下，享受精心布置的舞蹈厅堂里与亲密伴侣的浪漫时光。不必是舞蹈高手，船上有舞蹈教学，还可观看精彩的表演。

（2）The '80s Cruise

想享受音乐、快舞和狂欢，那一定是永恒的 80 年代莫属，搭乘 Celebrity Summit 享受超过五十场摇滚音乐派对，足以让战后婴儿潮重新年轻一回，又能满足千禧时代的热闹疯狂，是另类家庭旅游，也可与熟女闺蜜相约同往。不只有著名乐团、歌手演唱，还有卡拉 OK 比赛，戴着霓虹框眼镜在甲板上运动，设计自己的 T 恤，看谁的最疯狂。沿途停靠的景点还包括 Royal Caribbean Cruises 拥有的私人岛屿。一年只开船一次。

5. "最"主题邮轮

（1）最聪明邮轮——Bellissima

世界最大邮轮公司 MSC 于 2018 年 3 月发布业界首创数据化个人助理服务项目 MSC for Me，由 MSC 与具汽车人工智能科技经验的三星电子子公司 HARMAN International 合作开发，率先在 MSC 新一代旗舰邮轮 Bellissima 亮相，并逐步推广到全船队。MSC 加拿大中、西区商务发展经理 Mavis Lau 表示，与现有依赖云端基础程式结合网络设备或应用程序的家庭数位助理不同，MSC for Me 环绕船只而设计，透过语音功能，以对话方式提供顾客所需的服务，使用方便，在先进的人工智能技术下，MSC for Me 经由学习能预测旅客需求，并提出建议；同时，旅客只要在手机下载 MSC for Me App，就能连接房舱里的电视和船上各互动荧幕，而且是 24 小时无休，愉快旅程就在手指尖，让旅客充分享受邮轮服务，最佳化旅途经历。个性化量身定制的设计，却是国际化服务取向，旅客能以英、法、德、意、西班牙、巴西葡语和普通话等 7 种语言与 MSC for Me 对话，沟通无障碍。

（2）最大邮轮——Symphony of the Seas

耗时 36 个月、超过 4 700 名工人建造的全球最大邮轮——海洋交响号，在 2018 年初正式启航，从西班牙巴塞罗那出发，展开 8 日 7 夜的西班牙之旅。"海洋交响号"是皇家加勒比游轮公司旗下最新的绿洲级（Oasis-class）豪华邮轮，总长 1 188 英尺，排水量达 23 万吨，船上有 2 175 名服务人员，2 775 个客舱能搭载 6 780 名乘客。娱乐设施包括中央公园、木板步道、10 层楼高滑梯、40 英尺高攀岩墙、水上乐园、冲浪模拟器、溜冰场和水上剧院。还有超过 20 家风味各异的食肆，其中不乏名厨主持的知名餐厅。2018 年 10 月，海洋交响号离开地中海，横过大西洋，落户佛州迈阿密港，开启以加勒比海区域为主的邮轮航线。

（3）最长航线邮轮——Viking Ultimate World Cruise

维京（Viking）邮轮公司推出"终极世界邮轮"海上假期，全程 245 天，畅游六大洲 59 国 113 个城市。此一世界最长邮轮假期于 2019 年 8 月 31 日由伦敦出发，至 2020 年 5 月 2 日返回原点，先赴爱尔兰、苏格兰、转上挪威、冰岛、格陵兰，西航往加拿大东岸，南下环绕整个南美洲至合恩角，再上至美国西岸洛杉矶，其后开始畅游太平洋岛屿、新西兰、澳大利亚、东南亚，接着经南亚，穿过苏伊士运河和地中海，回航英国。负责此航程的"维京太阳号"（Viking Sun）可搭载 930 名旅客，如果不能玩遍全程，可选择由洛杉矶出发的后 119 天行程。

6. 邮轮婚礼

新人总是向往一个终生难忘的婚礼，邮轮婚礼集浪漫、方便、奢华、欢聚于一身，再加上所行经路线常是岛屿或海滩，正是目前时尚的婚礼形式，愈来愈多新人选择邮轮婚礼。邮轮旅游与婚礼结合，也是一种主题邮轮。与组织团体的主题邮轮一样，新人可预估亲友人数与行程喜好，请旅行社洽办，婚礼可以在行程中某一站举行，教堂可自订，也可由旅行社代为接洽。如果选在船上举行婚礼，旅行社可依新人需求，向船公司的 special event 部门商议，选择适合的婚礼套餐规划场地，安排独立的婚宴区，可以请船长主持婚礼，提早安排的话，还能透过网络摄像头让未能参加旅程的亲友同步收看。

资料来源：明声网温哥华 2018-06-10.

【复习思考题】

1. 邮轮旅游产品有哪些特征？

2. 邮轮船上产品有哪些？选择其一简述其设计原则。

3. 邮轮主题产品的开发策略有哪些？

4. 邮轮岸上观光线路的设计应遵循哪些原则？

5.结合所学，尝试设计一款邮轮旅游产品（餐饮安排、娱乐活动安排、岸上观光线路等均可）。

【推荐阅读】

［1］邮轮中国编委会．邮轮中国［M］．上海：上海交通大学出版社，2020.

［2］"上海国际邮轮旅游人才培训基地"教材编委会．国际邮轮产品运营和服务规范［M］．北京：中国旅游出版社，2017.

［3］蒋旻昱，杨秀，陈健，等．豪华邮轮空间体验感知的影响因素分析［J］．同济大学学报（自然科学版），2021，49（3）：350-359.

［4］黄燕玲，汪菁菁，秦雨．产业转型背景下中国邮轮游客感知研究：基于27 126条网络文本数据分析［J］．西北师范大学学报（自然科学版），2021，57（2）：110-117，126.

［5］陆邵明，陈月莹．基于眼动追踪技术的典型邮轮中庭主题审美偏好探析［J］．南京艺术学院学报（美术与设计），2021（2）：173-179.

［6］李瑞雪，张言庆．测度、预测和解释邮轮旅游产品的偏好：基于脑电（EEG）数据分析［J］．青岛职业技术学院学报，2021，34（2）：72-77.

［7］孙祥旭，王恒．大连市海洋旅游产品开发现状及对策研究［J］．现代商贸工业，2021，42（3）：16-18.

［8］户文月．基于文本分析法的邮轮产品游客感知研究：以皇家加勒比国际邮轮为例［J］．无锡商业职业技术学院学报，2020，20（3）：73-78.

［9］陈咏梅，郑慧芬，石建辉．海洋经济背景下邮轮旅游发展环境的优化：以厦门为例［J］．湖北经济学院学报（人文社会科学版），2019，16（8）：37-40.

［10］郭威佑，陈康，杨忠振．基于消费者偏好的近海型邮轮旅游产品设计［J］．上海海事大学学报，2019，40（2）：36-40.

第六章　邮轮产品营销管理

【本章概要】

　　邮轮旅游作为国际旅游市场上增长速度快，发展潜力大的高端产品，近年来一直保持着年平均 8%～9% 的高速增长，远远超过国际旅游业的增长速度。目前，国际上邮轮旅游的发展已比较成熟，尤其是作为其主要市场的北美和欧洲。在我国，邮轮旅游才刚刚兴起，大多数人对邮轮旅游还没有概念上的认识，但是随着人们消费观念的转变和生活水平的提高，国人选择邮轮旅游也将日趋普遍。在此背景下，必须充分认识我国与世界发达国家在邮轮产业各方面的差距，把握我国与国际邮轮旅游业接轨以及迅速推进的时机和节奏，积极开展邮轮产品的营销管理。

【学习目标】

　　理解：邮轮市场细分、邮轮目标市场选择、邮轮市场定位的含义。

　　熟悉：邮轮市场细分的作用；邮轮市场定位方法。

　　掌握：邮轮市场营销组合的产品策略、价格策略、分销渠道策略和促销策略；邮轮网络营销的形式与作用。

【开篇导读】

中国邮轮旅游市场营销策略

　　我国的邮轮旅游产业相对于欧美等国家来说，起步稍晚一些，在我国旅游行业迅速发展的背景下，邮轮旅游也得到了快速的发展。2006 年，歌诗达邮轮公司的"爱兰歌娜号"邮轮在上海开启了一条往返我国和日韩的航线，吹起了我国邮轮旅游市场开启的号角，我国很快成为全球邮轮旅游发展速度最快的国家。

　　一、邮轮旅游国内发展现状

　　近十年，全球邮轮旅游行业呈现出爆发式的增长趋势。伴随着"一带一路"倡议的推进，我国也紧跟其后开始大力发展邮轮旅游，邮轮旅游正在以爆发式的速度发展。2015 年到 2016 年间，我国明确提出发展邮轮旅游产业，鼓励本国公司开发以及建造邮轮，并给予国外乘坐邮轮来我国游玩的人以 15 天的免签服务。2017 年 3 月，交通运输部、国家旅游局等六部门联合印发《关于促进交通运输与旅游融合发展的若干意见》，推进了我国邮轮港口的建设，并且增加了邮轮旅游的航线。然而由于我国与国外的文化差异较大，我国的消费者对于邮轮消费的热情并不是特别高。只有加强邮轮产品营销，才能更好地开拓我国的邮轮旅游市场，使更多热爱旅游的人去选择邮轮旅游。

二、中国邮轮旅游市场营销存在的问题

（一）产品过于单一化，缺乏新颖性

邮轮旅游的产品有邮轮本身以及邮轮路线等两个部分，首先是邮轮本身，除了一些比较具有特色的邮轮以外，大多数航行中国的邮轮，其内部设施、提供的服务娱乐等都如出一辙，没有形成促使游客进行二次购买的吸引力。邮轮旅游的路线也缺乏创新，我国的带薪休假制度不完善，热爱旅游的游客一般选择在十一黄金周等节假日期间前去旅游，这也导致了中国邮轮市场上大多数邮轮旅游的航线时间是 5～7 天，所以中国市场的大多数的邮轮航线都是日韩航线、东南亚航线。导致了多数去过日韩、东南亚等国家旅游的游客对这些航线的邮轮产品没有兴趣。

（二）对于中国市场的定位不准确

大部分国人第一次了解到邮轮旅游是在《泰坦尼克号》这一部经典的电影中，这部经典电影中体现出了邮轮旅游是一种奢华、高端的旅游方式。在 20 世纪 90 年代初期，世界邮轮旅游业就提出了"大众化"的议题，在我国的邮轮消费者心中，邮轮产品定位仍处于高端旅游产品。在此条件下，很多邮轮旅游的广告主要向顾客展示低价策略，导致了与国人高端印象的错位。

（三）不良的营销模式

国际上各大邮轮公司在我国的营销模式分为直接营销和间接营销两种，其中直接营销主要是通过邮轮公司的官方网站等，间接营销主要是通过国内的旅行社以及各种 OTA 平台。对于各大邮轮公司而言，通过支付旅行社 10%～15% 的代理费用进行间接营销，能够节省很多的营销成本以提高销售效率。然而旅行社售卖邮轮产品时，出现了一些破坏邮轮旅游初衷的行为。在邮轮产品出售效率不高的时候，大多数旅行社会进行低价售卖来吸引顾客，然后通过引导顾客消费购物来赚回成本。这时候，邮轮旅游产品在旅行社的手中就变了味道。使得邮轮公司、旅行社以及邮轮旅游消费者之间不能形成一个良性、稳定的生态环境。

（四）广告宣传不到位

虽然《泰坦尼克号》这部经典的电影，尤其是男女主角在邮轮上张开双臂的情景给予了国人深刻的印象，这一幕场景使得很多热爱旅游的中国人对邮轮旅游产生了很大的兴趣。然而世界各大邮轮公司并没有抓住国人对于邮轮旅游的兴趣进行宣传，各大邮轮公司在我国的宣传主要是通过旅行社以及各大 OTA 平台。这两种宣传方式并不能将邮轮旅游宣传到位，应当增加一些广告宣传来使国人对邮轮旅游有更加深入的了解，只有让国人更深入地了解到邮轮旅游这种旅游方式，他们才会去选择邮轮旅游。

三、针对邮轮旅游市场营销问题提出的解决方案

（一）提供个性化、差异化的邮轮旅游产品

想要大力发展邮轮旅游就离不开90后旅游大军，邮轮旅游需要注入新鲜的血液，设计出符合年轻人个性、符合时代潮流的邮轮旅游产品，才能够吸引到年轻顾客。年轻人都喜欢去追求刺激、追求新颖，所以邮轮旅游中的歌剧、艺术文化是不能够去吸引大多数年轻旅游顾客的。这就要求邮轮旅游需要设计出个性化的旅游产品。

由于邮轮旅游在我国尚处于发展的初期，所以有各种各样的游客，有第一次体验邮轮旅游的游客，也有经验老到的老游客，有一家人出行的家庭型游客，有前来度蜜月的情侣游客等。在这种多种多样的客源市场之下，通过差异化的营销手段来满足顾客更深层次的需求，才能够得到更加长远的生存与发展。

（二）发展邮轮旅游娱乐营销模式

娱乐营销是一种感性的营销模式，是从顾客内心的角度出发来吸引住顾客，而不是说服顾客。这种迂回的策略更符合中国的文化，也很符合旅游产品的特点。邮轮产品更是如此，借助娱乐的元素来吸引顾客体验而不是一味地介绍邮轮的奢华、昂贵。正如2018年德云社皇家加勒比海"海洋赞礼号"专场，就是一种很成功的营销手段，通过德云社郭德纲相声的名气来吸引住顾客。相声是我国的传统文化，邮轮通过相声与顾客产生情感共鸣来吸引顾客购买，而不是去通过理性说服。邮轮行业想要在中国发展壮大，就得寻找出适合我国的营销手段。娱乐营销能够结合我国的文化，使得邮轮产品与人的情感产生共鸣，以建立起顾客忠诚。

（三）对中国邮轮旅游市场进行独特的定位

由于中国邮轮起步较晚，发展状况肯定不比欧美市场，所以各大邮轮公司需要对中国市场进行独特的定位以取得发展。在国内，其实多数旅游消费者对邮轮旅游的了解程度都不太高。邮轮公司应该扩大邮轮旅游的影响力，使更多热爱旅游的人能够了解邮轮旅游，只有了解后才能选择邮轮旅游。邮轮旅游在国内应该选择大众化的定位，重点提高服务质量来吸引旅游消费者。而不能一开始就做高端、奢华的旅游产品，这样会使很多想尝试邮轮旅游的游客望而兴叹。

（四）建立成熟的销售渠道

与旅行社合作是各大邮轮公司在中国市场最主要的销售渠道，加强与旅行社之间的沟通才能够互利共生，改掉旅行社为了销量降价再通过导购回本这一不正确的做法。现在正是邮轮旅游在我国大力发展的时期，应该是以吸引顾客，以建立顾客忠诚度为中心的阶段。邮轮公司应该发展线下门店，不能够太依赖旅行社以及OTA平台等。这也是控制产品质量的重要方法。只有通过多方团结互信的合作才能够建立起平衡、稳定的销售渠道，才能够使邮轮旅游在我国快速的发展。

（五）加大邮轮旅游的宣传促销力度

随着我国旅游业的迅速发展，很多国人都会在节假日选择旅游，邮轮旅游在我国的发展潜力是不可估量的。最主要的是让国人能够了解到邮轮旅游，从而选择邮轮旅游。只有

通过旅行社宣传、OTA平台宣传和互联网宣传相结合，才有机会让更多的人了解到邮轮旅游。

（六）与中国传统节日挂钩

中国的传统节日是中华几千年文化的结晶，每个节日都有着不同的寓意。邮轮旅游可以抓住这一点，使邮轮旅游产品与中国传统文化相挂钩，针对不同的节日策划出不同的销售活动，使得顾客在体验邮轮旅游的同时，也能够深刻地感受到传统文化。这也是邮轮公司吸引一些没有体验过邮轮旅游人士的一大卖点，使顾客不仅能够体验新的旅游方式而且能够体验到过节的乐趣，过节与旅游两不误。

资料来源：胡顺利.浅析邮轮旅游营销策略研究：以中国市场为例［J］.知识经济，2019（9）：75-76.

阅读思考： 如何理解邮轮产品营销管理对于我国邮轮旅游发展的意义？

第一节　邮轮市场细分与市场定位

一、邮轮市场细分概述

（一）邮轮市场细分的概念

通俗地讲，市场细分就是将一个大市场划分为若干小市场的过程，也就是将在某一方面具有相同或相近的需求、价值观念、购买心态、购买方式的消费者分到一起。

邮轮旅游市场细分是指邮轮企业根据邮轮旅游者特点及其需求的差异性，将一个整体市场划分为两个或两个以上具有类似需求特点的群体的过程。经过市场细分后，每一个具有相类似需求特点的邮轮旅游者群体就是一个细分市场。

（二）邮轮市场细分的作用

1.有助于企业深入贴近消费者需求

邮轮企业面对着成千上万的消费者，他们的需求千差万别并且分散于不同地区，随着环境因素的变化而变化。比如，某个邮轮旅游者在年轻的时候，偏爱蹦极、漂流或深海潜水等刺激性活动，因其收入一般，对邮轮旅游产品的价格比较敏感，对邮轮旅游基础设施并不讲究。当他步入中年后，更倾向于休闲度假，此时，因其收入丰厚，对邮轮旅游产品价格不敏感，对邮轮旅游的综合环境比较在意等等。对于这种差异大、特征多的需求，只有深入分析才能认清市场。邮轮市场的细分为邮轮企业提供了非常有效的分析工具。通过市场细分，邮轮企业可以更清晰地认识不同子市场的特点以及各子市场之间的区别和联系，从而有助于企业的产品或服务更加贴近消费者需求，实现以消费者为中心的理念，规避目标混乱的风险。

2. 有助于企业识别新的营销机会

邮轮市场营销机会是指出现在邮轮市场之中但尚未得到满足的或未充分得到满足的邮轮旅游需求。这种邮轮旅游需求是潜在的、不易察觉的。通过市场细分，企业可以对每一个细分市场的购买潜力、满足程度、竞争情况等进行分析对比，发现那些未被满足的需要，探索出有利于本企业的市场机会，使企业及时做出投产、销售决策或根据本企业的生产技术条件编制新产品开拓计划，进行必要的产品技术储备，掌握产品更新换代的主动权，开拓新市场，以更好地适应市场的需要，"见缝插针"地在竞争中占据自己的阵地。

3. 有助于企业选择目标市场和制定市场营销策略

市场细分后的子市场比较具体，邮轮旅游消费者的需求比较容易被了解。企业可以根据自己的经营思想、方针及生产技术和营销力量，确定服务对象，即目标市场。同时，在细分的市场上，信息容易被了解和反馈，一旦消费者的需求发生变化，企业便可以迅速改变营销策略，制定相应的对策，以适应市场需求的变化，提高企业的应变能力和竞争力。

4. 有助于企业提高经济效益

任何一个企业的资源都是有限的。通过细分市场，企业可以整合全部资源，包括人、财、物等有形资源和服务、士气、企业文化等无形资源。以此为基础来对某一细分市场或某几个细分市场进行销售，可以更好地满足目标市场消费者的需求。邮轮市场细分的作用对中小型邮轮企业尤其重要。中小型邮轮企业无法同大型邮轮企业展开全面竞争。但是，如果中小型邮轮企业集中在某一细分市场经营，特别是大型邮轮企业不关注的细分市场，那中小型邮轮企业就可能在该市场取得比较优势，占据一定的市场份额，提高经济效益。

（三）邮轮市场细分的原则

为了使细分市场具有真正的实用价值，保证细分市场能为邮轮企业制定有效的营销战略和策略服务，能从市场细分中获得最大的收益，现代邮轮企业进行市场细分时必须符合某些原则，即一个有效的细分市场必须具备可衡量性、可进入性和可持续发展性。

1. 可衡量性

可衡量性是指各细分市场的需求特征、购买行为等要能被明显地区分开来，市场范围明确，各细分市场的规模和购买力大小等能被具体测量。要做到这一点，就要保证所选择的细分标准清楚明确，能被定量地测定。此外，所选择的标准要与邮轮旅游者的某种或某些邮轮旅游产品购买行为有必然的联系，这样才能使各细分市场的特征明显，且范围比较清晰。如果不同细分市场对邮轮旅游产品的需求差异不大，行为上的同质性远大于其异质性，邮轮企业就不必进行市场细分。

2. 可进入性

可进入性是指经过细分后所确定的目标市场要使邮轮企业有条件进入并能占有一定的市场份额。邮轮企业必须从实际出发，以保证细分出的市场是企业的人力、物力、财力等资源所能达到的，是企业经营力所能及的。要实现可进入性，企业需要具有与客源市场进行有效信息沟通的可能，能够通过媒体顺利传达给该细分市场的大多数消费者并影响他们的心理活动，并且具有畅通的销售渠道，这对于具有消费异地性特征的邮轮市场尤其重要。

3. 可持续发展性

要实现邮轮企业的可持续发展，必须关注以下几个方面：首先，细分出来的邮轮市场的容量或规模要大到足以使企业获利。进行市场细分时，企业必须考虑细分市场上顾客的数量，以及他们的购买能力和购买频率。如果细分的市场规模过小，市场开发的投入与产出不成比例，该市场就不值得开发。其次，细分出来的邮轮市场应具有相对的稳定性，该市场在今后相当长一段时间内会存在。最后，细分出来的邮轮市场应当符合道德和法律的规定，尽管有些邮轮市场需求能够为企业带来巨额利润，但是如果这种需求不在道德和法律的范畴以内，邮轮企业就不应当去迎合此类需求。一是存在触犯法律的风险性，二是此类利润获取也很难长久。

二、邮轮市场细分依据与方法

（一）邮轮市场细分的依据

通常，企业是组合运用有关变量来细分市场，而不是单一采用某一变量。概括起来，细分消费者市场的变量主要有地理变量、人口变量、心理变量、行为变量这四大类。以这些变量为依据来细分市场就产生了地理细分、人口细分、心理细分和行为细分四种市场细分的基本形式。

1. 按地理变量细分市场

即按照消费者所处的地理位置、自然环境来细分市场。例如，根据国家、地区、城市规模、气候、人口密度、地形地貌等方面的差异将整体市场分为不同的小市场。地理变量之所以可作为市场细分的依据，是因为处在不同地理环境下的消费者对于同一类产品往往有不同的需求与偏好，他们对企业采取的营销策略与措施会有不同的反应。

2. 按人口变量细分市场

即按人口统计变量，如年龄、性别、家庭规模、家庭生命周期、收入、职业、教育程度、宗教、种族、国籍等为基础细分市场。

（1）性别

由于生理上的差别，男性与女性在产品需求与偏好上有很大不同，例如在服饰、发型、生活必需品等方面均有差别。

（2）年龄

不同年龄的消费者有不同的需求特点，例如青年人对服饰的需求与老年人就有差异，青年人需要鲜艳、时髦的服装，老年人则需要端庄素雅的服饰。

（3）收入

低收入和高收入消费者在产品选择、休闲时间的安排、社会交际与交往等方面都会有所不同。

（4）职业与教育

消费者职业的不同、所受教育的不同也会导致所需产品的不同。例如，农民购买自行车偏好载重自行车，而学生、教师则喜欢轻型、样式美观的自行车。

（5）家庭生命周期

一个家庭，按年龄、婚姻和子女状况，可分为单身、新婚、满巢、空巢和孤独五个阶段。在不同阶段，家庭购买力、家庭成员对商品的兴趣与偏好也会有很大的差别。

3. 按心理变量细分市场

即根据购买者所处的社会阶层、生活方式、个性特点等心理因素细分市场。

（1）社会阶层

指在某一社会中具有相对同质性和持久性的群体。处于同一阶层的成员具有类似的价值观、兴趣爱好和行为方式，而不同阶层的成员对所需的产品也各不相同。识别不同社会阶层消费者所具有的不同特点，对于很多产品的市场细分将提供重要依据。

（2）生活方式

人们追求的生活方式的不同也会影响他们对产品的选择。例如有的追求新潮时髦，有的追求恬静、简朴，有的追求刺激、冒险，有的追求稳定、安逸。欧美的一些服装生产企业为"简朴的妇女""时髦的妇女""有男子气的妇女"分别设计不同服装。烟草公司针对"挑战型吸烟者""随和型吸烟者""谨慎型吸烟者"推出不同品牌的香烟，均是依据生活方式细分市场。

（3）个性

指一个人比较稳定的心理倾向与心理特征，它会导致一个人对其所处环境作出相对一致和持续不断的反应。一般地，个性会通过自信、自主、支配、顺从、保守、适应等性格特征表现出来。因此，个性可以按这些性格特征进行分类，从而为企业细分市场提供依据。对诸如化妆品、香烟、啤酒、保险之类的产品，一些企业以个性特征为基础进行市场细分并取得了成功。

4. 按行为变量细分市场

即根据购买者对产品的了解程度、态度、使用情况及反应等将他们划分成不同的群体。很多人认为，行为变量能更直接地反映消费者的需求差异，因而成为市场细分的最佳起点。

（二）邮轮市场细分的方法

邮轮市场细分变量是多维的，也是多层次的，单用一种变量来细分市场有时不能将市场描述清楚，必须根据具体邮轮旅游产品特征和市场情况采用多种方式、多个变量因素来进行市场细分。主要的市场细分方法如下：

1. 单一变量细分法

这一方法也叫一元细分法。即根据影响邮轮旅游消费者需求的某一个重要因素进行市场细分。如老年邮轮旅游市场、学生邮轮旅游市场、香港邮轮旅游市场、日本邮轮旅游市场等。

2. 多个变量细分法

这一方法也叫二元或多元细分法，又叫交叉细分法。即根据影响消费者需求的两种或两种以上的因素进行市场细分。如中国的老年邮轮旅游市场是按照地域和年龄两个变量来细分的。

3. 系列变量细分法

这是根据企业经营的特点并按照影响消费者需求的诸多因素，由粗到细地进行市场细分。这种方法可使目标市场更加明确而具体，有利于企业更好地制定相应的市场营销策略。如美国的亚裔老年回国观光休闲邮轮旅游市场，是按地理位置（国内、国外）、年龄（儿童、青年、中年、老年）、购买动机（观光、学习、休闲度假、健身、探险）等系列变量来细分的。

邮轮企业在运用细分标准进行市场细分时必须注意以下问题：

①邮轮市场细分的标准是动态的。市场细分的各项标准不是一成不变的，而是随着社会生产力及市场状况的变化而不断变化。如年龄、收入、城镇规模、购买动机等都是可变的。

②不同的邮轮企业在市场细分时应采用不同标准。因为各邮轮企业的基础设施、资源、财力和营销的产品不同，所采用的标准也应有所区别。

③邮轮企业在进行市场细分时，可以采用一项标准，即可采用单一变量因素细分，也可采用多个变量因素或系列变量因素进行市场细分。

（三）邮轮市场细分的步骤

根据美国营销专家麦克阿瑟的观点，市场细分一般由以下七个相互关联的步骤组成：

1. 选定市场范围，确定经营方向

邮轮旅游经营者在确定了总体经营方向和经营目标之后，就必须确定其经营的市场范围，这项工作是企业市场细分的基础。市场范围是以邮轮旅游者需求为着眼点确定的，因此通过调查工作分析市场需求动态是必要的。同时，企业应充分结合自己的经营目标和资源，从广泛的市场需求中选择自己有能力服务的市场范围，不宜过窄或过宽。

2. 了解客源市场，确定潜在市场需求

在确定适当的市场范围后，根据市场细分的标准和方法，了解市场范围内所有现实的和潜在的邮轮旅游者的需求，并尽可能地详细归类，以便针对邮轮旅游者需求的差异性，决定采用何种市场细分变量，为市场细分提供依据。

3. 分析可能存在的细分市场

通过分析不同邮轮旅游者的需求，同时找出邮轮旅游者需求类型的地区分布特征、购买行为等方面的情况，分析和判断可能存在的细分市场。

4. 确定主要的市场细分标准

企业应分析哪些需求因素是重要的，通过将企业实际情况和各个细分市场的特征进行比较，寻找主要的细分因素，筛选出最能发挥本企业优势和特点的细分市场。

5. 为可能存在的细分市场命名

邮轮旅游经营者可以根据各个细分市场的主要特征，用形象化的语言或其他方式，为各个可能存在的细分市场确定名称。

6. 评价初步细分的结果，进一步了解各细分市场的消费需求和购买行为

通过深入分析各细分市场的需求，了解邮轮市场上消费者的购买心理、购买行为等，对各细分市场进行必要的分解或合并，这项工作将帮助邮轮旅游经营者寻找并发现最终的目标市场。

7. 分析各细分市场的规模和潜力

在前面六个步骤完成后，各细分市场的类型已基本确定，此时企业应估算各细分市场的潜在销售量、竞争状况、盈利能力、发展趋势等，并找出市场的主攻方向，进而确定目标市场。市场细分的以上步骤有利于企业在市场细分中正确选择营销目标市场，但无须完全拘泥于某一种模式，可以根据实际情况进行简化、合并或扩展。

三、邮轮目标市场选择

（一）邮轮目标市场选择的含义

市场细分是邮轮企业选择目标市场的依据，选择目标市场是市场细分工作的延伸。邮轮旅游经营者需要根据自身的条件，从细分的市场中选择出一个或几个子市场作为自己从事市场营销活动的对象，这一过程就被称为目标市场的选择。

邮轮目标市场选择，即邮轮企业在细分出来的若干子市场中，以邮轮旅游者的自身状况为出发点，结合本企业的资源、技术、规模、管理水平、竞争状况等因素，选择对自己最有利的、机会最大的一个或几个子市场。通过市场细分，邮轮企业找到了市场营销的机会，接下来就需要评估各类子市场，并确定哪些是值得进入的目标市场。

（二）邮轮细分市场的评估

市场细分揭示了企业面临的细分市场的机会。为了从许多的细分市场中确定邮轮企业的目标市场，需要首先评估细分市场。邮轮企业在评价各种不同的细分市场时，必须考虑三个要素：细分市场的规模与发展前景、细分市场结构的吸引力、企业的目标和资源。

1. 细分市场的规模与发展前景

邮轮企业要提出的第一个问题是：潜在的细分市场是否具有适度规模和较好发展前景。"适度规模"是个相对的概念，相对于邮轮企业自身的规模与实力而言。细分市场发展前景通常是一个理想的特征，因为邮轮企业一般都想扩大销售额和增加利润。不过，竞争对手也会迅速抢占正在发展的细分市场，使本企业利润减少。

2.细分市场结构的吸引力

细分市场可能具备理想的规模和发展特征，然而从盈利的观点来看，它未必有吸引力。美国管理学家波特认为有五种力量决定整个市场或其中任何一个细分市场长期的内在吸引力。企业应该对这五种力量对长期盈利的影响作出评估。这五种力量分别是同行业竞争者、新参加的竞争者、替代产品、购买者和供应商。它们具有如下五种威胁：

（1）细分市场内激烈竞争的威胁

如果某个细分市场已经有了为数众多的、强大的或者竞争意识强烈的竞争者，那么该细分市场就是不具有较大吸引力的细分市场。细分市场内如果出现下列几种情况就意味着企业面临着激烈的竞争威胁：该细分市场处于稳定或者萎缩的状态，生产能力大幅度扩大，固定成本过高，撤出市场的壁垒过高，竞争者投资很大。想要坚守这个细分市场，那么情况就会更糟。因为这些情况常常会导致价格战、广告争夺战，需要不断推出新产品，因此公司要参与竞争就必须付出高昂的代价。

（2）新竞争者的威胁

如果某个细分市场可能吸引新的竞争者，他们会增加新的生产能力和大量资源，并争夺市场占有率，那样这一细分市场便可能没有吸引力了。问题的关键在于新的竞争者能否轻易进入这个细分市场。如果新的竞争者进入这个细分市场时遇到森严的壁垒，并且遭受到细分市场内原企业的强烈反抗，他们便很难进入。保护细分市场的壁垒越低，原来占领细分市场企业的反抗心理越弱，这个细分市场就越缺乏吸引力。

某个细分市场吸引力的大小因其进退难易的程度不同而有所区别。根据行业利润的观点，最有吸引力的细分市场应该是进入的壁垒高、退出的壁垒低。在这样的细分市场里，新的企业很难进入，但经营不善的企业可以安然撤退。如果细分市场进入和退出的壁垒高，必须坚持到底。如果细分市场进入和退出的壁垒都较低，企业便可以进退自如，获得的报酬虽然稳定，但较少。最坏的情况是进入细分市场的壁垒较低，而退出的壁垒却很高。于是在经济景气时，大家蜂拥而入，但在经济萧条时，却很难退出。其结果是各企业长期生产能力过剩，收入降低。

（3）替代产品的威胁

如果某个细分市场现已存在着替代产品或者有潜在替代产品，该细分市场就失去吸引力。替代产品会限制细分市场内价格和利润的增长。

（4）购买者议价能力加强构成的威胁

如果某个细分市场中购买者的议价能力正在加强，该细分市场就没有吸引力。购买者会设法压低价格，对产品质量和服务提出更高的要求，并使竞争者互相争斗，所有这些都会使销售商的利润受到损失。在这种情况之下，销售商为了保护自己，可选择议价能力最弱的购买者。

（5）供应商议价能力加强构成的威胁

如果企业的供应商提价或者降低产品和服务的质量，或减少供应数量，该企业所在的细分市场就没有吸引力。如果供应商集中或有组织，或者替代产品少，或者供应的产品是重要的投入要素，或转换成本低，或者供应商可以向前实行联合，供应商的议价能力就较强大。企业应对此类威胁的最佳方法是与供应商建立良好关系和开拓多种供应渠道。

3. 企业的目标和资源

企业需要将自身的目标和资源与其所在细分市场的情况结合在一起考虑。某些细分市场虽然有较大吸引力，但是它们不能保障企业完成自己的目标，甚至会分散企业的精力，使之无法完成主要目标，因而必须放弃。即使这个细分市场符合企业的目标，企业也必须考虑本企业是否具备在该细分市场取胜所必需的技术和资源。企业在具备必要技术和资源优势，并且能够成功压倒竞争对手，在细分市场创造某种形式的优势地位时，才可以进入这一细分市场。

（三）邮轮目标市场选择的模式

通过对不同的细分市场进行评估，企业可以挑选一个或几个值得进入的细分市场。在决定要进入哪几个细分市场的选择过程中，企业有五种模式可以采用：

1. 密集单一市场

最简单的方式是企业选择一个细分市场集中营销。企业在以下几种情况之下，比较适合使用密集单一市场策略：企业具备在该细分市场获胜必需的条件；企业资金有限，只能在一个细分市场经营；该细分市场中可能没有竞争对手；该细分市场可能会成为促进其他细分市场继续发展的开始。

企业通过密集营销，集中关注某一细分市场，能够对该市场的需求特征有更加准确的认识和了解。同时，通过有针对性营销工作的展开，企业内部将形成专业化的分工，并能够有利于企业树立特别的声誉，为企业长期的盈利奠定比较好的基础。

然而，密集市场营销风险更大。当个别细分市场出现需求萎缩的情况或者某个实力强大的对手决定进入该市场时，企业将面临巨大的压力和挑战。鉴于这一原因，许多企业宁愿在若干个细分市场分散营销。

2. 有选择的专门化

企业采用此法选择若干个细分市场，其中每个细分市场在客观上都有吸引力，并且符合企业的目标和资源。但在各细分市场之间很少有或者根本没有任何联系，然而每个细分市场都有可能盈利。这种多细分市场覆盖优于单细分市场覆盖，因为这样可以分散企业的风险，即使某个细分市场失去吸引力，企业仍可以继续在其他细分市场盈利。

3. 产品专门化

企业用此法集中生产一种产品，并向各类顾客销售这种产品。一些拥有独特邮轮旅游资源的企业往往采用这种模式，这些邮轮企业如果营销得力，可以树立很高的声誉。产品专门化模式在提供专一邮轮旅游产品的同时并不排除在邮轮旅游产品的辅助内容方面有所区别，比如旅行工具、住宿标准等，因为邮轮旅游者不可能完全一致。

4. 市场专门化

是指企业专门为满足某个顾客群体的各种需要服务。企业专门为这个顾客群体服务，从而获得良好的声誉，并成为这个顾客群体所需各种邮轮旅游产品的供给者。

5. 完全市场覆盖

即邮轮企业将整个邮轮市场作为目标市场，生产和提供各种邮轮旅游产品来满足所有邮轮旅游者群体的需求和欲望。这一模式通常是一些大型邮轮旅游集团所为。

四、邮轮市场定位

（一）邮轮市场定位的含义

邮轮市场定位是指邮轮企业根据目标市场上的竞争者和企业自身的状况，从各方面为本邮轮企业的邮轮旅游产品和服务创造一定的条件，进而塑造一定的市场形象，以求在目标顾客心目中形成一种特殊的偏好。简单地说，邮轮市场细分和邮轮目标市场的选择是让邮轮企业如何找准顾客，而邮轮市场定位则是让邮轮企业如何赢得顾客的"芳心"。

对于邮轮企业来讲，市场定位是本企业邮轮旅游产品在消费者心目中的地位。也就是说，企业要给邮轮旅游产品在消费者的心目中确定一个适当的位置，有一个明确的说法，如服务上乘、品位高雅、经济实惠、安全便捷、舒适豪华等。邮轮旅游产品市场定位实际上是通过树立邮轮旅游产品特色来达到消费者的心理效应。它产生的结果是让潜在消费者从一个或几个方面认识这种邮轮旅游产品，使之在消费者心目中占有特殊的位置，留下深刻印象，赢得消费者的认同。市场定位通过为自己的产品创造鲜明的个性，从而塑造出独特的、能吸引消费者的市场形象。一项邮轮旅游产品是多个因素的综合反映，包括主题、邮轮旅游项目、线路、档次、价格、品牌等，市场定位就是强化或放大其中的某些因素，以形成与众不同的独特形象。

市场定位的实质就是在于取得目标市场的竞争优势，确定产品在消费者心目中的适当位置并留下深刻的印象，以便吸引更多的消费者。因此，市场定位是市场营销战略体系中的重要组成部分，它对于树立企业及产品的鲜明特色、满足顾客的需求偏好、提高企业竞争实力具有重要的意义。

（二）邮轮市场定位的步骤

邮轮市场定位的关键是企业设法在自己的产品上找出比竞争者更具有竞争优势的特性，根据竞争者现有产品在细分市场上所处的地位和邮轮旅游者对产品某些特性的重视程度，塑造出本企业产品的市场定位。因此，邮轮企业市场定位的全过程可以通过以下三个步骤来完成：

1. 识别企业的竞争优势

邮轮旅游者一般都会选择那些给自己带来最大价值的产品和服务。因此，赢得和留住顾客的关键是要比竞争对手更好地理解顾客的需要，并向他们提供更多的价值。正如美国学者波特在《竞争优势》一书中所指出的，"竞争优势来自企业能为顾客创造的价值，而这个价值大于企业本身创造这个价值时所花费的成本"，"竞争优势有两种类型：成本优势和产品差别化"。据此，可以明确，邮轮企业的竞争优势取决于其邮轮旅游产品开发设计和经营管理方面的成本优势及其邮轮旅游产品的创意设计能力。

要想确定企业的竞争优势，需要具体了解以下问题：竞争对手的产品定位是怎样的？目标市场上邮轮旅游者的需要和欲望的满足程度如何？哪些需要和欲望是尚未得到满足的？针对竞争对手的市场定位和目标市场上邮轮旅游者需要的利益，企业可以做什么？通过回答以上几个问题，邮轮企业就可以从中找出与竞争对手的差异所在，并由此确定自己的竞争优势。

2. 选择有价值的竞争优势

并不是所有的差异都能成为竞争优势，邮轮企业要做的就是区分哪些差异能够成为有价值的竞争优势。通常，企业要通过以下几个方面来衡量：

①重要性：要能够给相当数量的邮轮旅游者带来实惠。

②独特性：既没有其他企业使用，也不能再以更独特的方式被竞争对手使用。

③可沟通性：易于被邮轮旅游者见到并理解。

④可负担性：邮轮旅游者能够负担得起由于差异带来的费用。

⑤获利性：邮轮企业能够从中获得利益。

大多数邮轮旅游者对各个邮轮企业之间的细微差异并不十分感兴趣，邮轮企业也没有必要费时、费力去深入探求每一处的不同。一般来说，邮轮企业只需要对那些最能体现企业风格、最适合目标市场需要之处进行必要宣传即可。这就要求企业确定需要突出多少种差异和突出哪些差异。

3. 沟通及传播企业的市场定位

在确定了市场定位后，邮轮企业就必须要把它准确无误地传递给目标邮轮旅游者，使其独特的竞争优势在邮轮旅游者心目中留下深刻印象。邮轮企业要通过营销活动使目标邮轮旅游者了解、熟悉、认同本企业的市场定位，并在邮轮旅游者心目中建立与其定位相一致的形象。如一家邮轮企业定位于"质量上乘"，那么它就必须努力地把这种信息传播出去。优质产品的信息可以通过营销的其他要素表达出来，如高价格，因为在人们的观念中高价格往往意味着高质量，高品质的邮轮旅游产品设计、高质量的广告媒体选择、高素质经销商的合作等，这一切必须与企业"质量上乘"的定位相一致。

此外，邮轮企业还要不断强化其市场形象并保持与目标邮轮旅游者的沟通，以巩固其市场地位。如果目标邮轮旅游者对企业的市场定位理解出现偏差，或者由于企业宣传上的失误而造成目标邮轮旅游者的误会，企业要及时纠正与其市场定位不一致的形象。

（三）邮轮市场定位的方法

邮轮市场定位的常用方法有以下几种：

1. 初次定位

初次定位是指新成立的邮轮企业初入市场，邮轮旅游新产品投入市场，或者邮轮旅游产品进入新市场时，企业为满足某一特定邮轮旅游者的需要，采用所有的市场营销组合而使其竞争优势与特色为目标邮轮旅游消费群体所接受的过程。

2. 避强定位

这是一种避开强有力的竞争对手进行市场定位的模式。当企业意识到自己无力与强大的竞争者抗衡时，则远离竞争者，根据自己的条件及相对优势，突出宣传自己与众不同的特色，满足市场上尚未被竞争对手发掘的需求，这就是避强定位。这种定位的优点是能够迅速地在市场上站稳脚跟，并在邮轮旅游者心中尽快树立起一定形象。由于这种定位方式市场风险较小，成功率较高，常常为多数邮轮企业所采用。

3. 迎头定位

这是一种以强对强的市场定位方法。即将本企业形象或产品形象定在与竞争者相似的位置上，与竞争者争夺同一目标市场。实行迎头定位的邮轮企业应具备的条件是：能比竞争对手设计出质量更好或成本更低的邮轮旅游产品；市场容量大，能容纳两个或两个以上的竞争者；拥有比竞争者更多的资源和能力。这种定位存在一定风险，但能够激励企业以较高的目标来抢占市场。

4. 重新定位

重新定位是指邮轮企业通过改变产品或特色等手段，改变目标邮轮旅游者对产品的认知，塑造新的形象。即使企业产品原有定位很恰当，但当出现下列情况时，也需要考虑重新定位：

①竞争者推出的市场定位侵占了本企业品牌的部分市场，使本企业产品市场占有率下降。

②邮轮旅游者偏好发生了变化，从喜爱本企业品牌转移到喜爱竞争对手品牌。所以，一般来说，重新定位是企业为了摆脱经营困境，寻求重新获得竞争力的手段。当然，重新定位也可作为一种战术手段，并不一定是因为陷入了困境，相反，可能是由于发现了新的产品市场。

第二节 邮轮市场营销组合

根据美国市场营销学家麦卡锡提出的"4P"分类法，可以将不同的市场营销组合变量分为产品（Product）、价格（Price）、分销渠道（Place）和销售促进，即促销（Promotion）

四个要素。"4P"是基于生产者的营销策略，以下逐一分析如何把这种理念运用到邮轮旅游市场当中。

一、产品策略

邮轮旅游的特殊性就在于邮轮本身也属于行程的一部分，所以邮轮自身就是一种产品，包括邮轮上的各项设施，如餐饮、娱乐设施等。与其他传统的休闲方式相比，仅仅是邮轮上所提供的各类娱乐设施就能使游客感受到充实的休闲娱乐，上岸观光则变成了一种调剂，这也是邮轮旅游的魅力所在。

从产品策略看，邮轮旅游市场上的产品主要分为邮轮航线与邮轮本身，而邮轮航线义可分为现有的邮轮航线与未开通的邮轮航线。

邮轮航线的产品策略当然要在维持现有产品的基础上，再根据市场的不同需求来进行新产品开发。目前东南亚的邮轮航线是最为红火的，这也符合一般旅游者的需求。可对于小部分旅游者来说，他们向往更豪华气派的邮轮旅行，因此可以特别为这些高收入人群开通前往加勒比海或地中海的邮轮线路，以满足他们的消费需求，凸显他们的身份和地位。

以上海游客为例，邮轮自身的产品策略首先是要突出邮轮与其他旅游方式的不同之处，强调邮轮的舒适享受以及海上休闲方式的特殊性；其次针对上海游客的特点来改良邮轮产品，充分把握上海居民的生活习惯，比如注重菜肴的口味，一般上海人在餐饮方面讲究清淡；再次上海人都比较有小资情怀，喜欢浪漫时尚又不失高雅的环境等，这些在邮轮整体布局和装饰上都应该体现出来。

二、价格策略

相对于传统的旅游方式，邮轮旅游的价格相应要高出许多，但现在的邮轮旅游价格与以往相比已经有了大幅度的下降，邮轮旅游不再只属于贵族王室，普通的平民百姓也有机会参与其中。对于邮轮旅游来讲，适当地降低价格可以吸引更多的旅游者，提高人们对于邮轮旅游的认识。但是不能忘记邮轮旅游毕竟是高档的旅游产品，它不仅能让人得到充分地享受，更能彰显出邮轮旅游者的身份和地位，相信这也是许多人选择邮轮的原因。所以，邮轮旅游市场的价格策略并不只是单纯的低价策略，它对于经济型邮轮或许是适用的，但豪华邮轮的价格一定要维持在一定的价格水平之上。

三、分销渠道策略

邮轮旅游的营销不单只着重于供货商与消费者彼此间有利的交换行为，它还涉及与其他代理商之间相互的交易行为，它的终极目标在于维系供货商、消费者与代理商三者间的长期关系，促进供需双方间的互动。邮轮旅游产品的销售大都是透过多元的分销渠道达成的，其中以旅行中介机构为主。

鉴于旅行社与邮轮旅游者之间的密切关系，国际邮轮企业有必要与旅行社开展广泛合作。游客除了通过自己浏览邮轮网站获取信息外，依靠旅行社获取相关信息的情况也非常普遍。邮轮企业与旅行社之间保持良好的合作关系可以促使旅行社向游客推销更多的邮轮产品，从而为邮轮企业带来丰厚的利润。另外，旅行社也要不断提高自身的服务能力，提升顾客满意度，才能与邮轮企业开展长期的合作。

对邮轮旅游市场而言，分销渠道的重点应放在旅游代理商。受相关政策的限制，目前国际邮轮企业还无法直接销售其邮轮产品，他们必须通过旅游代理商将信息传达给游客。

目前在我国上海只有云顶香港有限公司取得了外商独资旅行社的经营权，可以从事入境游、国内游和邮轮票务业务。即便如此，云顶香港有限公司还是与多家国内知名的旅行社保持着良好合作关系，使船票和机票以及相应的地接服务整合成一个完整的邮轮旅游产品，不断发展和扩大销售网络，从而将邮轮产品推向国内更多城市和区域。

外商独资旅行社在价格、全球接待网络、预订与销售系统以及邮轮客运等方面都具有国内旅行社无可比拟的优势，但就目前而言，通过国内旅行社销售邮轮产品应该是更好的选择。有关数据显示，通过旅行社代理的订位率高达95%。可见，邮轮企业与旅游代理商之间的共生体系已完全确立，邮轮市场分销策略应当注重间接销售。

四、促销策略

在制定邮轮旅游的促销方式时，应视旅游者类型的不同而采取不同的策略。根据调查，邮轮旅客分为五种不同的类型：

（一）家庭型

家庭型游客年纪稍轻，比较务实，讲求实用。他们花钱谨慎，观念保守。他们要么觉得邮轮旅游价格昂贵，要么觉得家庭项目太少，或两者兼有之。

促销策略：展示丰富多彩的家庭项目；强调邮轮旅游的轻松与舒适；做出费用对比，展示性价比。

（二）出手大方型

出手大方型游客年纪较长，生活富足，性格活跃，追求高品位、高品质。他们可能没有意识到很多邮轮旅游产品奢华舒适，甚至物超所值。

促销策略：突出邮轮旅游豪华、高品质的特点，推荐那些菜肴精美、用餐考究的邮轮。

（三）花钱随意型

花钱随意型游客与出手大方型游客如出一辙，只是比他们年纪稍轻。他们雄心勃勃，努力工作，喜欢优质产品、优质服务和非同凡响的体验。他们消费时容易冲动，经常入不敷出。在他们看来，邮轮旅游形式太古板。

促销策略：告诉他们邮轮旅游是多么豪华、多么让人享受，提醒他们邮轮旅游非常时尚，而且正是他们一直在勤奋工作最应该得到的享受。

（四）谨慎型

谨慎型游客偏好熟悉的旅游经历。他们比较小心谨慎，关心安全，他们会觉得邮轮旅游过于不同寻常。

促销策略：强调邮轮是安全可靠的，给他们建议熟悉的、大众化的行程安排，展示邮轮旅游怎样让他们无忧无虑。

（五）冒险型

冒险型游客与谨慎型游客正好相反，他们勇于尝试，喜欢不断学习，不断探索。只要在这些方面有所获益，他们便不惜花钱。他们觉得邮轮旅游太受管制，活动空间有限，而且太重娱乐，不重教育。

促销策略：告诉他们邮轮旅游其实很灵活，向他们推荐停靠港独特的行程安排以及提供学习机会和冒险经历的邮轮产品。

【拓展阅读】

南海之梦邮轮西沙旅游营销文案

南海之梦邮轮作为西沙航线邮轮，拥有2.4万吨，可载客893人，南海之梦邮轮从三亚到西沙4天3晚游，带你去往童年课本上美丽富饶的西沙群岛，畅游银屿岛和全富岛。西沙群岛清澈见底的海面，颜色深浅不一的海底，细软净白的沙洲，其中玻璃海最为著名，翡翠般的海面，令人为之心动。

一、南海之梦邮轮西沙群岛旅游线路特色

1. 去祖国最南端的海岸线升国旗、唱国歌。

2. 玻璃海中随意畅游、浮潜、海钓，钓鱼人的狂欢节。

3. 玻璃船免费观光，灯塔打卡，看最美七彩玻璃海。

4. 每个房间都会配有一个管家，负责旅途中的任何问题。

二、南海之梦邮轮西沙群岛旅游线路行程安排

第一天全国各地游客自行前往三亚凤凰岛国际邮轮码头集合登船，观赏南海之梦号船舶，16：30 — 17：00 邮轮起航前往西沙。

第二天5：30起床观海上日出，南海之梦邮轮带你前往全富岛和银屿岛观光游览。全富岛是西沙群岛最美的沙洲，目前无人居住，全富岛由洁白而又细软的沙滩组成，只有少量海浪拍打上来的珊瑚石和贝壳，被大家称为白富美。下午登银屿岛，银屿岛由珊瑚砂和礁石构成，岛上是没有被破坏的原始生态，各种蟹、贝壳、鱼、寄居蟹等生物随处可见。

第三天再次登上全富岛和银屿岛，参加原生态登岛体验，享受岛上的自由时光，参观渔民村、海边戏水、品尝地道海鲜大餐，对于钓鱼爱好者还可以参加出海钓鱼项目。

当然你也可以选择呆在邮轮上观看国内外海洋大片。21∶00 启程返航，预计到达三亚是第四天 9∶00，你也可以在三亚继续游玩。

资料来源：网易.

讨论：南海拥有丰富的滨海、海岛和海洋旅游资源，如何在南海邮轮旅游产品营销上树立我国这一优美自然海域的形象？

第三节　邮轮网络营销

随着人类向信息社会迈进的步伐不断加快，一个互联的、全球化的商业时代已来临。以多媒体通信为标志的网络环境必将成为我们赖以工作、生活甚至生存的基本"生态环境"。对于邮轮旅游业而言，邮轮网络营销的前景十分广阔。

一、邮轮旅游网络营销的优势

邮轮旅游网络营销具有以下优势：

（一）沟通优势

网络营销缩短了邮轮企业与旅游者之间在供应链上的距离，减少了交易成本，使沟通更加快捷。

（二）创新优势

由于网上信息传播快捷，使邮轮企业能够快速获得最新商业发展信息，抓住新的商业机遇，拓展市场空间。

（三）服务优势

营销人员可以更加快捷、精准地得到资源支持，从而有利于保障服务质量。

（四）竞争优势

在网络营销中，信息已不再为一个或某几个集团所独有，小企业、大企业和企业集团可以在较为公平的基础上展开商业竞争，谁在网络营销方面占了先机，谁就赢得了竞争优势。

网络营销的种种优势表明，其将成为推动现代邮轮旅游业发展的重要手段，这与邮轮旅游业发展的总体趋势是一致的。从长远看，网络营销必将在邮轮旅游业中发挥广泛而重要的作用。

二、几种常用的邮轮网络营销形式

（一）微博营销

随着新浪微博、网易微博的兴起，绝大多数人都有自己的微博账号。微博已成为人们获取信息的重要来源。将现实生活中发生的事情上传微博后，用不了多久，就会遍布于整个网络。这种传播速度是以往其他任何营销工具都无法比拟的。因此，在发展邮轮旅游时，我们要善于利用这种新型的营销手段。首先，要注册一个官方的邮轮企业微博，使信息具有可信度；其次，对信息的更新十分重要，可以把每天的航次、乘客人数以及其他游客十分感兴趣的话题放在微博中让博友们浏览；再次，对于博友的评论咨询等问题要及时回答。信息的力量是强大的，不用广告等方式，也可能造成信息爆炸，使更多的人了解并参与邮轮旅游，从而达到营销的目的。

（二）旅行网站营销

目前途牛网、携程网、驴妈妈等在线旅行社发展十分迅速。随着电子信息技术的发展，人们在网时间要远远超过看报纸、杂志、电视的时间。因此，利用旅行网站进行网络营销成为一种势不可挡的趋势。

（三）网络视频传播

通过网络电影、电视或微电影等网络影视作品进行邮轮产品的营销。一直以来，影视作品对人们的生活都产生非常大的影响，会指引人们的消费方向。例如当年电影《泰坦尼克号》的播出，使人们认识到邮轮旅游这种较为高档的旅游方式。

（四）利用关键词营销

如今，潜在顾客在不知道或是对邮轮旅游了解较少的情况下，通常的做法是上网查阅。"不知道，问百度"已是时下中国人思考处理问题的一种方式。利用关键词这种营销手段，即在网络中购买邮轮或邮轮旅游相关关键词，使潜在顾客在查阅邮轮旅游资料时，首先显示的是邮轮公司邮轮旅游产品的宣传片或宣传资料，从而使其对本公司的邮轮旅游产品产生深刻印象。

三、邮轮网络营销的策略

在如今的互联网时代下，网络营销取得了飞跃式的发展，不仅改变了商家的营销模式，也改变了消费者的购物方式。如今，网络营销广告已渗透到我们生活的每个角落，商家可以通过网络把资讯迅速传递给消费者，又可以及时掌握消费者的反馈。互联网的发展改变了商家与客户的交流方式，商家不再是简单的向消费者传递信息，而是可以根据消费者的诉求，随时调整自身的营销策略。随着大数据技术的发展，商家可通过网络媒体掌握大量的客户信息，例如可以实时了解到网络用户在论坛、社区、抖音、微博、微信等社交软件上的浏览痕迹。这样，商家就可以根据这些信息对客户实施精准营销，抢占更多市场份额。目前我国邮轮旅游的宣传与推广主要是依赖 OTA 平台，其产品营销宣传仍有很大的不足，应该联合其他新媒体途径进行邮轮旅游的推广，这样才能将邮轮旅游信息传递给更多的消费者。

（一）利用客户数据，实现精准营销

只有准确的掌握游客信息，才能准确了解到其需求，进而实现精准营销。因此，不只是邮轮公司，OTA平台也要建立游客信息档案，传统的小旅行社也需要建立自己的游客信息库，借助客户数据了解游客的消费行为、基本信息、行为数据等，进而分析游客数据信息，了解游客的购买偏好、购买力以及对产品的忠诚度。在此基础上，邮轮公司可以改善邮轮产品的设计，即使在航线单一的情况下，也可以根据游客偏好来完善邮轮的活动项目，提高游客满意度的同时，也可以吸引新的消费者。

（二）多平台推广，扩大营销覆盖面

1. OTA平台

一般称为Online Travel Agency或Online Travel Agent，也可称为TPW，即Third Party Website（第三方网站）。随着互联网的发展，旅游者的消费方式也变得更加方便、快捷，许多游客逐渐从线下的旅行社转变为通过OTA预订交通或旅游产品，这也促使许多传统旅游企业积极与OTA合作。OTA能够更加迅速地将消息传递给游客，迅速扩大宣传效果，可以在较短时间内帮助邮轮企业提高知名度，开发潜在市场。

2. 短视频平台

短视频平台（抖音、火山小视频等）的发展改变了消费者接受信息的方式。消费者通过使用短视频平台，可以短暂忘却生活中的琐事与烦恼，只需指尖轻触便可以进入到轻松、愉悦的"娱乐理想国"。在这里，消费者是主动接受信息，能够更加快速的接受新事物。所以对于邮轮旅游这一"舶来品"而言，通过短视频平台可以快速给我国消费者传送邮轮文化，使邮轮成为"网红打卡圣地"。

3. 社交网络平台

社交网络平台拉近了人与人之间的距离。在互联网时代，消费者既是受众又可以是"媒介"，当消费者将使用的某种商品在某一平台进行分享之后，消费者在一定程度上充当了"媒介"，从而形成有效的口碑营销。例如微信不仅可以推广邮轮产品，其朋友圈更是口碑营销的绝佳之地。现在很多的线下旅行社都会建立自己的游客微信群，在发布广告的同时，又可以与游客实时互动，拉近了商家与消费者的关系，在提升游客体验度的同时，也提高了客户的忠诚度。

（三）利用GDS，改善邮轮分销系统

为了获取邮轮旅游市场份额，降低自身销售风险，许多邮轮公司在我国选择采取"包船模式"，致使分销渠道存在很多弊端。在邮轮产品同质化下，许多旅行社以价格战的方式促销，导致我国邮轮价格体系混乱。现如今，一些邮轮公司逐渐放弃"包船模式"，通过投入新邮轮产品等方式来重新定价，慢慢增强对邮轮旅游市场的掌控。同时，我国邮轮旅游业可以利用GDS（全球分销系统），通过GDS整合更多的邮轮产品并将邮轮产品的数据实时化，不仅扩大了消费者的选择范围，还可以呈现出邮轮产品的动态价格，在为游客提供便利的同时，也防止了旅行社的恶意降价。

【复习思考题】

1. 邮轮市场细分的依据有哪些？

2. 邮轮市场定位的步骤有哪些？

3. 如何针对不同类型的邮轮旅客实行相应的促销策略？

4. 邮轮网络营销应采取哪些策略？

【推荐阅读】

［1］余雄，王祥.市场营销学：理论及案例［M］.云南：云南大学出版社，2018.

［2］刘义军.邮轮市场营销［M］.北京：旅游教育出版社，2016.

［3］杜峰帅，石兴，肖素雅，等.互联网时代下邮轮旅游网络营销策略分析［J］.商讯，2021（16）：8-10.

第七章　邮轮安全管理

【本章概要】

  邮轮带着数千乘客漂洋过海，稍有差池就会酿成惨剧。因此邮轮业是一个受到严格监管的行业，所有的邮轮需要按联合国、国际海运组织和其他行业组织制定的标准来设计、建造和运营。

  1912 年泰坦尼克号的灾难推动了国际社会对海上安全标准的审视。1914 年，首个《海上人命安全公约》（International Convention for the Safety of Life at Sea，简称 SOLAS 公约）通过，经过后来的多次修正和补充，现在这个公约已经扩展到了邮轮安全的方方面面，且要求非常严格。可以说，SOLAS 公约从制度上禁绝了泰坦尼克悲剧重演的可能性，在业内也有个这样的说法：Titanic sank，SOLAS rose。

  一百多年来，经过邮轮建造技术与管理水平的不断发展，邮轮的安全程度已经上升了好几个台阶。同时邮轮全球卫星定位、天气监测等高新技术的突飞猛进，让气候因素对邮轮的影响降到了最低。可以说，现代邮轮失事的可能性要远远低于飞机、汽车等其他交通工具。

【学习目标】

  理解：邮轮安全管理的概念；海上危机的定义及分类。

  熟悉：邮轮安全管理的内容；邮轮安全管理规则和主要机构；邮轮安全管理的规章。

  掌握：邮轮安全应急反应；邮轮常见应急预案和应急处理程序；邮轮卫生安全管理措施和急救基本技术。

【开篇导读】

2015 年"东方之星号"沉没事件始末

  2015 年 6 月 1 日，我国长江流域发生了一起特大沉船案件，一艘隶属于重庆东方轮船公司的游轮——东方之星号从南京开往重庆，这艘游轮于 6 月 1 日抵达湖北省监利县大马洲水道时发生沉船事故。这艘游轮仅用了一分钟时间就彻底翻沉，游轮上的 454 名乘客落入水中，其中 442 人丧生。

1. 一段夺命之旅

5 月 28 日，东方之星游轮从南京启程，这艘游轮将耗时 10 天从南京开往重庆。这艘游轮属于观光船，船上的游客大多是 50～80 岁的老年人。东方之星号原定于 6 月 7 日抵达重庆，没想到航程才进行了一小半，这艘巨轮就沉没了。

东方之星游轮上有一位工作人员名叫张辉，他是上海协和国际旅行社的导游，张辉在这起特大翻船事故中幸存下来，他说出了自己的经历。6 月 1 日，东方之星号游轮在湖北赤壁进行游览，一天的行程结束后游客们回到房间准备休息，6 月 2 日这艘游轮将抵达湖北荆州。

6 月 1 日 21：00，张辉和其他几名同事正在商量第 2 天的行程安排，当天湖北监利县的天气状况很不好，气象局发布了大雨黄色预警，当地出现了大范围的暴风雨天气，窗外电闪雷鸣，风力不小。东方之星号游轮的窗户密闭性不严，张辉在大厅里与同事制定行程时，雨水从窗户的缝隙飘进船内。

21：20，很多游客都被暴雨声吵醒了，雨水从窗户的缝隙中进入船内，游客的被褥都湿了。张辉准备去卧室看看，他还没有走到休息室，大船突然出现剧烈的摇晃，20 多秒后这艘游轮就倾斜 45° 翻沉。

张辉赶紧扶住旁边的栏杆，拿到挂在船上的救生衣，他穿上救生衣后顺着窗户往外爬。当天晚上游轮上的状况非常混乱，张辉逃生的时候听见游轮中哀嚎一片，张辉爬出窗户跳入江中时，看见很多人都陆续跳入水中。张辉不会游泳，他紧紧抓住救生衣，顺着江水一直漂流。

当天晚上电闪雷鸣，风大浪大，张辉把救生衣绑在自己的皮带上，他顺着江水顺流而下。漂流过程中张辉曾多次自救，他试图抓住路边的树木和障碍物最后都失败了。张辉在江面上漂流了十几个小时，一直从湖北监利飘到了湖南岳阳，此时风浪已经越来越小，张辉抓住了岸边的树枝终于获救。

2. 百年不遇的特大暴雨，增加了救援难度

从 6 月 1 日 19：00 开始，当地下了一场百年难遇的特大暴雨，短时间内降雨量超过了 250 毫米，当地的水位迅速上涨。轮船翻船事件发生后，湖北省有关部门迅速成立专案组对落水人员进行搜救。游轮发生翻沉事故后，400 多名游客掉入水中，大多数没有穿救生衣的游客都被水冲走了，轮船翻沉事故发生一个小时后当地警方才接到报警电话。有关部门立刻成立专案组对幸存人员进行搜救，等救援队来到江边时，东方之星游轮已经完全翻沉，倒扣在水面上。救援队找来一艘大型搜救船，将东方之星号完全翻转过来，进入船舱中进行搜救。由于轮船倾覆的速度太快，船舱内进入了大量的水，警方只在船中找到了一名幸存的老太太。当地的水流又急又大，很多游客已经被冲散，搜救难度越来越高。直到 6 月 2 日下午，救援部门只找到 12 名幸存者，其余的旅客全部失踪。

3. 游轮为何会翻沉？

东方之星号游轮翻沉后有关部门成立专案组，一定要找出轮船翻沉的原因。沉船地点位于长江中游航道301千米处，6月1日21：00左右，当地下起了一场大暴雨，长江水面上还形成了龙卷风，停在水面上的大船遭遇龙卷风后迅速翻沉。

据气象专家调查，长江上形成的龙卷风风力很强，龙卷风中心的风力达到12级以上，龙卷持续时间为15～20分钟。在江面上行驶的东方之星游轮遇到了强劲的龙卷风，大船瞬间出现翻沉。东方之星游轮发生翻沉时附近还有另外一艘游轮，这艘游轮的船长在2小时之前下令抛锚停船，这艘船幸运地躲过了龙卷风。

东方之星游轮隶属于重庆东方轮船有限公司，这艘船于1994年第一次启用，1997年这艘轮船经过整改。改造过程中重庆东方轮船公司把平直的船头改为了飞剪式船头，为了增加船内的客舱数量，东方之星游轮的船体被改为封闭的独立式房间。房间内的客床被固定在地面上，窗户外面还安装了护栏，大船翻沉时很多人都没有从船舱里逃生。

2014年东方之星号游轮再次进入船厂维修，轮船的负责人为了降低维修成本，提前结束了维修过程，维修过程中东方之星游轮没有喷砂。东方之星游轮翻沉后，有人质疑这艘轮船经过改造后变得越来越臃肿，游轮的两舷全通走廊被取消了，客房布局进行调整也影响了逃生速度，这些原因导致游轮翻沉后大量旅客没有撤离。

4. 主要负责人受到惩罚

6月1日当天湖北荆州市发布了暴雨黄色预警，另外一艘游轮的船长收到这个信息后立刻抛锚停航，而东方之星号游轮却选择继续前进，有人认为船长要对这起事故负直接责任。翻沉事故发生后，有关部门花费了6个月时间调查了沉船的主要责任，一共有45名责任人被记过。

东方之星游轮的船长张文顺被吊销船长证书，送至司法机关进行调查，重庆市常委、万州区委书记王显刚被给予党内警告。东方之星游轮翻沉事故至今已过去了多年，这起特大游轮翻沉事故依旧会让人感到心有余悸。

资料来源：墨城立冬 2021-06-28.

阅读思考：你从东方之星沉没事件中所看到的邮轮安全隐患有哪些？在邮轮的日常运营中应该如何避免这些隐患的产生？

第一节 邮轮安全管理概述

一、邮轮安全管理的基本概念

（一）邮轮安全管理含义

安全可以是广泛地指"摆脱可能对人身造成伤亡，对设备或财产造成损失或毁坏的情况"。另一种解释是"使伤害或损害的风险限制在可以接受的水平"。不论是哪一种解释，安全包括的内容是一致的，即保护人员免于伤亡的人身安全、保护设备不受损坏的财产安全和保护环境不受损害的环境安全。

在船上的工作环境中，操作就是一种危险，如高空、舷外作业坠落的危险，船舶搁浅的危险等。这些危险有可能对人员造成伤害、对船舶造成损失、对环境造成污染。这些危险可以理解为"隐患"，是造成损害的潜在因素。在安全问题中，危害造成的后果有两种：一类是突然发生的事故；另一类是由于作业环境中存在的某些物理或化学危害，如噪声、有毒物质辐射等使人体遭受损伤。

安全管理是消除或控制危险的一种活动。安全管理实质上是防止危害的管理，它分为使危险发生的概率减小的预防和防止事态扩大、使损失减小的防护。安全管理的进一步详细解释是安全的计划、组织、指导和控制。换言之，为了达到安全的目标，把安全管理活动分为计划、组织、指导和控制四个过程，这是管理过程和管理要素的循环式周期，它们之间紧密相连、相互影响。

为了适应国际海上航运贸易的发展和提高安全管理水平，国际海事组织（IMO）于1993年颁布了《国际安全管理规则》，从而使船舶安全管理统一在该规则的标准基础之上。它标志着船舶安全管理走向规范化、系统化和程序化。船舶安全管理泛指保护船员和旅客的安全与健康、防止船舶和货物的损害以及防止海上污染的一切管理活动。航运企业通过安全管理计划、安全管理组织、安全管理计划的实施和安全管理监控来实行全面安全管理。

（二）邮轮安全管理规则

船舶运输业是专业性强、风险高的行业，它受到诸多外界因素的影响，特别是海上环境的影响。由于海上事故不断出现，造成的危害也不断增加，为减少海上事故，国际上制定了相关国际公约及法规（表7-1）。

表7-1　相关国际公约及法规的制定

年份	公约或法规	成果
1914	《国际海上人命安全公约》（SOLAS）	公约重点对客轮提出了安全要求，其中对船舶构造、分舱、救生及防火和救生设备做出了严格的规定，并要求配备无线电设备。
1958	《日内瓦公约》	保护平民和战争受难者的一系列国际公约，是国际主义人道法的重要组成部分，是约束战争和冲突状态下敌对双方行为规则的权威法律文件。
1972	《1972年国际海上避碰规则公约》	出于对海上碰撞及其严重后果的重视，会议决定，将规则从SOLAS公约中独立出来，另行签署了《1972年国际海上避碰规则公约》。
1973	《联合国海洋法公约》	1973年，第三次会议在纽约召开协商后，于1982年12月10日在蒙特哥湾通过《联合国海洋法公约》。
1974	《1974年国际海上人命安全公约》	1974年，公约将过去的修改内容容纳进新版公约，增加默认接受程序，使今后的公约修正案能尽快生效。

续表

年份	公约或法规	成果
1978	《1978 年海员培训、发证和值班标准国际公约》	1978 年 IMO 召开了历史上最大的外交会议，来自 72 个成员国的代表参加了会议。1978 年 7 月 7 日，会议通过了《1978 年海员培训、发证和值班标准国际公约》。公约于 1984 年 4 月 28 日生效。我国于 1981 年 6 月 8 日加入该公约。
1993	A.741（18）号决议	1993 年 11 月 4 日，ISM 规则（国际船舶安全营运和防止污染管理规则）在国际海事组织第 18 届大会上以大会 A.741（18）号决议形式获得通过。
2002	ISPS 规则	2002 年 12 月 12 日，在伦敦召开的 IMO 海上保安外交大会通过了 ISPS 规则（国际船舶和港口设施保安规则），13 日通过了 SOLAS 有关加强海上保安的特别措施的修正案。

（三）邮轮安全管理的主要机构

我国的安全管理制度采取国家监察（劳动部门）、行政主管（经济主管部门）和群众监督（工会组织）相结合的方式，船舶安全管理由交通部全面负责，包括对国内航运业的安全管理以及对 IMO、港口国政府等的协调。船舶流动性使船舶安全成为国际性问题，邮轮安全管理机构逐渐形成国际化的船舶安全管理网络。

1. 国际海事组织

政府间海事协商组织（IMCO）于 1959 年 1 月 6 日正式成立，现有 152 个成员国，总部设在英国伦敦，1982 年 5 月 22 日改名为国际海事组织（IMO）。IMO 宗旨和任务是为解决国际贸易中涉及政府规章和惯例的有关航行技术问题向各国提供合作，在海上安全、航行效率和防止与控制船舶污染方面促进各国采用统一准则，并处理与之相应的行政和法律问题。

IMO 的最高权力机构为 IMO 大会（Assembly），由全体会员国组成，休会期间由理事会行使大会的一切职权。IMO 常设机构有海上安全委员会（MSC）、海上环境保护委员会（MEPC）、法律委员会（LEG）、技术合作委员会（TC）、便利运输委员会（FAL）。IMO 文件主要包括公约（Convention）、议定书（Protocol）、规则（Code）、决议（Resolution）、通函（Circular）等。IMO 主要公约为 SOLAS74、MARPOL73/78、STCW78/95、OPRC、CLC1969、ITC69、LL1966 等。

IMO 的船舶安全管理途径是通过船旗国实施对船公司、船员、船舶的管辖；通过船旗国政府验船机构，要求其授权的船级社加强对船舶建造和技术状况维持的控制；通过港口国对到港的外国船舶采取监控行动，来约束船旗国、船级社、船公司和船舶的安全管理效果；通过影响使行业组织加强对本组织内船舶和船公司的安全管理。IMO 于 1983 年 7 月创办了世界海事大学（WMU），校址在瑞典的马尔默市，校长由 IMO 的秘书长兼任。WMU 专门为发展中国家培训海上运输及海上安全管理方面的高级专业技术人才，培养对象包括海上安全监督官员、航海院校的教师、航运公司的经理、海事调查员、验船师、港口技术管理人员和从事其他海运业务或商务的有关人员。

2. 船旗国

船旗国（Flag State）政府是公约定义的主管机关。我国授权中华人民共和国港务监督局为主管机关，船检局负责法定检验（授权中国船级社执行）。1998 年 10 月 27 日，中华人民共和国海事局成立，实行垂直领导。中国船级社为独立的民间组织。

3. 港口国监控

港口国监控（Port State Control，PSC）是港口国自我保护和监督行为，是保障公约完全一致实施的最有效手段，IMO 正在促使 PSC 向全球化方向发展。第一个区域性 PSC 协议是 1982 年巴黎谅解备忘录（Paris Memorandum of Understanding，Paris MOU），现已有包括法国、德国、意大利、西班牙、俄罗斯、英国、加拿大在内的 27 个国家。PSC 以公约和有关规则为统一标尺，对船旗国、船级社、船公司、船舶和船员的不尽职责和不合格行为进行监督检查。

1996 年 1 月，SOLAS 公约 IMO 船舶识别号的修正案生效，从事国际航行的 100 吨及以上的客船和 300 吨及以上的货船都要在安全证书中标以 IMO 船舶识别号，目的是给每艘船舶一个永远不变的标识，该标识将有助于 PSC 识别低标准船。PSC 滞留船舶的主要原因包括船舶的保养和管理落后，不可信的检验水平，不适当的船旗国管理，消防设备和航海设备的缺陷等。PSC 或 MOU 会定期公布被滞留船的黑名单，内容包括船名、IMO 船舶识别号、船旗国、船级社和船公司名称以及主要原因。

4. 船级社

船级社（Classification Society）是民间商业性质的组织，从事船级检验和公正检验，对通过船级检验，确认船体和机械的技术状况符合该社的入级与建造规范的船舶，签发相应的船舶入级证书。船级证书是船舶进行法定登记和争取客户的技术状况凭证。船级社还接受本国或外国政府授权，代行船舶法定检验。

中国船级社（CCS）是国际船级社协会（IACS）的成员，于 1993 年通过了 ISO 9002 认证。IACS 现有 11 个正式会员（美国 ABS、法国 BV、中国 CCS、挪威 DNV、德国 GL、韩国 KR、英国 LR、日本 NK、波兰 PRS、意大利 RINA、俄罗斯 RS），2 个联系会员：印度船级社（IRS）和克罗地亚船舶登记局（CRS）。IACS 检验的船舶占世界船队的 90%，它与 IMO 和 PSC 的良好合作，展示了改善海上船舶技术状况的美好前景。

5. 行业组织

行业组织（Industry Association）是 IMO 的又一支安全管理力量，它遵循或参照 IMO

的要求对组织内的成员、船舶实施管理或影响。主要有国际航运商会（ICS）、国际航运联盟（ISF）、国际海上保险联盟（IUMI）、IACS、国际运输工人联合会（ITF）、国际船东协会（INSA）、国际海难救助联盟（ISU）、国际船东保陪协会（IG）、国际船舶管理者协会（ISMA）等。

6.公司和船舶

公司（Company）在船舶安全管理中的地位十分重要。人为因素责任主要在于船公司的岸上管理和船上管理，船舶的安全目标，只有通过公司对岸上和船上的管理才能得以实现。船舶（Ship）是船舶安全管理的终端，处在安全和防污染的第一线。船长和其他高级船员作用更是重要。有效地组织和激励船员，酌情处理有关事务，是船上安全管理能否成功的关键所在。

（四）邮轮安全管理的内容

邮轮安全管理从人员上说主要涉及三个方面：第一是游客。作为旅游活动中的主体，如何在出行时保护自身安全至关重要。第二是旅游相关的工作人员。在整个邮轮旅行的过程中，游客会与各种旅游单位的工作人员进行接触，培养好相关工作人员的安全管理意识，对游客是否能够安全完成旅行具有重要的意义。第三是邮轮方面。作为机械设备，在旅行过程中的轮机故障以及船体污染也会造成安全隐患。

同时，从邮轮旅行的过程来说，又可分为游客登船前、游客登船后以及游客离船后三个过程。登船前各旅行相关单位要做好各种风险的预防以保障游客的人身安全，同时游客也要对旅行计划有全面的了解；登船后船上各主要操作人员以及服务人员要保证游客在邮轮上的安全；离船后各旅行单位也要做好各种安全善后工作以及对船体的维护工作。

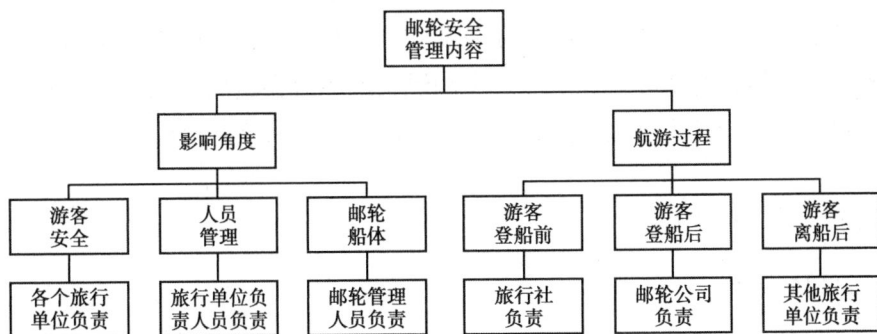

图 7-1　邮轮安全管理内容

1.游客安全管理

作为所有旅游的主体，游客的地位是举足轻重的，因为没有旅游主体的参与，那么任何旅游客体和方式都毫无意义。游客有自身的文化内涵，前往相异的文化空间中进行旅行和游览，在将原有文化传播到目的地的同时，也将各地文化和风俗带回并传播到原有文化环境之中。为了让游客能够在整个旅游过程中尽情地享受不同文化的盛宴，其出行的安全保障至关重要。

在登船前，游客要了解整个邮轮旅行的行程，使自己对即将到来的旅行有基本的认识，同时也要知道其可能存在的风险并做好防护工作；登船后，游客要积极配合船方工作人员进行安全演习，同时了解邮轮上的安全规章制度，并全力配合，使自己在旅行过程中能够安全完成各个旅行环节；离船时，游客也要保证邮轮的船体完好性，不做会破坏邮轮设备的行为，同时也要照看好自己的行李物品。

2. 工作人员安全管理

在邮轮旅游过程中，作为连接旅游主体和旅游客体之间的纽带，各旅游单位的工作人员为游客能够安全、尽兴地享受整个旅游过程而保驾护航。在游客登船前，与游客接触最多的是旅行社，从顾客前来购买相关的邮轮旅行产品开始，旅行社要为游客进行保险的购置、安全事项的宣传，同时负责集合游客并将其安全送至邮轮码头；当游客到达港口后，港口的工作人员要协助游客填写相关通关申请单据，并负责游客所携带物品的检验检疫，最后要将其行李物品安全托运送至所在房间；游客登船后，各操作人员要负责邮轮航行的安全性，以及各种日常物资的补给，同时还要负责与地接社联络保障游客岸上观光工作的正常进行，而邮轮服务人员需要负责游客的起居、饮食、娱乐等活动，其中诸多的安全隐患要靠各工作人员进行预防与排除；游客离船后，旅行社要负责游客对于邮轮旅行过程的意见反馈，而邮轮工作人员要负责邮轮的内部整理与维护。

3. 邮轮船体安全管理

从邮轮角度来说，在游客登船前要进行整体维护，将上一行程中游客所遗留的物品进行分类处理，同时要迅速整理好客房以便迎接新游客的到来，而餐厅、剧场、生活娱乐场所要及时进行物资的补给以及室内装修的维护，保证下一批游客到来时能够看到焕然一新的邮轮内部环境；在游客登船后的海上巡航期间，邮轮要进行不间断的船体检查，保证其机械设备的正常运转，并及时发现可能产生的燃料泄漏等会造成环境污染的隐患；在游客离船后，邮轮也要进行船体机械维护和物资补给，保证下一段旅程的正常开展。

二、邮轮安全管理的规章

（一）STCW 公约

STCW 公约（International Convention on Standards of Training，Certification and Watch keeping for Seafarers，1978，STCW 78），即《1978 年海员培训、发证和值班标准国际公约》。该公约的目的与用途为用于控制船员职业技术素质和值班行为，其实施对促进各缔约国海员素质的提高、有效地控制人为因素对海难事故的影响而贡献巨大。随着海运业的发展，船舶科技水平的提高以及配员的多国化，各国对海上安全和海洋环境的高度关注以及对人为因素的日益重视，STCW 公约也做了相应调整。STCW 公约于 1991 年、1994 年和 1995 年三次修正，1995 年 STCW 修正案和 STCW 规则于 1997 年 2 月 1 日生效，1998 年 8 月 1 日起强制实施。除正文条款外，STCW 公约做了全面的修改，原附则和附属的大会决议都重新起草，并新增了与公约和附则相对应的、更为具体的《海员培训、发证和值班规则》（STCW 规则）。

STCW 公约主要包含公约正文、附则、STCW 规则。STCW 规则分为 A、B 两部分：A 部分为强制性规定，其条文编排与公约附则规定相对应。A 部分的船员知识和技能要求采用表格形式陈述，分为管理级、操作级和支持级三个责任级别，计有 7 项职能：航行、货物装卸和积载、船舶作业管理和人员管理、船舶轮机、电气、电子和控制工程、维护和修理、无线电通信；B 部分为建议性要求和指南，其条文编排与 STCW 公约附则及规则 A 部分的规定相对应。现行 STCW 公约主要增加了以下方面的内容：全面、严格、多方位的遵章核实机制，包括对缔约国的监督、对船舶和船员的港口国监控、对方便旗船舶海员发证的监督等；加强对海员的实际技能培养和评估，并规定海员必须接受系统的专业教育和培训；对海员培训、考试、评估和发证，必须建立质量标准体系并受到连续的质量控制；允许重组传统的船上职务分工体系，引入适应自动化船舶的"职能发证"体系；增加了包括模拟器训练、特殊类型船舶、基本安全和人员管理等多种培训项目；严格并扩大对证书再有效的规定和适用范围；系统地规定了海员在各种条件下保持正常和安全值班的原则和要求。

（二）船员值班规则

为加强海船船员值班管理，防止船员疲劳操作，保障海上人员生命与财产安全，保护海洋环境，根据《中华人民共和国海上交通安全法》和《中华人民共和国海洋环境保护法》等有关法律、法规的规定，以及国际海事组织 1995 年修正的《1978 年海员培训、发证和值班标准国际公约》和国际电信联盟《无线电规则》的要求，我国将 STCW 规则 A、B 部分的甲板、轮机值班要求和实际工作要求整理为《中华人民共和国海船船员值班规则》（以下简称《值班规则》），于 1998 年 1 月 1 日起施行。本规则适用范围：本规则运用于在 100 吨及以上中国籍海船船上服务的组成值班的船员，但下列船舶上的船员除外：军用船舶、渔业船舶、非营业的游艇、构造简单的木质船。我国海事局是实施本规则的主管机关。STCW 规则和《值班规则》中对值班安排和应遵循的原则有如下基本规定：

1. 人员适任

①每一艘海船，不得以低于主管机关颁布的船舶最低安全配员证书所列数目和级别的数额配备员工。

②负责航行或甲板值班的高级船员的资格应完全符合 STCW 公约中所规定的强制性最低要求或可供选择的发证标准，使负责航行和甲板值班的高级船员的资格与其担任的职责相适应。

2. 值班的一般原则

①船长和值班人员注意遵守航行和在港值班中应遵循的原则，以确保在任何时候均能保持安全值班。

②船长必须确保值班的安排足以保持安全航行值班，在船长的统一指挥下，值班的高级船员在他们值班期间，特别是他们在涉及避免碰撞和搁浅时，负责船舶安全航行。

③轮机长必须与船长协商，确保值班的安排足以保持轮机安全值班。

（三）船员职责

1.船员组织

船员由高级船员（管理级、操作级）和普通船员（支持级，生活服务人员）组成，高级船员可跨部门地从事其适任证书许可的职能，表现为一职能多人和一人多职能，可根据情况需要灵活地组织值班。

2.部门分工

（1）甲板部（驾驶部）

负责船舶营运和船舶驾驶，包括业务联系、货物积载、装卸准备、协助和监督、途中保管、单证处理；负责船舶的安全航行；负责船体保养；主管驾驶与甲板设备、器材的使用和养护，包括主管驾驶设备、助航仪器、信号、旗帜、航海图书资料的管用养修和添换；主管舵设备、锚设备、系缆设备、装卸设备及其属具的使用和机械部分的一般性保养；主管货舱系统和在机舱外的淡水、压载水、污水系统的使用和保养；主管救生、消防、堵漏工作及其设备器材的管理；负责船舶停泊安全；负责 VHF 对外联系；负责人员上下船安全；无医生时负责全船医务；负责其他有关事项。

（2）轮机部

负责主机、发电设备、舵机、锚机、锅炉、各种辅机和管系的管用养修；负责全船电力系统及用电设备的管理；负责全船的明火作业、舱面机械转动部分的保养、修理及舱面管系的修换；负责其他有关事项。

（3）事务部

负责全船人员的伙食、卧具；负责公共场所卫生；负责来客招待；主管船舶财务；如配备医生，应负责全船医务。

三、邮轮安全应急反应

（一）船舶自救与应急反应

船舶发生火灾、爆炸、碰撞或搁浅等海损事故后，为最大限度减少损失，遇险船舶应不失时机地采取限制损害和救船的行动。

1.不同种类的海损事故采取不同的自救措施

对于碰撞、触礁等海损事故导致船体破损进水，进而有沉船风险时，首先应将主要精力放在堵漏和排水上，以保证船舶有足够稳性、浮力及抗沉能力。如进水速度较快且难以控制时，即应考虑在适当场所实施抢滩；对于火灾或爆炸等海损事故，应立即按照应变部署表，组织船员灭火，并尽可能驶离会危及邻近船舶和设施的区域。

2. 船舶自救重点

客船的自救重点永远是旅客安全。而油船及液化气船的自救重点则在于灭火，防止进一步的爆炸，控制油料外泄，防止船体断裂和沉船。

3. 船舶自救组织工作

应以迅速而准确地调查船舶受损情况为基础。情况不清而盲目地实施自救，可能会招致损失的扩大与险情的增加。

4. 抓紧时机，按应变部署施救

在迅速准确的调查基础上，船舶自救是否能够有效实施，往往取决于能否抓住有利时机。

5. 船舶自力救助的实施组织，应按应急部署表进行

这是有条不紊地做好该项工作的保证，但不妨碍根据船舶实际受损情况临时做些局部的调整。

（二）船舶自救行动

1. 自救应急措施

船舶发生海损事故，应尽最大努力采取自救行动，以确保船舶、人员的安全。这是每个船员应尽的责任与义务。在尚未严重危及人身安全时，船员必须采取一切有效行动保全船舶，当确认无法避免船舶的沉没或灭失时，船长应果断下令弃船求生，以保证旅客、船员的安全。通常，船舶自救保全应急措施包括碰撞后应采取的行动；渗漏的临时堵塞；紧急情况下旅客和船员的安全措施及救护；火灾与爆炸后的损害控制及人员救护；搁浅后应采取的措施；抢滩时应采取的措施。

2. 争取救援

船舶遇险时，船长若对本船自救保全的可能性持怀疑态度，则应在尽力自救的同时，争取其他船舶的救援。通常可采取发送遇险求援电文遍告外界；择机发送救生火箭等视觉求救信号，直到确认已引起邻近航空器或船舶的注意为止；当遇险船获悉有众多他船前来救助本船时，应及时选定救援船舶和通知这些船舶，并立即明确谢绝无须来救助的他船。

（三）邮轮消防与应急反应

1. SOLAS 公约的消防规则

船舶失火是对船上人身及财产安全的严重威胁，SOLAS 对防火、探火和灭火的船舶构造设备方面作了广泛而具体的规定，消防规则的基本原则如下：

①用耐热与结构性限界面，将船舶划分为若干个主竖区。

②用耐热与结构性限界面，将起居处所与船舶其他处所隔开。

③限制使用可燃材料。

④探知火源区域内的任何火灾。

⑤抑制和扑灭火源处所内的任何火灾。

⑥保护脱险通道或灭火通道。

⑦灭火设备的即刻可用性。

⑧将易燃货物蒸发气体着火的可能性减至最低程度。

2. 火灾的防火灭火要领

①船舶火灾的主要原因是人为因素，管理不善、人员的违章行为和物的不安全状态，使得"燃烧三要素"（可燃物、助燃物、燃点）在失控状态下发生相互作用，从而引发火灾。直接的火灾源主要有：电焊、气割气焊、喷灯等明火作业；烟火、烟蒂；电器短路、漏电、电火花；过热；货物、废弃物等化学反应、自燃；机舱残油、漏油；静电；厨房炉灶火、烟囱火星等。

②防火要领在于实现"人—机—环境—管理"系统的本质化安全，从根本上避免"燃烧三要素"发生交叉。这要求船员具有较高的职业素质和良好的行为习惯；船舶符合SOLAS公约等的消防规则，货物装运符合国际国内有关规定；对环境进行正确的判断、有效的调适；船上管理要完善和要落实消防规章，按章举行有效的消防培训和消防演习，关键操作必须具备现场监督机制。

③灭火要领在于迅速控制"燃烧三要素"中的薄弱要素，基本方法有隔离、窒息、冷却等。灭火时首先应迅速探明火情，作必要的隔离以防止火势蔓延，根据火灾种类和火情采用针对性的灭火剂和灭火措施。详尽的灭火计划、训练有素的船员、保养良好的设备、正确的指挥、有效的通信和协同，是灭火成功的关键。

（四）船舶弃船与应急反应

IMO海上安全委员会第66届会议于1996年6月4日通过了《国际救生设备规则》，简称LSA规则，为SOLAS公约第Ⅲ章所要求的救生设备提供了国际标准。按经修正的SOLAS公约第Ⅲ章的规定，LSA规则1998年7月1日起成为强制性的要求。因此，从1998年7月1日起，所有船舶上的救生设备应符合LSA规则的相应要求。每次弃船演习应包括：

①利用有线广播或其他通信系统通知演习，将乘客和船员召集到集合地点，并确使他们了解弃船命令。

②向集合地点报到，并准备执行应变部署表中所述的任务。

③查看乘客和船员的穿着是否合适。

④查看是否正确地穿好救生衣。

⑤在完成任何必要的降落准备工作后，至少降下一艘救生艇。

⑥起动并操作救生艇发动机。

⑦操作降落救生筏所用的吊筏架。

⑧模拟搜救几位被困于客舱中的乘客。

⑨介绍无线电救生设备的使用。

另外，每艘救生艇一般应每三个月在弃船演习时乘载被指派的操作船员降落下水一次，并在水上进行操纵。在合理可行的情况下，专用救助艇应乘载被指派的船员每个月降落下水一次，并在水中进行操纵；在任何情况下，至少应每三个月进行一次。如救生艇与救助艇的降落下水演习是在船舶前进航行中进行，因为涉及危险，该项演习应在遮蔽水域，并在有此项演习经验的驾驶员监督下进行。在每次弃船演习时应试验供集合和弃船所用的应急照明系统。

【知识链接】

1978 年海员培训、发证和值班标准国际公约（STCW 1978）
（节选）

本公约各缔约国，本着制订一致同意的海员培训、发证和值班的国际标准，以增进海上人命与财产的安全和保护海洋环境的愿望，考虑到达到这一目的的最好办法为缔结一项海员培训、发证和值班标准国际公约，现经协议如下：

第一条 公约的一般义务

一、各缔约国承担义务实施本公约及其附则的各项规定，该附则为本公约的组成部分。凡引用本公约时，同时也就是引用该附则。

二、各缔约国承担义务颁布一切必要的法律、法令、命令和规则，并采取一切必要的其它措施，使本公约充分和完全生效，以便从海上人命与财产的安全和保护海洋环境的观点出发，保证船上的海员胜任其职责。

第二条 定义

除另有明文规定者外，就本公约而言：

一、"缔约国"系指本公约已对之生效的国家；

二、"主管机关"系指船舶有权悬挂其国旗的缔约国政府；

三、"证书"系指由主管机关颁发或经主管机关授权颁发或为主管机关所认可的一种有效文件（不论其名称如何），该文件委派其持有人担任该文件中所指定的或国家规章所规定的职务；

四、"具有了证书的"系指持有恰当的证书；

五、"组织"系指政府间海事协商组织（海协）；

六、"秘书长"系指海协组织秘书长；

七、"海船"系指除了在内陆水域中或者遮蔽水域或港章所适用的区域以内或与此两者紧邻的水域中航行的船舶以外的船舶；

八、"渔船"系指用于捕捞鱼类、鲸鱼、海豹、海象或其他海洋生物资源的船舶；

九、"无线电规则"系指附于或被视作附于随时有效的最新国际电信公约的无线电规则。

资料来源：广东海事局网站.

第二节　海上危机与应急处理

一、海上危机的定义及分类

（一）海上危机的定义

海上危机是指发生于或者涉及海洋空间领域的危机，海洋空间应包括海洋上空，海面及海面以下的空间范围。海上危机的特征主要为普遍性、社会性、不确定性（空间、时间、结果）和不可预测性，海上危机的量度主要采用损失频率、损失幅度、损失期望值、方差或标准差、变异系数等，海上危机的构成要素主要包括实质因素、道德因素、心理因素、海上危机事故、损失等。

（二）海上危机的分类

1.静态海上危机与动态海上危机

（1）静态海上危机

在社会经济正常的情况下，自然力的不规则变化或人们的行为所致的海上危机就是静态海上危机。静态海上危机可以在任何社会经济条件下发生。静态海上危机较动态海上危机而言，变化比较规则，可以通过大量定律加以测算，对海上危机发生的频率做统计预测。

（2）动态海上危机

由于社会经济、政治、技术以及组织等方面发生变动而产生的海上危机，就是动态海上危机，如海上组织资本增加、生产技术改造、消费者选择的变化等引起的海上危机。动态海上危机的变化往往不规则，难以用大量定律进行测算。

2.纯粹海上危机与投机海上危机

（1）纯粹海上危机

只有损失机会而无获利可能的海上危机，静态海上危机一般均为纯粹海上危机。

（2）投机海上危机

相对于纯粹海上危机而言，它是指既有损失机会又有获利可能的海上危机，比如目前海上运输就存在盈利、亏损和持平三种结果。

二、邮轮常见应急预案

船长是各类应急情况的总指挥，其替代人是大副，大副是各类应急情况的现场指挥。

但事故现场在机舱时，由轮机长担任现场指挥，并负责保障船舶动力。船舶在港停泊发生应急情况时，如船长、大副均不在船，则由值班的驾驶员全权负责应变指挥。

（一）邮轮海事应变演习

为不断提高应变演习质量以提高整船的应变能力，各船舶必须按规定制订适合于本船应变演习要求的操练计划。每年由大副与轮机长具体商定，按船长指示制订出该计划，并由船长批准在全船公布，全体船员应坚决贯彻执行。该计划应贯彻如下要求：

①每个船员每月至少做一次救生演习和一次消防演习，可各自单项进行，也可由消防或堵漏演习转入救生演习。如在一个港口调换船员达 25% 或以上数额时，或者未参加本船上个月应变演习的人员数额达 25% 时，则应在该船离港后 24 小时内实施两项演习。无法按规定实施上述演习的特殊种类的船舶，需经主管机关认可，进行其他训练安排。但是救生演习应保证实施。

②客船每周应集合船员进行一次救生、消防演习；国际航线上长航程的客船，应于旅客登船后 24 小时内实施集合旅客演习，向旅客讲解并示范正确穿、用救生衣、救生信号，说明集合地点、登艇路线以及应变时应采取的行动。只有少数旅客乘船，或当时已按规定实施过应变演习，则可请旅客阅读《应变须知》以及有关通告，而无须另行演习。上述船舶在离开最后出发港后，应召集船员做一次救生、消防演习。

③除时间安排之外，操练计划中应对应变演习提出明确的质量要求，进行严格的考核，准确地作出记录，合理地实施考评，并拟定相应的考核标准，规定达标的期限。

（二）邮轮消防部署与演习

1. 应变部署表

应变部署表应张贴在船员经常聚集或活动的场所。驾驶台、机舱、餐厅和生活区走廊的主要部分应分别张贴一张。应变任务卡应每个船员一张，放置在船员房间内的明显位置，如床头、写字台或房间门口等地方。

2. 船舶火灾应急计划的准备

应变部署表只是应急计划的一部分，应急计划应根据船公司的船队具体情况由船公司统一制订，编入船舶 SMS（Safety Management System）管理文件。在船上出现任何紧急情况时，一个有组织并经过良好训练的应急预案必须立即启动，目的是减轻紧急情况的影响。对船公司的所有船舶来说，应急计划应该是标准化的，保持一致性。根据 ISM 管理要求，在上船服务前，船员就应知道最基本的应变组织是什么，并且需要确定他在应变组织中的职责。各船应根据船舶的具体情况和船公司的标准要求编写应急计划。应急计划应包括如下几方面：

①船舶应急计划介绍。应急计划的目标是为船舶上的应急行动提供指导，使船舶应急反应行动统一有组织，避免不协调、无组织。

②船舶应急计划规定。包括来自船上人员改进应急计划的建议和说明，使船员能执行一个高效而灵活的计划，将对人身安全、财产危害和海洋环境损害降到最低。同时，公司与船之间在安全和应急程序上应具有良好的协调性和一致性，建立船 - 岸反馈机制。

③应急行动及程序。在船舶处于不同动态（在航、系泊、锚泊、船坞修理）和装载状态下，当各种紧急情况发生，启动相应应急行动及程序，包括初始行动和随后行动。

④应急报告程序。与船舶利益人，沿海国和港口之间的报告程序。

应急计划的基础是在船上必须有一个经过良好训练的组织，且具有处理任何可能发生的紧急情况的能力。

3. 消防演习

①除有明确规定以外，船舶应每月至少进行一次消防演习。参与演习人员应着装规范。每次演习应假设火灾场所、火灾种类和火灾蔓延趋势。根据船舶种类，相应成立消防队、救护队、技术队、机舱队等，邮轮上还应组成乘客疏散队，这些小组应具备在任何时候都能完成其职责的能力。

②船舶处于营运期间的消防演习由船长任总指挥。机器处所的现场指挥由轮机长担任，其他处所的现场指挥由大副担任。拖船船队的总指挥由拖船船长担任，现场指挥由拖船大副或被拖船舶负责人担任。

③船舶火灾信号发出后，全体船员按职责携带规定的器材 2 分钟内到指定地点集合，听从现场指挥的命令，实施各自的行动。

④演习结束，应进行评估，并在航海日志和消防演习记录中记录。记录应反映以下方面：演习起止时间、船位、参加人员；假设的火灾部位；演习内容和全过程中信号是否明确，动作是否规范，人员是否到位，演习程序是否符合标准要求。

⑤演习中使用过的器材、设备应立即放回原处并恢复到完好的操作状态。

⑥演习中发现任何故障和缺陷，应尽快消除。

（三）邮轮应急报警信号

船舶应急报警信号按性质可分为消防、救生、堵漏和油污四种。各类应急的报警信号如下：

1. 消防应急报警信号

由警铃或汽笛发出连续短声，持续 1 分钟后，另加火灾部位指示信号：一短声表示在船前部；二短声表示在船中部；三短声表示在船后部；四短声表示在机舱；五短声表示在上层建筑。

2. 救生应急报警信号

人落水：由警铃或汽笛连续发出三长声，持续 1 分钟。弃船：由警铃或汽笛连续发出七短一长声，持续 1 分钟。

3. 堵漏应急报警信号

由警铃或汽笛连续发出二长一短声，持续 1 分钟。

4. 油污应急报警信号

应发出本船《油污应急计划》中规定的信号，我国船舶大都采用一短二长一短声的报警信号。

各类应急情况的警报解除信号为一长声（持续 4~6 秒）或口头宣布。

三、船舶应急处理

船舶在海上航行和靠泊作业期间，所处的环境和情况复杂多变，有时是由于自然客观因素的影响，有时是人为的过失造成应急局面，可能危及船舶人员、货物和环境的安全。船舶应急的常见类型分为四大类 23 种：一是火灾和海损类：碰撞、搁浅/触礁、火灾/爆炸、船体破损/进水、严重横倾、恶劣天气损害、弃船；二是机损和污染类：主机失灵、舵机失灵、供电故障、机舱事故、船舶溢油、船上海洋污染物的意外排放；三是货物损害类：货物移动、海难自救抛货、危险货物事故；四是人身安全类：严重伤病、进入封闭场所、人员落水、搜救/救助、海盗/暴力行为、战争遇险、直升机操作。

（一）船舶失火应急处理

1. 查明火情

现场指挥（大副）应指挥灭火人员尽快查明火源及火灾的性质、火场周围情况，以便确定合适的扑救方案，使用适当的灭火剂和正确的扑救方法。

2. 控制火势

在探明火情的基础上可立即展开灭火行动，控制火势，或采取疏散、隔离火场周围的可燃物，喷水降低火场周围的温度，切断电源，关闭通风，封闭门窗等，防止火势蔓延。

3. 组织救援

设法及时解救被火灾围困的人员及伤员，将其转移至安全地带。

4. 现场检查清理

火灾被基本扑灭之后，应及时清理、检查现场，发现存在或可能存在的余火和隐蔽的燃烧物，防止死火复燃。

（二）船舶搁浅和触礁应急处理

搁浅是由于水深小于船舶实际吃水使船体搁置水底上，触礁是船体与礁石的触碰。无论搁浅还是触礁，严重者均可能导致船体的破损，尤其是触礁。船舶在发生搁浅、触礁事故后，视具体情况，应采取下列行动：

①值班驾驶员应立即报告船长，船长应通知机舱发出警报，召集船员，防止用车或用舵企图盲目脱浅或摆脱礁石。

②设法判断搁浅、触礁部位及船舶的损害程度。船舶搁浅、触礁后，首要的工作是搞清搁浅、触礁的部位和船体损害情况。

③如船体进水或漏油，应立即执行堵漏或油污应急部署。

④连续定位。二副应在驾驶台协助船长，在大比例尺海图上按一定的间隔重复定位，并记录定位时的船首向，估算潮水和流向及采取的应急措施。

⑤为防止因严重横倾而无法放艇，应先放下高舷救生艇以备急需。

⑥确定脱浅方案。船长根据情况调查，结合当时当地的天气、海况、潮汐情况，作出船舶能否起浮、脱浅的判断和实施方案。

（三）船舶破损进水应急处理

船体因碰撞、搁浅、触礁、爆炸等原因，使水线下船体破损进水后，船舶应立即采取下列应急行动：

①发出堵漏应急报警信号，召集船员，如果破损部位已明确，则按应急部署表规定的职责和分工，携带堵漏器材迅速赶赴现场。如破损部位尚需判断，则应按现场指挥的判断，查明进水部位。

②如果出现溢油现象，应立即关闭该油舱（柜）在甲板上的所有开口，包括透气阀，并发出油污应急警报。

③查明船体进水部位。

④破损部位如查明，应立即关闭其附近相邻舱室的水密门及其他水密装置。如果破损面积较大，用一般的堵漏工具难以短时间奏效时，应对相邻的舱壁进行加固和支撑。

⑤如果船舶仍在航行中，则应减速以减少水流、波浪对船体的冲击，必要时应停泊或改变航向将破损部位置于下风（流）舷，减少进水量。

⑥机舱人员除应保持主、辅机处于良好、可用状态外，应全力排水，并协助堵漏队在现场进行抢修和堵漏。

⑦为了调整严重横倾和纵倾，根据本船的实际情况，慎重选择适当方法保持船体平衡，如：

●移驳法。向破损相反一侧调驳油、水。此法的优点是不增加船舶载荷，不损失储备浮力，但要防止重心提高，减少稳性，而且可移驳的油水数量有限，故此法效果不明显，只适用于调整纵、横倾不大的情况。

●对称注入法。向破损相反一侧注入海水，增加船舶载荷，损失储备浮力，只适用于水密舱室多而小的船舶（如客船、军舰等），一般船舶慎用。

●减载法。将横、纵倾一侧的油、水排出，或将该侧的货物抛弃或向他船卸载以减轻该侧的重量。此法可减少船舶载荷、增加储备浮力，对船舶安全有利，但排油、抛货应慎重，要及时宣布海损。无论如何，采取的任何措施都应充分考虑对船舶的稳性和强度的影响。

【拓展阅读】

意大利海域邮轮触礁搁浅事故

　　当地时间 2012 年 1 月 13 日晚，一艘邮轮在意大利海域触礁搁浅，至少 11 人死亡，约 40 人下落不明。事发时，这艘名为"科斯塔·康科迪娅号"的邮轮正在进行环地中海旅行，但在行驶至意大利吉利奥岛附近时触礁搁浅。船上搭载 4 234 人，乘客包括意大利人、德国人和法国人及约 1 000 名船员等，包括 52 名 6 岁以下儿童，1/3 乘客为意大利人。当时邮轮上有 22 名香港游客，值得庆幸的是，他们已被证实全部获救。当地官员称，因为在营救最后部分被困乘客遭遇困难，伤亡人数可能进一步上升。吉利奥岛居民热心提供食物和毛毯，当地旅馆、学校和体育场馆向他们开放。

　　据报道，死者中有一名 70 多岁的男性在邮轮搁浅发生倾斜后因跳入冰冷的海水突发心脏病死亡。另有多人受伤，其中两人伤势严重。截止到北京时间 14 日 10：00，当局已经救出约 3 200 名乘客和 1 000 名船员，但仍有约 200 人被困船上。

　　意大利海岸警卫队发表声明称，"约在当地时间 20：00，290 米长的'科斯塔·康科迪娅号'邮轮船体开始进水并倾斜了约 20°"。其后又表示，邮轮的左侧船体撞上了礁石，并被划开一条长 70～100 米的裂口。乘客们曾听到隆隆巨响，但一开始只是被告知邮轮发生了电路故障，稍后才被要求穿上救生衣。惊慌失措的乘客冲向救生艇，而多名乘客仓皇跳入海中。大约有 100 名乘客被救起，仍有约 40 名乘客下落不明。

　　"这像极了电影《泰坦尼克号》中的场景，一切开始下沉，所有人都惊慌失措地奔跑，"一名幸存者说，"我们不知道事态究竟有多严重。后来我们透过窗户看见水越来越近。大家都想早点登上救生艇，但是人们非常惊恐，开始互相推搡，好多人从楼梯上掉了下来。"这艘意大利的豪华邮轮搁浅翻覆，整个过程当中就像是"泰坦尼克号"的翻版，游客们非常惊慌无措，场面非常恐怖，尖叫声四起，大家仓皇逃生，有的人甚至跳海逃生。即使是已经坐上救生艇的人也非常惊慌，一名 65 岁的妇女回忆说，救生艇上的乘客开始抢别的乘客身上的救生衣，而这名 65 岁的妇人只能够抢到小孩子身上穿的救生衣。

　　1 月 16 日，黑匣子部分内容公布，包括邮轮航行路线数据和驾驶舱船员对话内容证实，船长弗朗切斯科·斯凯蒂诺确实弃船而逃，没有指挥疏散。船长弗朗切斯科·斯凯蒂诺与港口官员的通话录音文本显示，斯凯蒂诺弃船而逃，并且"拒绝返回岗位"，没有参与指挥乘客和船员疏散。当时，一名港口官员命令船长："现在你去船首，上应急梯，协调疏散……你必须告诉我船上一共多少人，多少乘客，多少儿童、妇女，每一类人具体多少。"船长似乎没有执行港口官员的命令，遭到质问："你在干什么？你是想放弃救援吗？船长，这是命令。"

　　一家意大利媒体报道，当海岸警卫队队员于 14 日 13：30 发现斯凯蒂诺安全地裹在毛毯里时，提醒他船长应与船同在的传统，但斯凯蒂诺拒绝返回邮轮。当时，距离海岸警卫队宣布结束疏散行动还有 4 个多小时。报道称，斯凯蒂诺上岸后招来一辆出租车，告诉司机："带我尽可能地远离这里。"此外，海岸警卫队的潜水员已找到该邮轮的黑匣子，这个黑匣子中应该包含航行的精确路线和船员之间的最后对话，将有利于事故原因的最终查明。

有报道称，13 日晚邮轮触礁搁浅时，斯凯蒂诺正和乘客们一起用餐，还曾用五六种语言说"别惊慌"。据当时在餐厅就餐的乘客回忆，在邮轮开始倾斜之后，邮轮负责人依然称邮轮只是遭遇了技术问题，并要求乘客们待在原地。在事态继续恶化，邮轮已发生严重侧倾之时，船员们还在拖延放下救生船的时间，以至于乘客们"不得不大声喊叫要求他们放下救生船"。更有甚者，在邮轮触礁进水一个小时之后，现年 52 岁的船长在船上仍有大量乘客未获救的情况下就私自弃船而去。由于这艘船上的船员被指反应慢、灾难的应变能力不足，因此该船的美国母公司嘉年华公司可能会面临到来自乘客索偿的诉讼潮。

资料来源：闫国东.邮轮安全与救生［M］.北京：清华大学出版社，2017：64-66.

阅读思考：我国《海商法》和《船员条例》同时规定："弃船时，船长必须采取一切措施，首先组织旅客安全离船，然后安排船员离船，船长应当最后离船。"请从职业责任意识的角度谈谈该事件对你的启示，并分析当邮轮发生搁浅事故时，应当如何实施应急部署与应急反应。

第三节 邮轮卫生安全管理与急救处理

一、突发疾病的应急与处理

（一）突发疾病的发生

旅游者在邮轮生活中，因环境变化、饮食条件变化以及丰富的娱乐活动，或因自身身体原因等，在邮轮上突发疾病的情况时有发生。如因邮轮室内温度和甲板上温度差异较大，旅游者喜欢上甲板，在船头船尾船舷拍照留念，如果不注意保暖，不注意及时增减衣物而受风着凉突发疾病；又如邮轮上长时间提供免费餐饮服务，品种丰富、美味诱人，旅游者暴饮暴食导致肠胃不适，引发消化系统、内分泌系统的突发疾病；又如邮轮上有丰富的娱乐活动和夜晚狂欢活动，旅游者积极参与而不注意休息，劳累过度导致突发疾病；邮轮上老年游客和未成年游客比例比较高，其抵抗力和体力较弱，容易突发疾病等。

（二）突发疾病的应急措施

1. 一般病情

家属或同行客人要立即送病人去船上医疗中心，如果是医疗中心关闭期间，可以根据医疗中心门口的联系方式呼叫医护人员，或马上联系服务总台帮助呼叫医护人员。邮轮上医护人员全天 24 小时待命，以防突发紧急事件。医护人员将利用船上的医疗检查设施，对病人进行化验、检查、诊断，基本判断突发疾病的情况，船上医生会根据突发病情对病人做出诊治，为病人提供海上医疗护理，主要是采取适当的治疗措施稳定病情。需要注意的是，医疗中心主要是为可能出现的突发疾病和事故提供紧急救助，而不是为患有慢性疾病的乘客提供长期护理或作为常规健康护理的替代。

2. 需要进一步诊断和救治的病情

经船上医疗中心医生的诊断，旅游者的病情需要送陆地上医院进行进一步诊断和治疗时，船上医疗中心在航行中会为病人采取适当的治疗措施稳定病情，同时联系下一个停靠港的陆上医院，在邮轮靠港时，为病人提供医院转送的救助服务。在邮轮停靠港口的有限时间内，医院会对病人提供全面的检查、诊断、治疗。并根据病人的情况，或在邮轮起航前送病人返回港口，或留院继续治疗，待病情稳定后选择其他方式返回出发地。

船长有权决定是否同意患病旅游者登船继续航程。船长会综合考虑邮轮航程情况、旅游者患病的情况以及有利于保障旅游者生命安全的角度，决定是否同意生病旅游者再次登船完成航程。如果患病旅游者已经送返港口，但船长不同意患病旅游者登船，邮轮公司一般会安排好患病旅游者（家属或同行人员）留在当地继续治疗或休养的住宿以及返回出发地的交通等相关事宜。

3. 需要紧急抢救的病情

经船上医疗中心医生的初步诊断，旅游者病情需要紧急抢救以挽回生命或最大限度地保障患病旅游者的生命安全，邮轮公司的船长或安全官员及相关部门会做出请求直升机紧急救援患者的决定。协调国际救援组织等救援机构在最短时间内派医疗救助专用直升机飞赴邮轮航行海域，将邮轮上的患者紧急运送至合适的陆上医疗机构进行抢救。

（三）突发疾病的处理

①邮轮公司或旅行社要联系患病的家人或同行者，一同协助邮轮医疗中心，做好患者的安抚、照顾等工作。

②了解患病旅游者购买医疗保险的情况，协助患病旅游者联系医疗保险公司报备，必要时启动医疗保险公司的紧急救援服务。特别是旅游者病情严重的情况下，有些医疗保险产品可以启动对被保险人在境外的救援护送、联系医疗机构、支付医疗费用、安排不同行的家属探望等服务。

③邮轮公司和旅行社要对患病旅游者多安抚、多关心，尽可能解决患病旅游者的一些困难，如提供轮椅服务、送餐服务等。

④如果患病旅游者是和旅行社签订的包价邮轮旅游合同，邮轮公司决定患病旅游者留在岸上不再登船继续航程的，旅行社要协助邮轮公司做好相关工作。取得邮轮公司不同意患病旅游者登船的相关书面证明，做好旅行社与患病旅游者（家属或同行陪同者）合同提前终止的手续。要关心患病旅游者的下船治疗情况，了解其治疗、休息、转运回出发地的情况，了解邮轮公司安排患病旅游者的动态。与患病旅游者保持联系，发生问题要协助旅游者与邮轮公司沟通。

二、公共卫生事件的应急与处理

公共卫生事件是指突然发生，造成或者可能造成严重损害的重大传染病疫情、群体性不明原因疾病、重大食物和职业中毒以及其他严重影响公众健康的事件。大型邮轮作为浮动在海上的小社会，搭载数千人，各类活动丰富，人员交往较多，医疗设备和医护人员配备有限，一般只能满足应急需要。而由于邮轮相对封闭，一旦发生重大传染病疫情、群体性不明原因疾病、重大食物中毒事件，感染传播的速度快，而邮轮控制病情、疫情的能力有限，抢救、运送手段也有限，将严重影响数千旅游者和工作人员的生命健康和安全。因此，邮轮的卫生和健康工作是邮轮安全的重要一环。

邮轮在出发前，邮轮公司会在邮轮合同里提前警示旅游者潜在的卫生和健康风险。根据港口卫生法规，港口卫生官员可以对船舶进行检查，他们将检查邮轮的任何一个部分，以确保邮轮运营是安全卫生的。船上的厨房经常是检查的重点，因为这里关系到食物。大部分大型船舶都雇佣一名环境安全员，负责确保船舶符合环境安全规定。如中国疾病预防控制中心会检查饮用水的供应，以确保饮用水的存储和输送设备是干净的，同时也要对饮用水进行微生物分析以确保饮用水的安全。要检查泳池和按摩池以确保它们是安全的。对员工的检查主要侧重于卫生管理、卫生知识以及食品安全。

邮轮公司对船上的旅游者和服务人员在卫生和健康方面也有很多要求。如旅游者不能在舱房内进行食物制作，非工作人员不得进入食品准备、储存和餐具洗涤区，短暂的参观须经许可才能进入，并保证不接触食物、干净的仪器、餐具和餐布。除包装食品和无酒精饮料外，所有食品都不允许带上船，所有船上食物也不允许带下船。

邮轮对公共卫生事件的发生应有严密的应急预案。邮轮公司对可能引发或发生重大传染疾病疫情、群体性不明原因疾病、重大食物中毒的任何蛛丝马迹都须高度重视。一旦发现旅游者出现发烧、呕吐、咳嗽、腹泻等症状，就应立即启动预防措施，对患病旅游者进行控制、观察、隔离；对患病旅游者的舱房进行消毒，限制患者的活动范围，采取送餐服务，医护人员上门检查等措施；对患病旅游者接触最多的家属和舱房同住人、同行人进行检查、问讯等，竭尽所能将可能发生传播的途径排除。

旅行社要配合邮轮公司为预防公共卫生事件发生而采取的措施，做好对参团旅游者的宣传和解释工作。一旦发现参团的旅游者有发烧、呕吐、咳嗽、腹泻等症状，要及时向邮轮相关部门报告。

三、邮轮药品管理及使用

通常由经过受专门医务技术训练的驾驶员负责药品的管理及使用。船上一般都有药库，药库有两套钥匙，一套由负责医务的驾驶员专用，一套存于船长处。药库应有专门柜子及抽屉存放各种药物，如内服药、外用药、控制性药物，药柜应配备保护隔、分隔板，抽屉应有搭扣以防船摇晃时药品跌落。控制性药物应专门存放并上锁。药品存放可按商品的拼音字母顺序存放或按药物的类别、用途存放，例如抗生素、解痉止痛药等。药品标签要清楚。药品使用要有登记本记录，控制性药物使用登记要用复印纸，一式两份，存根放于船长处，以备核对，至少保存两年。应定期检查药品失效期，及时更换失效药物。最好配备冰箱，因有些药物需冷藏。

船上药物一般定点供应。根据航线远近和人员配备，每次出航前要及时补充，检查失效期，并予以更换。有些药的商品名称有多种，要用通用名，并用标签说明。控制性药物（麻醉药、缓解剂、兴奋剂等）应标以特殊标签"控制性药物"，其他告示性标签也应适当采用，如"剧毒""外用"等。务必注意药物的储存温度，一般为 15～25℃。有些应储存于冰箱，温度维持在 2～5℃，但切不可冷冻，有些药则需避光保存。

麻醉药应严加保管，使用后需详记指征、用量、使用者，存根保存三年。远洋船每抵外港均需申报并封存。在国外如需补充此类药物，只能从有供应此类药执照的药剂师处获得，并需有船东或船长签名的订单。麻醉药须有资格的船医才能使用。驾驶员兼医务者须经无线电医疗咨询指导后谨慎使用（一般仅用于诊断明确的肾绞痛等）。

用药前要尽量诊断明确，对所用药物的规格、剂量、副作用要了解。一般药物的副作用不严重，如消化道不适、头痛，不影响继续用药。如出现皮疹（抗生素）、哮喘（阿司匹林）、黄疸及酱油色尿（伯氨喹啉）则需要立即停药。

四、邮轮急救基本技术

（一）人工呼吸

1. 口对口呼吸法

口对口呼吸法是用急救者的口呼吸协助伤病者呼吸的方法，是现场急救中最常用和最有效的方法。

2. 口对鼻呼吸法

当病人口腔严重外伤、牙关紧闭时不宜做口对口人工呼吸，可采用口对鼻人工呼吸法。该法的操作与口对口呼吸法相似，只是吹气时应关闭病人口腔，病人呼气时应开放其口腔。

3. 仰卧压胸法

病员仰卧，腰背部垫枕使其胸部抬高，把病员头转向一侧，两手平放。急救者跪跨在病员两侧的下胸部，拇指向内，其余四指向外，向胸部上后方按压，将空气压出肺部，然后放松，使胸部自行弹回而吸入空气，如此反复按压，每分钟 16～20 次（图 7-2）。此法不适用于胸部外伤或同时需要做心脏按压者。

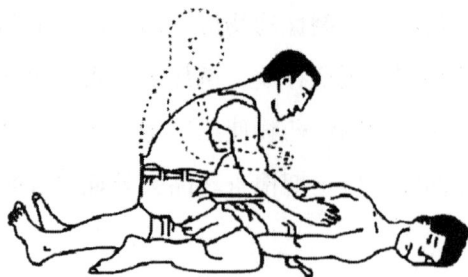

图 7-2　仰卧压胸法

4. 俯卧压背法

病员俯卧，腹下垫枕，头向下略低，面部转向一侧，以防口、鼻触地，一臂弯曲垫在头下，另一臂伸直，急救者跪跨在病员大腿两侧，将手放在患者背部的两侧下方，相当于肩胛下角下方，向下用力压迫与放松。以身体重量向下压迫，然后挺身松手，以解除压力，使其胸部自行弹回，如此反复进行，每分钟 16～20 次。

（二）止血技术

外出血是指血液自伤口向外流出。外出血分三种：毛细血管出血、静脉出血和动脉出血。毛细血管出血为涌出状，血液颜色鲜红，量不多；静脉出血为缓慢持续性出血，血液颜色暗红，多发生在血管断裂的远心端；动脉出血为喷射状，随心脏的搏动而增多，血液颜色鲜红，多发生在血管断裂的近心端，且出血量较多。在紧急情况下应根据不同的出血性质和部位，采用不同的止血方法进行止血。常用的有指压动脉止血法、加压包扎止血法、止血带止血法及直接压迫止血法等。

1. 指压动脉止血法

这是最方便和快捷的止血方法，但不能持久，一般用于动脉出血。用手指压住出血血管的上部（近心端）或直接压迫伤口的出血处，并用力压向骨面，把出血的来源阻断。

2. 加压包扎止血法

即在伤口处填塞以干净的纱布，再用绷带进行加压包扎。主要适用于较小的血管出血或渗血，但有骨折或有异物存在时不适用。除了在伤口处填塞纱布外，有条件时可在创口上撒上止血的药物粉末（如云南白药粉），然后再加压包扎以取得更好的止血效果，但要注意保持创口清洁，切勿随意用黄土、棉花或香灰等止血。

3. 止血带止血法

止血带止血法是利用有弹性的胶皮管、较软的布带或三角巾折成的布带等在出血部位的近心端将整个肢体进行绑扎，以阻断通向肢体的动脉血流，使末端没有血液供应从而达到止血的目的。止血带止血法适用于四肢动脉出血的止血。在现场找不到胶皮类止血带，也可用听诊器胶管或三角巾、绷带、手帕等代用，但切不可用绳索、电线或铁丝等物品代替止血带。止血带止血法虽能有效止住四肢的出血，但可能会引起或加重肢体的坏死、急性肾功能不全等，因此只能用于其他方法暂不能控制的出血，不能应用于头、颈或躯干部的出血。止血带只能作暂时的使用，要争取时间转送医院或采取其他根本办法。

4. 直接压迫止血法

主要用于小动脉、静脉、毛细血管的出血。将伤口用无菌纱布、清洁的毛巾、衣物或手帕覆盖后，用手指或手掌直接用力压迫 5～10 分钟，出血往往可以止住，然后再选用加压包扎止血法。

【拓展阅读】

邮轮乘客发生意外考验邮轮急救

2014 年 8 月 7 日，一位女乘客在"海洋水手号"邮轮上忽然宫外孕大出血，经过船上相关医护人员初步救治后，被直升机接到济州岛一家医院就诊。

该邮轮于 8 月 6 日从上海出发，前去韩国济州岛，原定于 8 月 7 日登岛。事发前邮轮上医务人员已对这名孕妇情况有一定掌握。皇家加勒比游轮公司工作人员称，根据邮轮的相关规定，孕妇怀孕24周以上，通常不建议上船。"如果游客一定要上船，则需要做好备案，并由游客提交一份健康查询拜访报告。"该工作人员称，出现意外大出血的游客，已经怀孕 22 周，此前做过相应备案工作。

"考虑到病人情况比较紧急，医生第一步要做的是稳定病人体征。"工作人员介绍，当晚接到孕妇紧急求助信息后，邮轮医务室的医务人员迅速赶往救治，由于病人失血较多，输血必不可少。于是，他们发布广播希望乘客献血，以备船上可能储血不足的情况。最终，船上共有四人参与献血，其中三人为乘客，一人是船员。"由于那时邮轮已经靠近济州岛，考虑到孕妇的特殊情况，以及可能出现其他意外，医务人员决定将病人转送到当地医院。"工作人员称，取得信息的济州岛相关医院很快派来一架直升机及随机医务人员，将孕妇接往该医院救治。

该邮轮在行程结束后已返回上海港，孕妇及其家人并未随船返回。这名女游客仍然留在济州岛医院，病情已稳定，并能下床行走，其家人也在医院周围安置下来。

资料来源：闫国东. 邮轮安全与救生［M］. 北京：清华大学出版社，2017：185-186.

【复习思考题】

1. 邮轮安全管理的内容主要有哪些？

2. 邮轮船舶自救与应急反应程序的主要步骤有哪些？

3. 假设你是邮轮上的工作人员，听到应变演习信号时，应怎样安慰和疏导游客？

4. 邮轮如何进行旅游者突发疾病的应急与处理？

5. 邮轮应如何应对公共卫生事件？

6. 邮轮急救当中经常使用的人工呼吸有几种？

【推荐阅读】

［1］高建杰，魏志艺，邵哲平，等．国内豪华邮轮"非值班船员"培训探讨［J］．航海教育研究，2021，38（4）：86-91.

［2］唐健萍，李必伟，朱德玉，等．邮轮港口公共卫生事件应急管理研究［J］．中国水运（下半月），2021，21（10）：19-20，155.

［3］于萍．邮轮应急疏散过程建模、模拟与布局优化分析［J］．中国安全科学学报，2021，31（9）：142-149.

［4］印桂生，孙颖，杨东梅，等．船舶安全事故典型案例分析与研究［J］．船舶，2021，32（4）：1-14.

［5］高嘉轩，孙思琪．邮轮治安事件的管辖冲突与因应对策［J］．中国海商法研究，2020，31（3）：50-55.

第八章　邮轮政策与法规

【本章概要】

　　邮轮旅游在中国市场经历了十余年的爆发式增长后，已逐渐从"高速增长"进入到"高质量、高品质发展阶段"。邮轮政策法规是邮轮旅游业发展到一定阶段的产物，并随着邮轮旅游的发展而逐步健全和完善。邮轮旅游的相关政策法规包括国际政策法规和国内政策法规。目前，我国已经制定了一系列促进邮轮旅游发展的政策，并初步形成了邮轮旅游立法体系。作为一名现代邮轮运营管理的专业人才，需要通晓这些国内外邮轮业基本政策法规。

【学习目标】

　　理解：我国邮轮旅游相关法规中主要用语的含义。

　　熟悉：美洲、亚太地区、欧盟及国际邮轮组织的邮轮政策法规；我国有关邮轮旅游发展的主要政策；我国邮轮旅游的立法体系。

　　掌握：国际国内防止船舶污染海洋环境相关法规；我国邮轮港口、邮轮经营管理、邮轮旅游合同、邮轮出入境管理相关法规。

【开篇导读】

邮轮旅游合同条款须细读

　　2014年8月，丁某等2人(下称"丁某等")与某国际旅行社有限公司(下称"某旅行社")签订了邮轮旅游合同（出境团队游），由某旅行社组团安排丁某等进行日韩邮轮旅游。丁某等支付了约1万元旅游费用，包括个人旅游保险费。合同约定：某旅行社不得将丁某等转给其他旅行社组织的出境旅游团，不得延期安排丁某等参加的旅游团出行，不得改变丁某等参加的旅游团的行程，但可以将丁某等与其他旅行社招徕的游客拼成一个团队出游。合同又约定：如发生自然原因或社会原因引起的不可抗力，合同无法继续履行的，某旅行社可变更合同内容，但需退还因变更而未发生的旅游费用。

　　在签订合同的同时，丁某等又与某旅行社签订了一份补充协议，补充协议第二十条约定：某旅行社可选用本社组团、联合组团、散客拼团等组团方式，丁某等同意某旅行社可选择并委托有资质的接待旅行社完成邮轮旅游活动。补充协议尾部有黑体加粗条款：请旅游者（即丁某等）务必关注本补充协议的全部内容，签字代表旅游者已明确知晓上述条款并愿意接受与遵守。此外，邮轮旅游合同和补充协议后附安全通知、文明公约、行程单。

2014年10月3日，丁某等随团于上海登上邮轮，开始游程。此时，他们发现旅游团的领队是另一家旅行社的，而且全部游程都是另一家旅行社安排的。邮轮离开上海后遭遇台风，船方通知游客取消原定日本港口的停靠。在返航途中，邮轮停靠了原定韩国港口，丁某等随其他游客登岸游玩。

丁某等不满某旅行社将其"转给"另一家旅行社及邮轮方变更停靠港口的做法，将某旅行社告上法庭，他们的诉讼请求为：某旅行社退还全部旅游费约1万元，并支付违约赔偿金约3 000元。

丁某等认为：（1）某旅行社在未取得其同意的情况下擅自变更行程，导致邮轮旅游合同目的未实现，构成根本性违约，丁某等可解除合同、要回旅游费用；（2）台风不属于不可抗力，是可预见的。某旅行社应当在出行前告知丁某等在旅游过程中可能遇到的天气情况，以便他们决定要否解除合同；（3）在履行合同过程中，某旅行社将丁某等擅自转团至另一家旅行社，降低了服务品质，构成违约，并存在对消费者（丁某等）的欺诈行为，应当赔偿。

某旅行社不同意丁某等的诉请，其抗辩为：（1）旅游团领队是另一家旅行社的，但某旅行社并未将丁某等"转给"另一家旅行社，而仅仅是委托另一家旅行社提供接待服务，没有消费欺诈；（2）台风属不可抗力，当邮轮前往原定日本港口时遭遇台风，无法靠岸，只能取消靠港计划，某旅行社及时告知了丁某等，没有过错，不承担违约赔偿责任；（3）丁某等参加了邮轮旅游，相关合同履行完毕，其无权利主张解除合同、退还旅游费用。况且，邮轮方已向丁某等作出了一定的消费补偿。

2015年12月，江苏省南京市中级人民法院作出二（终）审判决，判决结果及判案原理简析如下：

一、依据补充协议（邮轮旅游合同的一部分），某旅行社可委托另一家旅行社提供接待等旅游服务。

丁某等与某旅行社订立邮轮旅游合同，双方应按合同约定履行各自义务。补充协议是合同的组成部分，补充协议尾部有黑体加粗提示条款，丁某等在其下签字，表明其理解、接受所有补充协议条款，并承诺遵守。补充协议第二十条明确约定：某旅行社可选择并委托有资质的接待旅行社完成邮轮旅游活动，因此某旅行社委托另一家旅行社提供领队等服务并未违反合同约定。合同中又约定：某旅行社不得将丁某等转给其他旅行社组团出游。本案中，某旅行社并未有违约转包行为，邮轮旅游合同项下的主体始终是某旅行社，其始终向丁某等负责。因此，某旅行社没有违约，亦未欺诈，无须支付违约赔偿金。

二、依据邮轮旅游合同，旅行社可因天气等不可抗力原因变更邮轮旅游行程。

台风属于不能完全预见、不可避免的不可抗力。本案中，邮轮航行过程中遇到台风，邮轮方出于安全考虑选择不挂靠原定的日本港口，并无不当。况且合同约定：发生不可抗力导致合同无法继续履行时，某旅行社可变更合同内容，仅需退还因变更而未发生的旅游费用。因此，邮轮旅游行程变更并非某旅行社的违约行为，丁某等无权主张违约赔偿金。合同因不能归责于任何一方当事人的不可抗力而未能完全履行的，应当根据公平原则处理善后事宜。考虑到丁某等在本次旅游中的实际行程与合同约定行程的差别，法院酌情裁定某旅行社退还他们部分旅游费用约 1 000 元。

三、邮轮旅游合同已实际履行，丁某等无权主张合同解除。

丁某等主张其可以基于不可抗力解除合同。但法院认为，《合同法》第九十四条明确规定：因不可抗力致使合同目的不能实现的，当事人可以主张解除合同。因此，除存在不可抗力情形外，还需不可抗力的存在致使订立合同的目的不能实现这一条件成立，一方当事人方才有权解除合同。本案中，丁某等随船到了韩国，并登岸游玩，所以邮轮旅游合同已经实际履行，仅部分旅游行程受到台风影响。况且，对于游程变更，邮轮方已给予丁某等一定补偿，因此，丁某等关于解除合同、某旅行社退还旅游费用、支付违约金的诉讼请求，无事实与法律依据，法院不予支持。

资料来源：上海邮轮中心 2019-02-20.

阅读思考：游客与旅行社订立邮轮旅游合同时应当注意哪些问题？

第一节　国际邮轮政策与法规

一、美洲邮轮政策法规

（一）美国的邮轮政策法规

美国是世界邮轮旅游最大的客源地，2005—2006 年间，美国国会听证会开始考虑国际邮轮安全问题，关于邮轮安全的立法于 2008 年第一次提交给国会，邮轮安全立法工作取得了较大的进展。2009 年 10 月，众议院通过了美国海岸警卫队授权修改后的邮轮犯罪法规。2010 年美国邮轮行业权威组织 CLIA 声援了该立法，同年 7 月 27 日，美国总统签署了邮轮安全法案，该法案正式生效。法案内容主要包括：

①邮轮船员进出乘客房间的限制。

②要求邮轮房间应参照酒店设施要求，加强安全措施，如加上窥视孔、摄像头、延时电子门锁等。

③要求邮轮上栏杆高度最少达 42 英寸，并为邮轮乘客发放安全手册（内容包括全球美国领事馆和负责人联系方式）。

④此前对邮轮案件上报和游客告知没有强制性要求，新法案要求所有涉及美国公民的恶性犯罪和 1 000 美元以上的盗窃犯罪都要立即上报给美国联邦调查局（FBI）、海岸警

卫队和其他执法机构。该措施的目的是方便证据收集。FBI还会把确认案件在网络上公示。另外，邮轮公司的网站上必须有犯罪上报网站的直接链接。

⑤法案还要求邮轮上的医务人员必须拥有较高学历和正式资格，还要接受过应对性侵犯案件的培训。另外，邮轮上必须配备有抗逆转录病毒药物。邮轮还要保证受害者能拥有电话和网络联系执法机构、法律顾问和第三方组织。

⑥法规还包括医疗保密规定。未经性侵犯受害者同意，船长等任何人都不可以把犯罪记录的内容（包含受害者医疗记录）透露给其他人，尤其是公司法律部门的工作人员。此项规定将影响邮轮公司在法庭上的立场，保护受害者。

⑦如果违反该法案，邮轮公司船舶甚至会被禁止进入美国海域。

（二）智利的邮轮政策法规

作为南美洲最狭长的太平洋沿岸国家，智利是邮轮爱好者的天堂，该国拥有10个港口，包括瓦尔帕莱索、蒙特港和蓬塔阿雷纳斯等。

在智利，交通运输部管理该国的港口，并确保邮轮可以使用港口设施。为应对国外游客数量的持续增加，智利公共工程部推出了一系列项目来推动智利旅游业的发展并改善其基础设施建设。

所有在智利领土停靠6小时以上的邮轮，或者停靠在阿里卡、伊基克、安托法加斯塔、科金博、瓦尔帕莱索、蒙特、查卡布考、蓬塔阿雷纳斯和威廉姆斯这些区域中的一个或一个以上的港口，邮轮将最高减免80%的费率。

二、亚太地区邮轮政策法规

（一）韩国的邮轮政策法规

旅游业一直是韩国的重要产业之一。其中，韩国独特的民族文化和独特的济州岛风情，给该国邮轮产业带来了勃勃生机。韩国政府也对发展旅游业十分重视。近年来由于邮轮旅游业所占旅游产值比重不断加大，韩国政府也在不断出台相应的法律规范来支持邮轮旅游业的发展。

要了解韩国邮轮旅游业的立法工作，必须首先了解韩国旅游业和该国政府对旅游业所采取的政策。韩国旅游业的有关法律有《观光振兴法》。韩国旅游发展局是韩国旅游业的主要管理机构。

1. 韩国海事审判制度

韩国海难审判院采用行政院制，它的运作独立于刑事、民事法院程序之外。任何被认为犯有引发海难罪行的人都要受到三次审判，依次是地方审判院、中央审判院和最高法院审判。建立这种行政院制的主要目的是通过采用准司法程序实施公开行政审判来确定发生海事的原因，纠正和帮助那些被发现有过失的人们，向有关方面（如船东、不同社会团体和相关的政府部门）提出建议，并要求有关方面进行协作以取得必要的改善。韩国的四家地方审判院分别负责相应海域的海事审判：釜山（东南沿海）、仁川（西部沿海）、木浦（西南沿海）、东海（东部沿海）。中央审判院位于首尔。每个审判院由主席、法官、调查官和行政管理人员组成。中央审判院有24名工作人员，包括主席、4名法官、2名调查官和其他工作人员。每个地方审判院有14名甚至更多的成员，包括主席、2名法官、2名调查官和其他工作人员。

2. 韩国港口、出入境政策

（1）港口政策

①大力兴建港口。随着邮轮旅游的发展，韩国政府决定在现有的釜山港和济州港两个邮轮码头的基础上，再投资数亿美元，兴建6个新邮轮专用码头。每年吸引1 200万名旅客赴韩，主要针对的是中国游客。

②允许外国邮轮挂靠。邮轮运输是现代航运业的重要组成部分，韩国已经采取多项措施规范邮轮的运输发展。韩国已经批准更多的外国邮轮挂靠，以提高邮轮的经营能力。外国邮轮可以在多个国际航次中进出韩国港口进行挂靠，涉及釜山、济州岛等。

③完善邮轮收费制度。目前，釜山和济州岛港口（旅游胜地）建设了设施完备的现代邮轮码头和旅客服务大厅，并且完善了邮轮码头的收费管理机制，使码头企业和邮轮公司建立双赢的关系，更好地为旅客服务。

（2）出入境政策

①实施出入境人员健康检查制度。《韩国检疫法》第29条规定，检疫所长认为检疫传染病或其他传染病流行或可能流行时，可对口岸内的交通工具、设施、建筑物、货物以及有关场所、相关人员实施传染病监测、预防接种，对带菌者实施必要的医学检查。

②建立济州岛旅客购物离岛免税制度。1997年亚洲金融危机后，经济遭受重创的韩国政府开始探索更加开放、更加国际化和更具竞争力的经济模式。济州经济特区的构想就是在这个时期开始形成并逐步实现的。2002年，韩国国会通过了《济州国际自由城市特别法》，首次以法律形式确定了济州岛的特区地位，并推出了《济州国际自由城市建设综合方案》。2006年初，韩国政府颁布《建立济州特别自治道及开发国际自由城市特别法》，推出济州开发战略，希望将济州岛建设成为东北亚中心国际城市。济州岛实施离岛免税政策，是其构建国际自由城市战略的一部分。

（3）韩国政府放宽签证政策

为吸引更多的中国游客，韩国政府逐步放宽对中国游客的旅游签证限制，所有旅游告示牌也增设中文。

（二）日本的邮轮政策法规

1. 日本的邮轮港口

日本拥有29个港口共计38个泊位可供国际邮轮停靠，在东京、大阪、长崎、那霸、鹿儿岛、神户等地都有邮轮专用港口，其中鹿儿岛、长崎、那霸等港口皆为新港，体现了日本邮轮旅游的快速发展态势。完善的邮轮停泊设施吸引了大量的国际邮轮靠泊，世界三大邮轮公司都配置了访问日本的航线。

长崎是邮轮航线中的重要一站，邮轮带来的旅游商机也是长崎非常重要的经济增长点，尤其是在东亚地区大力发展邮轮旅游业的背景下，长崎、福冈、鹿儿岛等地方之间，旅游业的竞争日趋激烈。日本长崎县旅游观光部门想游客之所想，与美国最大的邮轮公司——皇家加勒比游轮公司进行具体协商，专门为乘坐邮轮旅游的中国客人制作了长崎宣传手册。制作手册之前，长崎旅游相关部门专门面向中国游客进行了调查。长崎县率先推出的宣传手册在日本各港口城市中尚属首例。

2. 日本的邮轮公司

许多日本本土的大型航运公司如日本邮船（NYK）、商船三井（MOL）、川崎汽船（K-LINE）等都有自己的邮轮，日本国民也热衷于乘坐本国邮轮出游。与北美国家发展完善的邮轮市场相比，日本邮轮客源主要集中在高端市场，其主要原因是日本国内邮轮公司"一船一公司"的经营模式提高了经营成本。

1870 年，三菱商会的前身——九十九商会正式成立，掀开了亚洲海洋运输企业的新篇章。5 年之后，该企业正式更名为邮便汽船株式会社，进入蒸汽船时代。1885 年，通过与共同运输会社合并，日本邮船会社正式成立。1893 年，改制为株式会社，日本邮船株式会社（Nip-pon Yusen Kaisha，NYK）正式走上世界舞台。NYK 豪华邮轮飞鸟号（Asuka）在世界各地提供邮轮服务。NYK 集团旗下子公司提供的邮轮服务已经扩大到美国市场。

水晶邮轮公司是日本邮船株式会社的全资子公司，于 1988 年成立，总部位于美国洛杉矶。公司目前拥有两艘大型豪华邮轮——水晶交响乐号（Crystal Symphony）与水晶平静号（Crystal Serenity），这两艘邮轮在世界各地受到一致推崇。该公司已经连续 16 年赢得了声望极高的《旅游休闲》杂志评选出的世界最佳大型邮轮公司奖。在这个行业里，获得这个奖项是一种很高的成就。水晶邮轮公司一直有船队竞争于高端市场，其在市场上的主要竞争对手是大洋邮轮，在运行区间上的竞争对手还包括库纳德邮轮和哈帕—罗伊德邮轮。水晶邮轮提供一周以上的航行，包括每年 100 余天的环球航行。

日本邮轮企业为了吸引中国游客，正极力推广"无固定航线"的邮轮旅游模式。为了促进中国游客数量增长，日本邮轮企业并不拘泥于固定船期、固定航线。例如"富士丸号"，开启"3·11"日本大地震后首艘日本邮轮的访沪旅程时，管理层在上海四处走访，向各大旅行社、各大企业推荐"无固定航线"模式，其实质是包船航行，供各种机构开展奖励旅游或者会务旅游的服务。这种包船航行的参加者少则 200 人，多则超过 1 500 人，费用参照了固定船期、固定航线的单价，船方还提供了一些"额外"服务项目，包括开放邮轮上的商务、会务场所，对邮轮上的餐饮、娱乐设施推出"团购价"等。

3. 日本邮轮旅游出入境管理政策

（1）登陆的申请

希望在日本登陆的外国人（乘务员除外），必须持有效护照并得到日本领事馆等的签证（拥有国际协定或日本政府对外国政府进行过通告而不需要日本领事馆等签证的外国护照；得到再入境许可的护照或者持有难民旅行证明的人员，则不需要日本领事馆等的签证）；必须在希望登陆的出入境口岸依照法务省令规定的手续向入境审查官员提出登陆申请，并接受登陆审查。

（2）停泊口岸登陆的许可

当乘坐邮轮的外国人经由日本前往其他国家（乘务员除外），而该邮轮从停泊日本口岸至离境在72小时以内并希望在该出入境口岸附近登陆时，入境审查官员在得到该邮轮的船长或者其船舶经营者的申请后，可以允许该外国人在出入境口岸处登陆。

（3）登陆过境的许可

邮轮在日本航行期间，乘坐该邮轮的外国人（乘务员除外）为了临时旅游，希望入境并在该邮轮停泊的日本其他出入境口岸再登船时，入境审查官员在得到该邮轮的船长或者其船舶经营者的申请后，可以允许该外国人登陆过境。

（4）遇险登陆的许可

对于船舶遇险等情况，当出现乘坐该船舶的外国人需要其他紧急救助时，根据日本《水难救助法》规定，经从事救助事务的市镇村的负责人、救助外国船舶的船机长、遇险船舶的船机长或者该遇险船舶相关运输业经营者的申请，入境审查官员可以允许外国人遇险登陆。

（5）出境手续

因前往日本之外地区而需要离境的外国人（除乘务员外，还包括得到再入境许可后出境的外国人），根据法务省令的规定，在其出境口岸必须得到入境审查官员的确认。

（6）合作的义务

进入日本的邮轮负责人及其船舶的运输业经营者，必须协助入境审查官员完成所进行的审查及其他公务。

（7）报告的义务

进出日本的邮轮负责人，在其船舶抵达或离开出入境口岸而入境审查官员有要求时，必须提供乘客名簿及乘务员名簿。

4. 日本邮轮旅游饭店管理政策

注册登记的饭店业经营者，在每一个注册登记饭店都要就饭店接待外国邮轮旅游者的相关问题，从具有以运输省令形式规定的实际业务经验和符合其他主要条件的人员中间选拔任命外国邮轮旅游者接待主任，让该主任从事指导接待外国邮轮旅游者的从业人员、处理外国邮轮旅游者的投诉以及管理其他以运输省令形式规定的接待外国邮轮旅游者的相关业务。

三、欧盟邮轮政策法规

（一）欧盟邮轮旅游相关组织

1991年12月11日，欧洲共同体（European Communities）12个成员国在荷兰马斯特里赫特签署了《马斯特里赫特条约》，即《欧洲联盟条约》。1993年11月1日该条约生效，欧洲联盟（European Union）正式诞生。欧盟是一个集政治实体和经济实体于一体，全世界一体化程度最高的国家联合体。欧盟现有27个成员国，约4.4亿人口，总部设在比利时首都布鲁塞尔。欧盟的宗旨是"通过建立无内部边界的空间，加强经济、社会的均衡发展"。在欧盟内部，其成员国间实行了一系列的共同政策和措施，如实现关税同盟和共同外贸政策，实行共同的农业政策，建立经济合作制度；基本建成内部统一市场，逐步取消各种非关税壁垒；建立政治联盟如共同的外交、安全策略和防务政策；建立欧盟货币体系、建立经济货币联盟等。

1. 欧盟的旅游监管部门

欧盟负责旅游监管的部门为欧盟旅游处，设在产业总署下面，自20世纪80—90年代起，旅游处的力量不断加强。欧盟旅游处的核心工作职责是推动欧盟内部各国政府以及旅游企业间的合作，以更好地推动欧洲旅游产业进一步向前发展。在欧盟内部，旅游处是欧盟旅游管理的执行机构。部长理事会是审批旅游处提议的主要上级行政组织。除此之外，还有旅游咨询委员会，是欧盟旅游处的主要咨询单位。

在欧洲地区，欧盟对邮轮旅游的影响力一直很小，在大多数情况下旅游主要涉及的是地方事务。但是在欧盟范围内更好地旅游合作（各成员国、旅游企业、社会各界之间），毫无疑问会给欧洲邮轮旅游业的发展提供更好的平台。

2. 欧盟旅游处的主要合作组织

欧盟旅游处十分关注各旅游组织间的合作交流。首先，它十分重视和欧盟内部其他行业部门间的合作，如与欧盟就业、区域发展、教育、环境、消费者权益保护、健康、安全、交通运输、金融、税收和文化等部门的合作。其次，它重视和欧盟内部从不同方面和不同程度涉及若干旅游事务的7个旅游相关部委组织的合作，即欧盟议会、欧盟理事会、欧盟经济和社会委员会、欧盟议会交通和旅游委员会、地区委员会、欧盟统计局和欧盟议会文件注册处。再次，它十分重视与各大国际旅游相关组织的合作，尤其是随着邮轮旅游业的迅速发展，其与国际邮轮协会、欧洲邮轮协会等开展了广泛的合作。除此之外，与之有密切合作关系的欧洲境内的各级组织还有：

①欧洲地区大会（AER）：由来自欧洲32个国家的超过250个地区组成，讨论地区发展所涉及的经济、社会、环境和旅游问题。

②欧洲消费者组织（BEUC）：由超过40个国家的消费者组织构成。

③国际社会旅游局（BITS）：世界性的社会旅游组织，有超过145个会员。

④中欧国家旅游协会（CECTA）：由地理位置处于欧洲中心地带的奥地利、捷克、德国、匈牙利、斯洛伐克、波兰以及这些国家相应的旅游服务产业代表组成。

⑤欧洲旅游和休闲教育协会（ATLAS）：该协会提供了一个交流平台，以推动工作人员和学生的交流，目前成员来自70多个国家。

⑥国际酒店与餐饮协会（IHRA）：由来自142个国家的624个组织构成，会员超过450万个。

（二）欧盟邮轮旅游签证政策

1.欧盟签证法典

欧盟签证法典是欧盟各个国家签证相关法律的总规则，自2010年4月5日起，欧盟签证法典开始执行。这部签证法典将所有针对签证决策的法律规定集中于一个文件。法典将使申根区各国实施共同签证政策，增加了透明度，增进了法律安全，确保平等地对待签证申请人。签证法典汇集了现存的所有法律条款并规定了签证签发条件和程序的共同准则。它包括总则，如何确定由哪个申根国签发签证的细则，并且统一了签证申请和决定程序的所有法律规定。签证申请遭拒绝需说明动机，针对否定裁决也有机会提出申诉。欧盟代表团在协调各成员国在第三国的"申根合作"中将发挥更大的作用，这也将有助于程序的进一步协调统一。

2.申根签证

在欧盟国家进行邮轮旅游，一般会申请申根签证。申根签证是指根据申根协议而签发的签证。这项协议由于在卢森堡的申根签署而得名，它规定了成员国的单一签证政策。据此协议，任何一个申根成员国签发的签证，在所有其他成员国也被视作有效，而无须另外申请签证。而实施这项协议的国家便是通常所说的"申根国家"。

1985年，德国、法国、荷兰、比利时、卢森堡五国在卢森堡边境小镇申根签订协议时规定：其成员国对短期逗留者颁发统一格式的签证，即申根签证。申请人一旦获得某个国家的签证，即可在签证有效期内在所有申根国家自由旅行。"申根协议"同时包括旅客必须落实沿途经停申根国家饭店等若干原则规定。截至2011年12月，申根的成员国增加到26个：法国、德国、奥地利、瑞士、意大利、荷兰、比利时、卢森堡、挪威、瑞典、丹麦、芬兰、冰岛、西班牙、葡萄牙、希腊、立陶宛、拉脱维亚、爱沙尼亚、波兰、匈牙利、捷克、斯洛伐克、斯洛文尼亚、马耳他和列支敦士登。这些国家就是今天的申根区。

需要注意的是：申根国家和欧盟国家是两个完全不同的概念，欧盟的27个成员国，要么实施申根协议规定的签证政策，要么实施本国独立的签证政策，并没有一种统一的、所有欧盟国家都接受的签证。虽然有不少国家同属这两个概念的范围，但是也有不少例外，例如属于申根国家的挪威和冰岛不属于欧盟，属于欧盟的爱尔兰不实施申根签证协议。

3.申根协议的原则

如果只准备前往某一个特定的申根国家（意指申请签证时只能提供前往该国的行程证

明），必须向这个国家的驻外机构申请签证；想要在多个申根国家逗留，原则上必须根据提交的行程去停留时间最久的国家（主要停留国家）的使领馆申请签证；在无法确定主要停留国家的情况下，可以申请首先入境国家的签证。申根协议还包括以下原则：

①申根协议国家应在人员流动方面，尤其是在签证方面采取统一的政策。

②申根协议国家决定颁发在申根区域内普遍有效的统一签证。

③允许一次或两次入境的短期旅行签证，其前提条件是逗留的天数总和在第一次入境后半年内不能超过3个月。

④在申根签证使用前，各个国家的国别签证应该得到承认。

⑤根据申根协议的规定，持有任何一个申根协议成员国有效居留许可证的旅行者，3个月内无须签证，可在申根区域内自由旅行。在申根区域外的旅行者，只要持有某申根国家有效的居留许可证和护照，无须办理签证即可前往该申根国家。超过90天的逗留，申请者应根据有关法律及其逗留目的申请国别签证。

⑥统一的申根签证应由协议国家的外交和领事部门颁发。

⑦原则上说，颁发某申根签证的国家应该是该签证持有者的主要目的地国家，或者是该签证持有者进入的第一个申根国家。

⑧旅行证件的有效期必须长于签证的有效期，该旅行证件必须保证申根国家以外的外国人能够顺利回到自己的国家或进入申根区域以外的国家。

⑨每个国家都有权决定某人是否有权进入该国，或被拒绝入境，他国颁发的申根签证在另一申根国使用时将受到限制，但该国必须将有关情况通报其他协议国家。

4. 申根签证的种类

（1）入境签证

入境签证有一次、二次和多次入境三种。签证持有者分别可一次连续停留不超过90天或每半年多次累计不超过90天。如需长期停留，可向某一成员国申请国别签证。

（2）过境签证

过境签证指过境前往协定国以外国家的签证，一般有一次、二次两种，特殊情况下可颁发多次过境签证。各国对过境时间规定不同，一般为2~5天。

5. 申根签证的申办办法

①只前往某一成员国，应申办该国的签证，即"国别签证"。"国别签证"只对入、出签发国有效，不能从别的申根国家过境而进入签发国，否则应申办"申根签证"。签证上的停留天数只在签证有效期内有效。

②过境一成员国或几个成员国前往另一成员国时，应向另一成员国（入境国）申办签证。

③前往几个成员国，应向主要访问成员国或停留时间最长的成员国申办签证，无法确定主访国时，向前往的第一个国家申请签证。

④前往法国、荷兰、葡萄牙等国的海外领地或托管地，应向所属国家申办签证。

⑤途经或访问多个申根国家须填写行程表，即所访国家及路线详情和停留时间表，提供前往国家的邀请信。申请哪个国家的签证，就使用哪个国家的签证申请表，必要时受理国可要求提供附加材料。申根国家有时也发本国签证，这种签证只能前往该国，不能前往其他申根国家。

⑥超过90天的长期签证由申根各国颁发本国的国别签证。这类签证只能前往发证国，不能前往其他申根国家，如过境其他申根国家，必须申请过境签证。已持有一成员国长期居留证者，凭有效国际旅行证件无须办理签证，可自由进入任何成员国，其停留期不得超过3个月。

⑦只办一次入境有效的"申根签证"，只能在有效期内在申根国家区域内旅行，不能中途转机去非申根国家后又返回申根国家。

⑧"申根签证"对常驻外交、公务人员未做明确规定，由各国自行办理。

四、国际邮轮组织及其邮轮旅游政策

（一）亚洲邮轮港口协会

2010年6月，上海吴淞口国际邮轮港与新加坡邮轮中心在沪正式签署"姊妹港协议"，并共同倡议发起成立亚洲邮轮港口协会。亚洲邮轮港口协会旨在推进亚洲邮轮产业发展，信守行业和职业道德，以符合邮轮港航及延伸产业共同利益为准则，促进邮轮港建设功能及服务体系的资源整合及延伸产业、产品的开发，推进亚洲邮轮港口间的合作互动，根据邮轮产业发展态势促进航港关系良性整合，从而促进相关邮轮产业政策适应性发展。成立亚洲邮轮港口协会的目的在于促进邮轮港、港口运营商和业主之间的关系，将亚洲邮轮业期望的共同标准提升到国际水平。亚洲邮轮港口协会将代表所有会员并促进所有成员的共同利益，为实现亚洲邮轮业的共同期望提供帮助。该协会向会员提供一个地区性的码头开发、运营和管理的合作平台，提高邮轮码头的设备和服务水平以及在国际上的知名度，促成有影响力的联盟，从而使具有吸引力的亚洲邮轮市场充满活力，并在促进邮轮产业整体升级过程中，实现协会的积极作用。自新加坡成为东盟邮轮工作组的轮值主席以来，其与其他成员国一同建立了邮轮经济与商业的地区环境，吸引了更多邮轮公司开办航线。另外，一些区域外的邮轮公司也加入合作，共同发展区域邮轮业，将亚洲纳入全球邮轮航线必经之地。如歌诗达邮轮、皇家加勒比游轮、银海邮轮和丽星邮轮等。

（二）欧洲邮轮协会（ECC）

与许多美洲国家相似，欧盟各国大部分政府并没有设立专门的邮轮管理机构。在欧盟范围内，监管邮轮运营、制定行业标准、完善相关制度等许多事务都是由各大邮轮协会完成，他们通过与各国政府监管部门合作，共同促进欧洲邮轮业的发展。

欧洲邮轮协会是一个非营利性的贸易组织，有着超过 30 家的邮轮企业会员与 34 个准会员成员，其代表着运行在欧洲范围内的各大邮轮企业。ECC 不仅代表着邮轮运营商的利益，也着力促进在欧洲范围内，与欧洲各相关机构保持有效的沟通。这些机构包括各国相关的委员会、议会、部长理事会以及欧洲海事安全局（EMSA）。除此之外，ECC 还与欧洲其他机构如欧洲共同体船东协会（ECSA）、欧洲海港组织（ESPO）、欧洲旅行代理商和旅游运营商协会（ECTAA）保持密切的联系，以充分为欧洲的邮轮业服务。ECC 也积极地参与到对邮轮业的宣传。

ECC 在欧洲邮轮业中有着举足轻重的作用，其服务宗旨为：在邮轮政策和邮轮运营方面，通过与欧盟各机构的沟通与合作，提高各邮轮运营商的运营水平。为促进欧洲邮轮业的发展并鼓励扩大欧洲邮轮市场，ECC 提出：

①倡导高水准的运营方法和高效的经营服务。

②大力支持邮轮业务的安全运行与运营过程中的环境保护，并与该领域的国际海事组织和劳工组织通力合作，为欧盟邮轮业环境保护而努力。

③消除邮轮贸易壁垒和加强欧盟的监管环境，促进欧洲邮轮业的持续增长。

④通过邮轮业对经济和社会的贡献，提高邮轮业的形象。

⑤促进邮轮业在群众中的普及度，力求将邮轮度假创造成为一个可靠的、愉快的度假体验。

⑥加强与欧盟机构和非政府组织的合作以达到上述目标。

⑦加快应对突发事件的应急机制的建立，与邮轮公司共同创造一个安全舒适的邮轮旅游体验。

第二节　防止船舶污染海洋环境相关法规

一、MARPOL73/78 公约

MARPOL73/78 公约即防止船舶造成污染国际公约，是世界上最重要的国际海事环境公约之一，最初于 1973 年 2 月 17 日签订。现行的公约包括了 1973 年公约及 1978 年议定书的内容，于 1983 年 10 月 2 日生效。截至 2005 年 12 月 31 日，该公约已有 136 个缔约国，缔约国海运吨位总量占世界海运吨位总量的 98%。该公约旨在将向海洋倾倒污染物、排放油类以及向大气中排放有害气体等污染降至最低的水平。它的设定目标是：通过彻底消除向海洋中排放油类和其他有害物质而造成的污染来保持海洋的环境，并将意外排放此类物质所造成的污染降至最低。所有悬挂缔约国国旗的船舶，无论其在何海域航行都需执行 MARPOL 公约的相关要求，各缔约国对在本国登记入级的船舶负有责任。

二、我国防止船舶污染海洋环境法规

（一）《中华人民共和国海洋环境保护法》

1. 适用范围

1982年8月23日，第五届全国人民代表大会常务委员会第二十四次会议通过《中华人民共和国海洋环境保护法》。2017年11月4日，该法根据第十二届全国人民代表大会常务委员会第三十次会议决定作出修改，自2017年11月5日起施行。

《中华人民共和国海洋环境保护法》分为10章97条。为了保护和改善海洋环境，保护海洋资源，防治污染损害，维护生态平衡，保障人体健康，促进经济和社会的可持续发展，特制定本法。本法适用于中华人民共和国内水、领海、毗连区、专属经济区、大陆架以及中华人民共和国管辖的其他海域。在中华人民共和国管辖海域内从事航行、勘探、开发、生产、旅游、科学研究及其他活动，或者在沿海陆域内从事影响海洋环境活动的任何单位和个人，都必须遵守本法。在中华人民共和国管辖海域以外，造成中华人民共和国管辖海域污染的，也适用本法。

2. 海洋环境保护管理体制

国家建立并实施重点海域排污总量控制制度，确定主要污染物排海总量控制指标，并对主要污染源分配排放控制数量，具体办法由国务院制定。一切单位和个人都有保护海洋环境的义务，并有权对污染损害海洋环境的单位和个人，以及海洋环境监督管理人员的违法失职行为进行监督和检举。国务院环境保护行政主管部门作为对全国环境保护工作统一监督管理的部门，对全国海洋环境保护工作实施指导、协调和监督，并负责全国防治陆源污染物和海岸工程建设项目对海洋污染损害的环境保护工作。国家海洋行政主管部门负责海洋环境的监督管理，组织海洋环境的调查、监测、监视、评价和科学研究，负责全国防治海洋工程建设项目和海洋倾倒废弃物对海洋污染损害的环境保护工作。国家海事行政主管部门负责所辖港区水域内非军事船舶和港区水域外非渔业、非军事船舶污染海洋环境的监督管理，并负责污染事故的调查处理；对在中华人民共和国管辖海域航行、停泊和作业的外国籍船舶造成的污染事故登船检查处理。船舶污染事故给渔业造成损害的，应当吸收渔业行政主管部门参与调查处理。国家渔业行政主管部门负责渔港水域内非军事船舶和渔港水域外渔业船舶污染海洋环境的监督管理，负责保护渔业水域生态环境工作，并调查处理前款规定的污染事故以外的渔业污染事故。军队环境保护部门负责军事船舶污染海洋环境的监督管理及污染事故的调查处理。沿海县级以上地方人民政府行使海洋环境监督管理权的部门的职责，由省、自治区、直辖市人民政府根据本法及国务院有关规定确定。

3. 法律责任

凡违反本法，造成或可能造成海洋环境污染损害的，有关主管部门可以责令停止违法行为、限期改正或者责令采取限制生产、停产整治等措施，并可以给予警告或罚款。造成海洋环境污染损害的责任者，应当排除危害，并赔偿损失；完全由于第三者的故意或者过失，造成海洋环境污染损害的，由第三者排除危害，并承担赔偿责任。对严重污染海洋环境、破坏海洋生态，构成犯罪的，依法追究刑事责任。

（二）《中华人民共和国水污染防治法》

《中华人民共和国水污染防治法》于1984年5月11日第六届全国人民代表大会常务委员会第五次会议通过。2017年6月27日，该法根据第十二届全国人民代表大会常务委员会第二十八次会议决定作出修正，自2018年1月1日起施行。

《中华人民共和国水污染防治法》分为8章103条。为了防治水污染，保护和改善环境，保护水生态，保障饮用水安全，维护公众健康，推进生态文明建设，促进经济社会可持续发展，制定本法。本法适用于中华人民共和国领域内的江河、湖泊、运河、渠道、水库等地表水体以及地下水体的污染防治。海洋污染防治适用《中华人民共和国海洋环境保护法》。

水污染防治应当坚持预防为主、防治结合、综合治理的原则，优先保护饮用水水源，严格控制工业污染、城镇生活污染，防治农业面源污染，积极推进生态治理工程建设，预防、控制和减少水环境污染和生态破坏。县级以上人民政府应当将水环境保护工作纳入国民经济和社会发展规划。地方各级人民政府对本行政区域的水环境质量负责，应当及时采取措施防治水污染。省、市、县、乡建立河长制，分级分段组织领导本行政区域内江河、湖泊的水资源保护、水域岸线管理、水污染防治、水环境治理等工作。县级以上人民政府环境保护主管部门对水污染防治实施统一监督管理。交通主管部门的海事管理机构对船舶污染水域的防治实施监督管理。县级以上人民政府水行政、国土资源、卫生、建设、农业、渔业等部门以及重要江河、湖泊的流域水资源保护机构，在各自的职责范围内，对有关水污染防治实施监督管理。

（三）《中华人民共和国防治船舶污染海洋环境管理条例》

2009年9月9日，国务院发布《中华人民共和国防治船舶污染海洋环境管理条例》。该条例分为总则、防治船舶及其有关作业活动污染海洋环境的一般规定、船舶污染物的排放和接收、船舶有关作业活动的污染防治、船舶污染事故应急处置、船舶污染事故调查处理、船舶污染事故损害赔偿、法律责任、附则，共9章76条。为了防止船舶及其有关作业活动污染海洋环境，根据《中华人民共和国海洋环境保护法》，特制定本条例。

防治船舶及其有关作业活动污染海洋环境，实行预防为主、防治结合的原则。国务院交通运输主管部门主管所辖港区水域内非军事船舶和港区水域外非渔业、非军事船舶污染海洋环境的防治工作。海事管理机构依照本条例规定具体负责防治船舶及其有关作业活动污染海洋环境的监督管理。国务院交通运输主管部门应当根据防治船舶及其有关作业活动污染海洋环境的需要，组织编制防治船舶及其有关作业活动污染海洋环境应急能力建设规划，报国务院批准后公布实施。沿海设区的市级以上地方人民政府应当按照国务院批准的防治船舶及其有关作业活动污染海洋环境应急能力建设规划，并根据本地区的实际情况，组织编制相应的防治船舶及其有关作业活动污染海洋环境应急能力建设规划。国务院交通运输主管部门、沿海设区的市级以上地方人民政府应当建立健全防治船舶及其有关作业活动污染海洋环境应急反应机制，并制定防治船舶及其有关作业活动污染海洋环境应急预案。海事管理机构应当根据防治船舶及其有关作业活动污染海洋环境的需要，会同海洋主管部门建立健全船舶及其有关作业活动污染海洋环境的监测、监视机制，加强对船舶及其有关作业活动污染海洋环境的监测、监视。国务院交通运输主管部门、沿海设区的市级以上地方人民政府应当按照防治船舶及其有关作业活动污染海洋环境应急能力建设规划，建立专业应急队伍和应急设备库，配备专用的设施、设备和器材。任何单位和个人发现船舶及其有关作业活动造成或者可能造成海洋环境污染的，应当立即就近向海事管理机构报告。

（四）《中华人民共和国海洋倾废管理条例》

1985年3月6日，国务院发布《中华人民共和国海洋倾废管理条例》。该条例共24条。为实施《中华人民共和国海洋环境保护法》，严格控制向海洋倾倒废弃物，防止对海洋环境的污染损害，保持生态平衡，保护海洋资源，促进海洋事业的发展，特制定本条例。本条例中的"倾倒"，是指利用船舶、航空器、平台及其他载运工具，向海洋处置废弃物和其他物质；向海洋弃置船舶、航空器、平台和其他海上人工构造物，以及向海洋处置由于海底矿物资源的勘探开发及与勘探开发相关的海上加工所产生的废弃物和其他物质。"倾倒"不包括船舶、航空器及其他载运工具和设施正常操作产生的废弃物的排放。

本条例适用于：①向中华人民共和国的内海、领海、大陆架和其他管辖海域倾倒废弃物和其他物质；②为倾倒的目的，在中华人民共和国陆地或港口装载废弃物和其他物质；③为倾倒的目的，经中华人民共和国的内海、领海及其他管辖海域运送废弃物和其他物质；④在中华人民共和国管辖海域焚烧处置废弃物和其他物质。海洋倾倒废弃物的主管部门是中华人民共和国国家海洋局及其派出机构。

（五）《中华人民共和国船舶污染海洋环境应急防备和应急处置管理规定》

《中华人民共和国船舶污染海洋环境应急防备和应急处置管理规定》于2010年12月30日经第12次交通运输部部务会议通过，自2011年6月1日起施行。该规定分为总则、应急能力建设和应急预案、船舶污染清除单位、船舶污染清除协议的签订、应急处置、法律责任、附则，共7章39条。为提高船舶污染事故应急处置能力，控制、减轻、消除船舶污染事故造成的海洋环境污染损害，依据《中华人民共和国防治船舶污染海洋环境管理条例》等有关法律、行政法规和中华人民共和国缔结或者加入的有关国际条约，制定本规定。在中华人民共和国管辖海域内，防治船舶及其有关作业活动污染海洋环境的应急防备和应急处置，适用本规定。船舶在中华人民共和国管辖海域外发生污染事故，造成或者可能造成中华人民共和国管辖海域污染的，其应急防备和应急处置，也适用本规定。本规定所称"应急处置"是指在发生或者可能发生船舶污染事故时，为控制、减轻、消除船舶造成海洋环境污染损害而采取的响应行动，"应急防备"是指为应急处置的有效开展而预先采取的相关准备工作。

交通运输部主管全国防治船舶及其有关作业活动污染海洋环境的应急防备和应急处置工作。国家海事管理机构负责统一实施船舶及其有关作业活动污染海洋环境应急防备和应急处置工作。沿海各级海事管理机构依照各自职责负责具体实施防治船舶及其有关作业活动污染海洋环境的应急防备和应急处置工作。船舶及其有关作业活动污染海洋环境应急防备和应急处置工作应当遵循统一领导、综合协调、分级负责、属地管理、责任共担的原则。

【拓展阅读】

世界最大的邮轮如何处理船上污水？

据统计，每年约有 3 000 万人给自己一趟豪华邮轮之旅。如果你也曾是其中的三千万分之一，你一定用过邮轮上的厕所。如果你还比常人多一点的好奇心，在享受完豪华厕所，按下抽水马桶冲水键的那一刻，你是否有过疑问：那些随抽真空系统一去不复返的东西，最后都去哪了呢？

"不都去到大海了吗？"

估计十有八九位乘客都会这么反问。

答案是，这些离去物会先经过一个污水处理系统净化后才排入大海。毕竟，如果不对邮轮产生的废弃物进行处理，本来已经惨遭污染的海洋估计会更加不堪入目。

那这些船上生活产生的污水具体怎么处理，怎么排放的呢？首先从标准谈起：

一、排放标准

政府对大型邮轮有着严格的监管。国际海事组织（IMO）在此其中扮演了重要的领导角色，也为国际海事活动订立了许多重要规定，其中最重要的就是《国际防止船舶造成污染公约》（MARPOL 73/78）。73 和 78 两个数字是指该公约始于 1973 年，然后在 1978 年进行过修订。该公约不仅涵盖了由意外和日常运营造成的石油污染，还涵盖了由化学品、包装危险品、污水、垃圾与空气造成的污染。

这些协议可确保船舶遵守国际海事组织（IMO）以及负责保护环境的其他地区和国家主管部门制定的严格要求。当然国际邮轮协会（Cruise Lines International Association-CLIA）也有自己的标准。

在中国的《船舶水污染物排放控制标准》里，对船舶产生的生活污水的处理也有非常清晰的分段要求，主要是参照了 MARPOL 73/78 的附则 IV。本文对我国城市污水、地表水和船舶污水的排放标准进行了统计对比。从下图可以看出，中国对自 2021 年 1 月 1 日之后安装的处理装置的要求比国际标准还要高。

指标 （mg/L）	城市污水	地表水	船舶污水		
	一级A	V类	2012	2021	IMO
COD	50	40	125	60	125
BOD	10	10	50	20	25
NH4-N	5	2	—	15	—
总磷	0.5	0.4	—	1	1
总氮	15	2	—	20	20
SS	10	—	35	20	35
大肠杆菌（个/L）	1 000	40 000	1 000	1 000	100

图 8-1 国内外船舶水污染物排放控制标准对比

资料来源：MARPOL & mee.gov.cn

另外，MARPOL 的附则以及中国的国标都对船舶可以在哪里排放污水做了明文规定：

1. 在内河和距离陆地 3 海里内的海域，都需要用船载生活污水处理装置处理后才能排放；

2. 在 3 ～ 12 海里，可以不用完整的污水处理系统，但也至少要对废弃物进行粉碎和消毒后再作排放；

3. 超过 12 海里之后才可以直接排放；

4. 在排放的时候，船速不能低于 4 节（航行速率单位 knot）。

二、污水的类型

了解完标准之后，我们再看看生活污水的组成。国标将以下四类都归作生活污水：

1. 任何形式便器的排出物和其他废弃物；

2. 医务室（药房、病房等）的洗手池、洗澡盆和这些处所排水孔的排出物；

3. 装有活动物的处所的排出物；

4. 或有上述定义的排出物的其他废水。

邮轮对污水分类更简单形象一点，各种冲入马桶的污水称作"黑水"，主要是人体的排泄物。黑水之外，还有"灰水"，灰水是指洗手盆、浴室、洗衣机和厨房产生的废水。

当然除此以外，邮轮和其他船舶还会产生含油舱底水（bilge water）等污水，不过这部分废水需要单独处理。

三、生物处理系统

了解了标准，又清楚了污水的成分，选择处理工艺就简单多了。

其实，邮轮生活污水的成分和我们在陆上产生的废水没有本质区别，因此可以使用活性污泥法来降解。但和陆上污水厂不一样，船上的污水处理系统一般只处理黑水，原因有两个，一个是灰水的可生化性相对较差，第二是它的"污染"程度也相对较低。船只一般会对黑水灰水分开收集，等船开到离陆地 12 海里的地方，就将灰水直接排放。

船上的污水处理系统一般非常紧凑、占地面积小，可按照船只的大小进行模块化定制。"麻雀虽小，但五脏俱全"。该有的机械预处理、生物曝气处理和污泥处理都包含在内。

不过世界很多地区已经提出更高的标准，例如美国阿拉斯加地区就要求更优的出水，所以驶入那片海域的船只需要将灰水和黑水混合后做综合处理。

四、更环保的邮轮

随着膜技术的普及，膜过滤单元在船只污水处理中也越发常见。使用膜技术，能满足世界各地对船只排放标准的要求，也能帮助船只实现中水回用，这部分效益是船主能感受得到的。

另外，一些 NGO 组织也在促进膜技术在邮轮的应用。著名组织地球之友（FOE）2020 年就发布了一份"邮轮报告卡"的白皮书，对 18 个邮轮品牌进行了环保排名。地球之友的评分标准很高，以至于没有一艘邮轮的总分能达 A 级。在污水处理方面，大多数还是 C，有几个还只得到 D 和 F 的低分。他们指出，目前只有精致邮轮（Celebrity Cruises）的船装了深度膜处理系统。

CRUISE LINE	Sewage treatment	Air pollution reduction	Water quality compliance	Transparency	Criminal Violations	2020 FINAL GRADE	
Disney	C	A-	A	A		X B-	Royal Caribbean Group
Silversea	D-	F	A	A		C	
Celebrity	C	F	F	A		D+	
Royal Caribbean	C-	F	F	A		D	
Virgin Voyages	C	F	F	A		D	
Regent Seven Seas	C	F	A	F		D	
Princess	C-	C	D+	F	✔	X F	Carnival Corporation
Norwegian	C	D-	F	F		D-	
Oceania	D	F	C+	F		D-	
Seabourn Cruises	C	F	D-	F	✔	X F	
Holland America	C	F	F	F	✔	X F	
Cunard	C	F	F	F	✔	X F	
AIDA Cruises	C-	F	F	F		F	Norwegian Cruise Line Holdings
P&O Cruises	D-	F	F	F		F	
Carnival Cruise Line	F	D	F	F		F	
MSC Cruises	D-	F	F	F		F	
Costa	F	F	F	F	✔	F	
Crystal	F	F	N/A	F		F	

图 8-2　地球之友的邮轮环保排名

资料来源：地球之友

有两家走在环保前列的公司：首先是上述的精致邮轮推出了 Celebrity Flora 号。它是专门为加拉帕戈斯群岛航行而建造的邮轮。这艘邮轮有专门的海水淡化反渗透系统，满足邮轮 100% 的淡水需求，同时装有太阳能板来供电，窗户也用特殊的材料来节省制冷或供暖的能量。

其次，皇家加勒比"海洋交响号"（Symphony of the Seas）是目前全球最大的邮轮。这艘邮轮可以承载 7 000 多人，每天会产生约 1 000 立方米的黑水和 4 000 立方米的灰水。该船于 2020 年声称已升级成为零排放邮轮（Zero-Landfill Ship），采用深度水处理技术，污泥也会送至污泥焚烧厂发电。

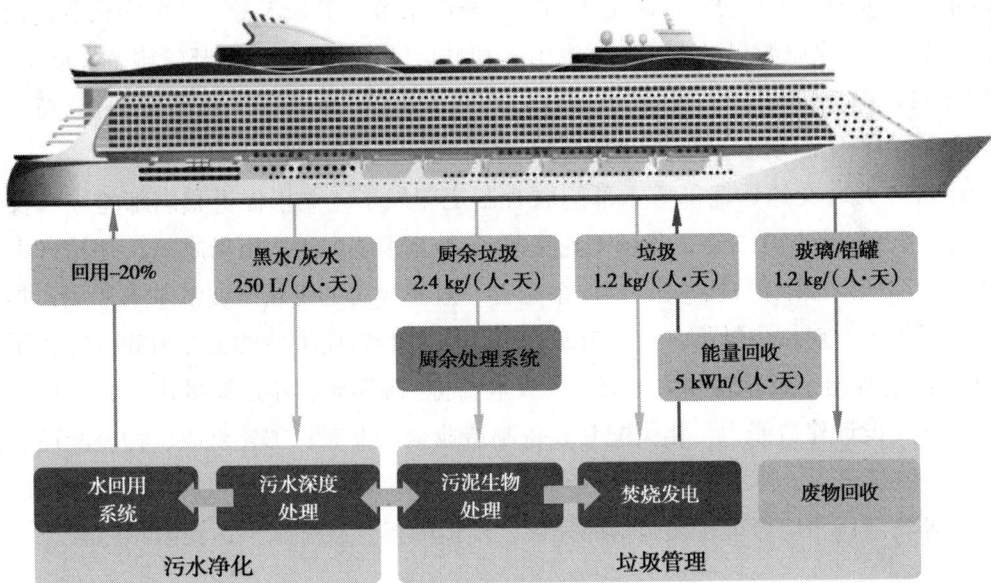

图 8-3　邮轮的废弃物综合管理系统

资料来源：Scanship

2020 年的疫情对邮轮行业无疑是一次重创，但也是行业洗牌的机会——对于能活下来的邮轮公司，用环保技术来提高竞争力势在必行。等疫情过去，相信人们还是愿意乘坐邮轮，但洁净的室内空气和安全用水也会成为人们选择邮轮的因素之一。做污水深度处理的公司会因此受益，毕竟那几家大的邮轮公司应该不想年年被 NGO 组织点名批评。

资料来源：双极膜 -lanjimo2020-12-23.

阅读思考：结合环境保护、绿色发展及生态文明理念，探讨我国邮轮产业可持续发展的保障措施。

第三节　我国的邮轮旅游相关政策法规

一、我国有关邮轮旅游发展的主要政策

随着我国邮轮旅游需求的不断增长，国家有关部门相继出台了一系列关于邮轮旅游发展的政策和发展规划。2008 年 6 月，国家发改委下发了《关于促进我国邮轮业发展的指导意见》。2012 年，国务院发布《全国海洋经济发展"十二五"规划》，提出要大力发展邮轮经济，推进港口邮轮运输，完善港口码头的旅游服务功能，支持有条件的地方发展成为邮轮母港。2012 年，国务院印发《服务业发展"十二五"规划》，明确要求积极发展海洋旅游，在有条件的港口发展集娱乐、休闲、餐饮、购物于一体的邮轮经济。2012 年，国家旅游局下发《2013 中国旅游主题年及宣传口号的通知》，将 2013 年定为中国海

洋旅游年，口号为"体验海洋、游览中国""海洋旅游，引领未来""海洋旅游，精彩无限"。2012年，国家旅游局批准在上海宝山区和虹口区设立中国首个邮轮旅游发展实验区。2013年1月，国务院制定的《国民旅游休闲纲要（2013—2020）》明确提出：支持邮轮游艇码头等旅游休闲基础设施建设，积极发展邮轮游艇旅游等旅游休闲产品。

2018年9月，交通运输部等十部门联合制定印发了《关于促进我国邮轮经济发展的若干意见》，提出到2035年，我国邮轮市场成为全球最具活力市场之一，邮轮自主设计建造和邮轮船队发展取得显著突破，体系完善、效率显著的邮轮产业链基本形成，邮轮经济规模不断扩大，对城市转型、产业升级、经济发展和人民消费的支撑力和保障作用显著增强。同时，也提出了邮轮各相关主要产业发展目标：邮轮旅客年运输量达到1 400万人次；具备大型邮轮设计建造能力，相关配套装备制造业全面发展；邮轮供应、物流配送、信息服务等服务功能齐全；本土邮轮船队具有一定规模；邮轮航线产品丰富，沿海邮轮市场基本形成；邮轮港口布局合理，设施功能完善，衔接顺畅，服务水平达到国际标准。

二、我国邮轮旅游的立法体系

（一）邮轮旅游基本法

在一个国家的邮轮旅游立法体系中，首先被纳入范畴的是以"邮轮旅游法"或是"邮轮旅游促进法"而体现出来的邮轮旅游的基本法，目前我国尚未制定邮轮旅游基本法。

（二）针对邮轮旅游的专门立法

包括有关邮轮建造的立法、邮轮口岸管理立法以及邮轮出入境边防检查管理与邮轮服务管理等法规和规范。目前，我国专门针对邮轮旅游的法规并不多，主要有：2009年公安部制定实施的《邮轮出入境边防检查管理办法（试行）》；2011年国家旅游局发布的《国际邮轮口岸旅游服务规范》，这是我国第一个国家级邮轮行业标准；2016年国家质量监督检验检疫总局制定实施的《出入境邮轮检疫管理办法》等。

（三）与邮轮旅游相关的法律法规

虽然某一法律或法规在名称上和邮轮旅游无直接关系，但基于该法律或法规调整了邮轮旅游活动中的某一类社会关系，因而也被纳入邮轮旅游法的范畴，如《旅游法》《民法典》《海商法》《港口法》《海关法》《出境入境管理法》《旅行社条例》《导游人员管理条例》《中国公民出国旅游管理办法》等。

三、邮轮港口相关法规

（一）港口规划管理规定

《港口规划管理规定》于2007年11月30日经第12次交通部部务会议通过，自2008年2月1日起施行。《港口规划管理规定》分为总则、港口规划的编制、港口规划的审批与公布、港口规划的修订与调整、港口规划的实施与监督管理、法律责任、附则，共7章54条。为规范港口规划工作，科学利用、有效保护港口资源，促进港口健康、持续发展，根据《中华人民共和国港口法》，制定本规定。

交通部负责全国的港口规划管理工作。省、自治区、直辖市人民政府港口行政管理部门负责本行政区内的港口规划管理工作。港口所在地的市（指设区的市）、县（包括县级市）人民政府港口行政管理部门或者省、自治区人民政府设立的负责特定港口管理的部门具体实施该港口的规划管理工作。本规定所称"港口行政管理部门"，包括承担港口行政管理职能的交通主管部门或者与交通主管部门分设的港口管理部门。港口规划应当根据国民经济和社会发展的要求以及国防建设的需要，统筹考虑产业布局、港口资源条件、综合运输网状况等因素制定，体现贯彻科学发展观、合理利用岸线资源的原则。港口规划应当符合城镇体系规划，并与土地利用总体规划、城市总体规划、江河流域规划、防洪规划、海洋功能区划、水路运输发展规划和其他运输方式发展规划以及法律、行政法规规定的其他有关规划相衔接、协调。

（二）港口经营管理规定

《港口经营管理规定》于2009年10月29日经第10次交通运输部部务会议通过，自2010年3月1日起施行。2020年12月20日，交通运输部对《港口经营管理规定》作了第六次修正。该规定分为总则、资质管理、经营管理、监督检查、法律责任、附则，共6章52条。为规范港口经营行为，维护港口经营秩序，依据《中华人民共和国港口法》和其他有关法律、法规，制定本规定。本规定适用于港口经营及相关活动。

在本规定中："港口经营"是指港口经营人在港口区域内为船舶、旅客和货物提供港口设施或者服务的活动，主要包括下列各项：（1）为船舶提供码头、过驳锚地、浮筒等设施；（2）为旅客提供候船和上下船舶设施和服务；（3）从事货物装卸（含过驳）、仓储、港区内驳运；（4）为船舶进出港、靠离码头、移泊提供顶推、拖带等服务。"港口经营人"是指依法取得经营资格从事港口经营活动的组织和个人。"港口理货业务经营人"是指为委托人提供货物交接过程中的点数和检查货物表面状况的理货服务的组织和个人。"港口设施"是指为从事港口经营而建造和设置的建（构）筑物。

交通运输部主管全国港口经营行政管理工作。省、自治区、直辖市人民政府交通运输（港口）主管部门负责本行政区域内的港口经营行政管理工作。省、自治区、直辖市人民政府、港口所在地设区的市（地）、县人民政府确定的具体实施港口行政管理的部门负责该港口的港口经营行政管理工作。国家鼓励港口经营性业务实行多家经营、公平竞争。港口经营人、港口理货业务经营人不得实施垄断行为。任何组织和部门不得以任何形式实施地区保护和部门保护。

四、邮轮经营管理相关法规

（一）国内水路运输辅助业管理规定

《国内水路运输辅助业管理规定》于 2013 年 12 月 30 日经第 14 次交通运输部部务会议通过，自 2014 年 3 月 1 日起施行。该规定分为总则、水路运输辅助业务经营者、水路运输辅助业务经营活动、监督管理、法律责任、附则，共 6 章 41 条。为规范国内水路运输辅助业务经营行为，维护水路运输市场秩序，促进水路运输事业健康发展，依据《国内水路运输管理条例》制定本规定。本规定所称"水路运输辅助业务"包括船舶管理、船舶代理、水路旅客运输代理、水路货物运输代理等水路运输辅助性业务经营活动。

交通运输部主管全国水路运输辅助业务管理工作。县级以上人民政府交通运输主管部门主管本行政区域内的水路运输辅助业务管理工作。县级以上人民政府负责水路运输管理的部门或者机构具体实施水路运输辅助业务管理工作。经营水路运输辅助业务，应当守法经营、公平竞争、诚实守信。

申请经营船舶管理业务，申请人应当符合下列条件：（1）具备企业法人资格；（2）有符合本规定要求的海务、机务管理人员；（3）有健全的安全管理机构和安全管理人员设置制度、安全管理责任制度、安全监督检查制度、事故应急处置制度、岗位安全操作规程等安全管理制度，以及与其申请管理的船舶种类相适应的船舶安全与防污染管理体系；（4）法律、行政法规规定的其他条件。

船舶管理业务经营者应当配备满足下列要求的专职海务、机务管理人员：（1）应当至少配备海务、机务管理人员各 1 人，配备的具体数量应当符合本规定附件（海务、机务管理人员最低配额表）规定的要求；（2）海务、机务管理人员的从业资历与其经营范围相适应，具有与管理的船舶种类和航区相对应的船长、轮机长的从业资历；（3）海务、机务管理人员所具备的船舶安全管理、船舶设备管理、航海保障、应急处置等业务知识和管理能力与其经营范围相适应，身体条件与其职责要求相适应。

（二）船舶交易管理规定

《船舶交易管理规定》于 2010 年 1 月 25 日经交通运输部第 1 次部务会议通过，自 2010 年 4 月 1 日起施行。本规定共 22 条。为加强船舶交易管理，规范船舶交易经营行为，维护船舶交易各方的合法权益，保障船舶运输安全，促进航运市场的健康发展，依据国家有关法律、法规，制定本规定。中国籍船舶的交易及其相关的经纪活动，适用本规定。建造中的船舶交易活动不适用本规定。本规定所称"船舶交易"是指船舶所有人向境内、境外转让船舶所有权的行为。

下列船舶的交易应通过船舶交易服务机构进行：（1）国际航行各类船舶；（2）港澳航线各类船舶；（3）国内航行油船（包括沥青船）、化学品船、液化气船；（4）100 吨以上内河普通货船、200 吨以上沿海普通货船；（5）50 客位以上的国内航行客船。除上述船舶外，各省级交通运输主管部门可根据本地区的实际情况，确定需要通过船舶交易服务机构进行交易的其他船舶。

船舶交易服务机构是指依照本规定设立，不以营利为目的，为船舶的集中交易活动提供场所、设施和信息，组织开展交易鉴证、评估等相关专业服务的组织。各省、自治区、直辖市交通运输主管部门（或航运管理机构）应会同相关部门根据本地区的实际情况，按照适度集中、便利交易、公平有序的原则，加强对本地区船舶交易服务机构的管理，合理确定船舶交易市场的布局安排，并报交通运输部备案。

设立船舶交易服务机构，应具备下列条件：（1）有固定的营业场所和从事业务活动的必要设施；（2）有不少于5名熟悉航运、船舶技术和船舶交易的专业人员；（3）有规范的规章制度，包括交易规则、服务规范及交易文件档案管理办法等；（4）具有连接或使用全国统一船舶交易信息平台的相关技术条件。船舶交易服务机构应依法取得营业执照，并向省级交通运输主管部门备案。省级交通运输主管部门应根据本地区船舶交易市场的布局安排，对符合上述条件的船舶交易服务机构予以公布，并报交通运输部汇总公布。

五、邮轮旅游合同相关法规

（一）邮轮旅游经营者与旅游者的合同

1. 邮轮包价旅游合同

邮轮旅游经营者通常是指旅行社。邮轮旅游经营者通常将邮轮船票和岸上观光服务打包成包价旅游产品向旅游者销售，并且向旅游者提供邮轮船票。这种合同称为包价旅游合同。依据《旅游法》第一百一十一条第三款，"包价旅游合同"是指旅行社预先安排行程，提供或者通过履行辅助人提供交通、住宿、餐饮、游览、导游或者领队等两项以上旅游服务，旅游者以总价支付旅游费用的合同。邮轮旅游中的上岸观光由旅行社安排，属于由旅行社预先安排行程，由旅行社提供车辆、游览、导游和领队等两项以上旅游服务，旅行社将代理销售的船票和上岸观光的旅游费用打包销售给旅游者，邮轮旅游合同符合包价旅游合同的特征，旅行社应对所提供的服务承担相应的包价旅游合同责任。

依据《旅游法》第五十八条，包价旅游合同应当采用书面形式，包括下列内容：（1）旅行社、旅游者的基本信息；（2）旅游行程安排；（3）旅游团成团的最低人数；（4）交通、住宿、餐饮等旅游服务安排和标准；（5）游览、娱乐等项目的具体内容和时间；（6）自由活动时间安排；（7）旅游费用及其交纳的期限和方式；（8）违约责任和解决纠纷的方式；（9）法律、法规规定和双方约定的其他事项。订立包价旅游合同时，旅行社应当向旅游者详细说明前款第（2）项至第（8）项所载内容。《旅游法》第五十九条规定：旅行社应当在旅游行程开始前向旅游者提供旅游行程单。旅游行程单是包价旅游合同的组成部分。邮轮旅游的包价旅游合同应当包含与邮轮相关的内容，如邮轮公司和邮轮的基本信息；邮轮旅游行程，包括出发港、途经港和返回港；舱房等级等邮轮服务安排和标准等。

依据《旅游法》第六十二条，订立包价旅游合同时，旅行社应当向旅游者告知下列事项：（1）旅游者不适合参加旅游活动的情形；（2）旅游活动中的安全注意事项；（3）旅行社依法可以减免责任的信息；（4）旅游者应当注意的旅游目的地相关法律、法规和风俗习惯、宗教禁忌，依照中国法律不宜参加的活动等；（5）法律、法规规定的其他应当告知的事项。在包价旅游合同履行中，遇有前款规定事项的，旅行社也应当告知旅游者。旅行社与旅游者签订邮轮旅游合同时，应当向旅游者告知邮轮上服务项目的限制性要求；邮轮上的禁止行为；邮轮旅游可能存在的特定风险、安全注意事项和安全避险措施；船长在船舶安全以及航行安全方面的处置权利；不可抗力及其他免责事项等。

依据《旅游法》第六十六条，旅游者有下列情形之一的，旅行社可以解除合同：（1）患有传染病等疾病，可能危害其他旅游者健康和安全的；（2）携带危害公共安全的物品且不同意交有关部门处理的；（3）从事违法或者违反社会公德的活动的；（4）从事严重影响其他旅游者权益的活动，且不听劝阻、不能制止的；（5）法律规定的其他情形。因前款规定情形解除合同的，组团社应当在扣除必要的费用后，将余款退还旅游者；给旅行社造成损失的，旅游者应当依法承担赔偿责任。

依据《旅游法》第六十七条，因不可抗力或者旅行社、履行辅助人已尽合理注意义务仍不能避免的事件，影响旅游行程的，按照下列情形处理：（1）合同不能继续履行的，旅行社和旅游者均可以解除合同。合同不能完全履行的，旅行社经向旅游者作出说明，可以在合理范围内变更合同；旅游者不同意变更的，可以解除合同。（2）合同解除的，组团社应当在扣除已向地接社或者履行辅助人支付且不可退还的费用后，将余款退还旅游者；合同变更的，因此增加的费用由旅游者承担，减少的费用退还旅游者。（3）危及旅游者人身、财产安全的，旅行社应当采取相应的安全措施，因此支出的费用，由旅行社与旅游者分担。（4）造成旅游者滞留的，旅行社应当采取相应的安置措施。因此增加的食宿费用，由旅游者承担；增加的返程费用，由旅行社与旅游者分担。《旅游法》第六十八条规定：旅游行程中解除合同的，旅行社应当协助旅游者返回出发地或者旅游者指定的合理地点。由于旅行社或者履行辅助人的原因导致合同解除的，返程费用由旅行社承担。

2.旅行社代订船票合同

旅行社代订船票合同属于单项委托合同范畴。《旅游法》第七十四条规定：旅行社接受旅游者的委托，为其代订交通、住宿、餐饮、游览、娱乐等旅游服务，收取代办费用的，应当亲自处理委托事务。因旅行社的过错给旅游者造成损失的，旅行社应当承担赔偿责任。对旅行社来讲，为旅游者提供代订船票服务是其经营活动，可以收取代办费用，二者之间成立的旅游代订合同属于有偿合同。代理邮轮船票销售的旅行社，无论销售方式是单售船票还是旅行社包船、切舱，如不提供其他旅游服务内容，则其与旅游者的法律关系应为委托代理关系。旅行社仅对其代订行为承担责任，如错定舱位、错定航次等，邮轮公司应就邮轮承运与船上服务向旅游者承担法律责任。

（二）邮轮公司与旅游者的合同

邮轮公司通过直销方式或者通过旅游经营者向旅游者提供船票。船票是邮轮公司与旅游者之间承运关系的证明，同时也是明确邮轮公司与旅游者之间权利义务关系的载体。依据《海商法》第一百零七条，"海上旅客运输合同"是指承运人以适合运送旅客的船舶经海路将旅客及其行李从一港运送至另一港，由旅客支付票款的合同。《海商法》第一百一十条规定，旅客客票是海上旅客运输合同成立的凭证。因此在邮轮公司和旅游者之间存在邮轮船票就能证明海上旅客运输合同的成立。邮轮公司具有承运人的权利与义务，旅游者具有旅客的权利与义务。但在旅客在船期间，邮轮公司向旅客提供的服务要多于一般海上旅客运输中承运人向旅客提供的服务，尤其是按约定向旅游者提供娱乐、餐饮等方面的服务。

邮轮船票是由邮轮公司单方面提供的一种格式合同，由邮轮方提供具体条款与细则。船票条款一般分正面条款和背面条款。船票正面条款主要包括中英文对照的承运人名称、航线、航次、出发和达到时间、舱位号、票价、旅客姓名等。船票背面条款上列明了游客须知、邮轮公司和游客之间的责任划分、争议解决等内容。各大邮轮公司的船票背面条款名称也不尽相同，地中海邮轮公司为"标准承运条款"、丽星邮轮公司为"特别协议书"、歌诗达邮轮公司为"邮轮度假须知及商务条款"、公主邮轮为"航行合约"等。邮轮公司与旅游者之间用船票来明确双方的权利义务关系。邮轮公司对邮轮航程安全、邮轮航程取消、邮轮航程变更以及由邮轮提供的住宿、餐饮、娱乐、休闲等服务承担法律责任。

邮轮有不同等级的船舱，提供的服务标准也有所不同。与仅从事海上旅客运输的船舶不同，邮轮的服务标准包括客运服务标准和旅游服务标准。在邮轮旅游合同中，旅客购买的船票并非同一个价格，而是因船舱等级和服务标准的不同，须支付相应的不同对价。承运人有义务按船票载明的等级和标准提供舱位和服务，不得擅自降低等级和标准。《民法典》第八百二十一条规定，承运人擅自降低服务标准的，应当根据旅客的请求退票或者减收票款；提高服务标准的，不得加收票款。

除承运人和旅客协商一致或者法律规定的合同变更与解除的其他一般情形外，海上旅客运输合同的变更与解除包括以下几种情形：（1）因旅客自身原因而变更或者解除。根据《民法典》第八百一十六条规定，旅客因自己的原因不能按照客票记载的时间乘坐的，应当在约定的期限内办理退票或者变更手续；逾期办理的，承运人可以不退票款，并不再承担运输义务。（2）因承运人原因或者第三者原因而变更或者解除。根据《民法典》第八百二十条规定，承运人应当按照有效客票记载的时间、班次和座位号运输旅客。承运人迟延运输或者有其他不能正常运输情形的，应当及时告知和提醒旅客，采取必要的安置措施，并根据旅客的要求安排改乘其他班次或者退票；由此造成旅客损失的，承运人应当承担赔偿责任，但是不可归责于承运人的除外。（3）因不可抗力而变更或者解除。各国法律普遍规定，如船舶在开航前灭失或者损坏、被征用、由于军事行动有被捕获或者劫夺的危险，或者由于承运人无关的原因被政府扣押、起运港或者目的港被宣布封锁等不可抗力原因，使合同无法履行时，双方当事人均可以解除合同，承运人退还票款。但是，如果船舶在开航后，由于不可抗力不能驶抵目的港，承运人应将旅客运送至预定的中途港或者就近港口，承运人应该退还全程票价减去旅客已乘区段票价的差额。如果所乘里程超过票价里程，超过部分旅客不补付票款。如果承运人将旅客运回起运港，承运人应退还全部票款。

如果邮轮公司不仅向旅游者销售船票，还为旅游者安排岸上观光等船上服务以外的其他旅游服务，那么邮轮公司与旅游者之间既具有承运人与旅客的权利义务关系，也具有旅游经营者与旅游者的权利义务关系。

（三）旅行社与邮轮公司的合同

旅行社在安排邮轮包价旅游活动时，需要与邮轮公司签订合同，约定邮轮公司协助履行邮轮包价旅游合同中的义务，实际为旅游者提供邮轮运输及相关服务。在这一合同关系中，邮轮公司具有履行辅助人的法律地位。依据《旅游法》第一百一十一条第六款，"履行辅助人"是指与旅行社存在合同关系，协助其履行包价旅游合同义务，实际提供相关服务的法人或者自然人。

旅行社与邮轮公司签订的合同内容应当包含邮轮旅游行程，包括出发港、途经港和返回港；旅游人数、舱房等级等邮轮服务安排和标准；票款和其他费用等。此外，还应当对以下涉及旅游者权益的事项做出明确约定：（1）因不可抗力导致的航程变更、取消后的风险分担标准；（2）发生违约或者给旅游者造成人身损害、财产损失情形的责任分担；（3）纠纷解决方式；（4）向旅游者提供中文文本的船票、服务说明等资料的责任人；（5）其他与旅游者权益相关的事项。

依据《旅游法》第七十一条，由于地接社、履行辅助人的原因导致违约的，由组团社承担责任；组团社承担责任后可以向地接社、履行辅助人追偿。由于地接社、履行辅助人的原因造成旅游者人身损害、财产损失的，旅游者可以要求地接社、履行辅助人承担赔偿责任，也可以要求组团社承担赔偿责任；组团社承担责任后可以向地接社、履行辅助人追偿。但是，由于公共交通经营者的原因造成旅游者人身损害、财产损失的，由公共交通经营者依法承担赔偿责任，旅行社应当协助旅游者向公共交通经营者索赔。根据该条规定，在邮轮旅游过程中因邮轮公司原因导致的违约，旅行社须先行承担违约责任，而后再向邮轮公司追偿。由于邮轮公司不属于公共交通经营者，旅游者在邮轮上因邮轮公司原因遭受人身损害或财产损失的，既能向旅行社索赔，也能向邮轮公司索赔。若旅行社先行承担赔偿责任，亦可向邮轮公司追偿。

【扩展阅读】

签证办理未果无法邮轮出游，究竟由谁负责？

2017年3月，王某等人与某贵州旅行社（下称"旅行社"）签订《团队出境旅游合同》（实为邮轮旅游合同），预定某外国邮轮的境外巡游产品。王某等人同意拼团至另一家上海旅行社成团，从上海出发开始旅程。合同约定：

（1）旅行社在出团前采取行前说明会等方式，如实告知具体行程安排和有关具体事项；

（2）旅行社在行程开始前30日以内提出解除合同的，或者王某等人在行程开始前30日以内收到旅行社不能成团通知，不同意转团、延期出行和改签线路而解除合同的，旅行社应退还已收取的全部旅游费用（不得扣除签证/签注等费用）。行程开始当日合同解除的，支付旅游费20%的违约金；

（3）王某等人委托旅行社办理签证。因王某等人提供材料存在问题或者自身其他原因被拒签、缓签、拒绝入境和出境的，相关责任和费用由王某等人承担，旅行社将未发生的费用退还王某等人；因旅行社原因导致王某等人被拒签而解除合同的，旅行社承担违约责任；

（4）由于王某等人自身原因导致本合同不能履行或者不能按约定履行，或者造成人身损失、财产损失的，旅行社不承担责任；

（5）在旅游活动中出现或者解决纠纷时，旅行社应积极协调处理纠纷，采取适当措施防止损失扩大，否则应当就扩大的损失承担责任。

邮轮旅游合同签订时，王某等人向旅行社支付了旅游费、保险费及签证费，并提交了办理签证所需的相关材料。旅行社依约代理王某等人向外国领馆办理签证，并安排其乘坐飞机至签证中心录指纹。但外国领馆并未给予王某等人签证。在得知签证失败后，旅行社没有立即通知王某等人。2017年4月，王某等人从贵州飞至上海，准备踏上游程。此时，旅行社才告知他们，因签证办理未果，他们无法参加组团旅游。王某等人无奈在上海逗留几天后，乘机返回贵州。王某等人随即向旅行社就旅游损失提出索赔，包括签证费、王某等人飞赴签证中心录指纹产生的差旅费、王某等人飞赴上海准备参加旅游的差旅费、飞回贵州的机票费及违约金（20%的旅游费）。但旅行社仅同意退还旅游费，不承担任何索赔之责。

王某等人遂将旅行社告上法庭，诉称：

（1）旅行社作为专业旅游机构，理应协助王某等人办妥签证。王某等人已按旅行社要求提交了材料，且旅行社进行了形式审查，之所以签证未能办理出来是因为旅行社未注意到外国领馆的签证手续公告，未尽到谨慎注意义务。签证未果责任在于旅行社。

（2）合同约定签证出签后，由旅行社直接领取，在旅行出发时再将签证交给王某等人。因签证未能办理成功，致使王某等人不能参加旅游组团出游，旅行社理应承担上述签证费、差旅费等费用并支付违约金。

旅行社答辩称：王某等人办理的签证是个人签证，旅行社仅协助王某等人办理，签证的发放是外国领馆的主权行为，签证是否成功由签证官决定，故签证未果不是旅行社的过错。况且王某等人与外国领馆另外直接联系，实际知晓签证不成功的事实，也不能提供领馆未能办理签证的原因、证据，所以王某等人不能参加组团出游是其个人原因造成的。

经过一、二审法院审理，贵阳中级人民法院（二审、终审法院）判决认为：

（1）王某等人与旅行社签订的邮轮旅游合同系双方当事人的真实意思表示，各项内容（各条款）均不违反法律、行政法规的禁止性规定，依法有效，双方应按照合同的约定履行各自的义务；

（2）本案争议焦点为旅行社对王某等人不能成功办理签证、无法参加组团出游是否应当承担责任。法院认为：旅游签证的发放是外国领馆的主权行为，签证申请是否成功，由该国的签证官根据旅游者递交的申请材料独立判断，任何机构及个人不得以任何方式进行干预或交涉。因此，旅游者签证是否成功取得，并不是旅行社所能左右的。本案中，王某等人向旅行社提交了办理签证的相关材料，并缴纳了旅游费、签证费。旅行社亦按照合同约定，履行了告知王某等人提交签证办理材料，并在合理期限内安排王某等人前往签证中心录指纹、递交材料。故旅行社已经履行了代办旅游签证的义务，对王某等人不能办理签证没有过错，王某等人以旅行社未尽到办理签证的注意义务致签证办理不成功为由，要求返还签证费的主张无法得到支持；

（3）本案另一争议焦点为旅行社对王某等人因旅游签证办理未果而遭受的损失有无过错责任、应否承担责任。法院认为：根据合同约定，旅行社应在出团前采取行前说明会等方式，如实告知具体行程安排和有关具体事项。王某等人的旅游签证不能成功办理的责任虽不能归责于旅行社，但旅行社作为一家专业旅游机构，应当按照合同约定在旅游组团出发前的合理期限内，采取合理方式如实告知旅游签证是否成功办理等有关具体事项。王某等人直至飞赴上海、准备参加旅游团开始行程时才知晓旅游签证未能成功办理。显然，旅行社未尽到合同约定的通知义务，造成王某等人实际损失，故应承担王某等人从贵州往返上海（旅游组团出发地）的合理损失的赔偿责任，即他们往返贵州与上海之间的差旅费（注：王某等人没有索赔在上海的住宿费用，如索赔，会得到法院的支持）；

（4）王某等人根据合同条款主张旅行社按旅游费的 20% 支付违约金。但该条款约定承担 20% 违约金的前提条件是因出境社不能组团、不同意转团、延期出行及改签线路造成王某等人不能组团出游。如前所述，王某等人不能参加旅游组团，责任不在于旅行社，故王某等人无法主张违约金；

（5）王某等人主张飞赴签证中心、录取指纹产生的费用。该费用与旅行社代为办理签证无关，不予支持；

（6）旅行社以王某等人直接联系外国领馆、实际知晓未出签的事实为由，主张不能参加旅游组团是王某等人个人原因造成，旅行社不构成违约、不承担赔偿责任。但旅行社未能提供证据，且与合同约定及相关法律规定不符，不予支持。

资料来源：上海邮轮中心 2018-08-15.

阅读思考：游客与旅行社签订邮轮旅游合同、委托旅行社办理签证，若签证办理未果导致游客无法出境旅游的，旅行社不承担违约责任，但需及时通知游客，如延误通知，则旅行社应承担游客损失的交通住宿费用。

六、邮轮出入境管理相关法规

（一）中华人民共和国出境入境管理法

2012 年 6 月 30 日，《中华人民共和国出境入境管理法》由第十一届全国人民代表大会常务委员会第二十七次会议通过，自 2013 年 7 月 1 日起施行。该法分为总则、中国公民出境入境、外国人入境出境、外国人停留居留、交通运输工具出境入境边防检查、调查和遣返、法律责任、附则，共 8 章 93 条。为了规范出境入境管理，维护中华人民共和国的主权、安全和社会秩序，促进对外交往和对外开放，制定本法。

根据该法，国家保护中国公民出境入境合法权益。在中国境内的外国人的合法权益受法律保护。在中国境内的外国人应当遵守中国法律，不得危害中国国家安全、损害社会公共利益、破坏社会公共秩序。

公安部、外交部按照各自职责负责有关出境入境事务的管理。中华人民共和国驻外使馆、领馆或者外交部委托的其他驻外机构负责在境外签发外国人入境签证。出入境边防检查机关负责实施出境入境边防检查。县级以上地方人民政府公安机关及其出入境管理机构负责外国人停留居留管理。公安部、外交部可以在各自职责范围内委托县级以上地方人民政府公安机关出入境管理机构、县级以上地方人民政府外事部门受理外国人入境、停留居留申请。公安部、外交部在出境入境事务管理中，应当加强沟通配合，并与国务院有关部门密切合作，按照各自职责分工，依法行使职权，承担责任。

国家在对外开放的口岸设立出入境边防检查机关。中国公民、外国人以及交通运输工具应当从对外开放的口岸出境入境，特殊情况下，可以从国务院或者国务院授权的部门批准的地点出境入境。出境入境人员和交通运输工具应当接受出境入境边防检查。出入境边防检查机关负责对口岸限定区域实施管理。根据维护国家安全和出境入境管理秩序的需要，出入境边防检查机关可以对出境入境人员携带的物品实施边防检查。必要时，出入境边防检查机关可以对出境入境交通运输工具载运的货物实施边防检查，但是应当通知海关。

中国公民出境入境，应当依法申请办理护照或者其他旅行证件。中国公民前往其他国家或者地区，还需要取得前往国签证或者其他入境许可证明。但是，中国政府与其他国家政府签订互免签证协议或者公安部、外交部另有规定的除外。中国公民以海员身份出境入境和在国外船舶上从事工作的，应当依法申请办理海员证。中国公民往来内地与香港特别行政区、澳门特别行政区，中国公民往来大陆与台湾地区，应当依法申请办理通行证件，并遵守本法有关规定。具体管理办法由国务院规定。中国公民出境入境，应当向出入境边防检查机关交验本人的护照或者其他旅行证件等出境入境证件，履行规定的手续，经查验准许，方可出境入境。

（二）中华人民共和国出境入境边防检查条例

1995年7月6日，《中华人民共和国出境入境边防检查条例》由国务院第34次常务会议通过，自1995年9月1日起施行。该条例分为总则、人员的检查和管理、交通运输工具的检查和监护、行李物品、货物的检查、处罚、附则，共6章47条。为维护中华人民共和国的主权、安全和社会秩序，便利出境、入境的人员和交通运输工具的通行，制定本条例。

出境、入境边防检查工作由公安部主管。中华人民共和国在对外开放的港口、航空港、车站和边境通道等口岸设立出境入境边防检查站（以下简称边防检查站）。边防检查站为维护国家主权、安全和社会秩序，履行下列职责：（1）对出境、入境的人员及其行李物品、交通运输工具及其载运的货物实施边防检查；（2）按照国家有关规定对出境、入境的交通运输工具进行监护；（3）对口岸的限定区域进行警戒，维护出境、入境秩序；（4）执行主管机关赋予的和其他法律、行政法规规定的任务。出境、入境的人员和交通运输工具，必须经对外开放的口岸或者主管机关特许的地点通行，接受边防检查、监护和管理。出境、入境的人员，必须遵守中华人民共和国的法律、行政法规。边防检查人员必须依法执行公务。任何组织和个人不得妨碍边防检查人员依法执行公务。

出境、入境的人员必须按照规定填写出境、入境登记卡，向边防检查站交验本人的有效护照或者其他出境、入境证件（以下简称出境、入境证件），经查验核准后，方可出境、入境。本条例第八条规定，出境、入境的人员有下列情形之一的，边防检查站有权阻止其出境、入境：（1）未持出境、入境证件的；（2）持有无效出境、入境证件的；（3）持用他人出境、入境证件的；（4）持用伪造或者涂改的出境、入境证件的；（5）拒绝接受边防检查的；（6）未在限定口岸通行的；（7）国务院公安部门、国家安全部门通知不准出境、入境的；（8）法律、行政法规规定不准出境、入境的。出境、入境的人员有前款第（3）项、第（4）项或者中国公民有前款第（7）项、第（8）项所列情形之一的，边防检查站可以扣留或者收缴其出境、入境证件。

抵达中华人民共和国口岸的船舶的外国籍船员及其随行家属和香港、澳门、台湾船员及其随行家属，要求在港口城市登陆、住宿的，应当由船长或者其代理人向边防检查站申请办理登陆、住宿手续。经批准登陆、住宿的船员及其随行家属，必须按照规定的时间返回船舶。登陆后有违法行为，尚未构成犯罪的，责令立即返回船舶，并不得再次登陆。从事国际航行船舶上的中国船员，凭本人的出境、入境证件登陆、住宿。申请登陆的人员有本条例第八条所列情形之一的，边防检查站有权拒绝其登陆。上下外国船舶的人员，必须向边防检查人员交验出境、入境证件或者其他规定的证件，经许可后，方可上船、下船。口岸检查、检验单位的人员需要登船执行公务的，应当着制服并出示证件。

出境、入境的交通运输工具离、抵口岸时，必须接受边防检查。对交通运输工具的入境检查，在最先抵达的口岸进行；出境检查，在最后离开的口岸进行。在特殊情况下，经主管机关批准，对交通运输工具的入境、出境检查，也可以在特许的地点进行。交通运输工具的负责人或者有关交通运输部门，应当事先将出境、入境的船舶、航空器、火车离、抵口岸的时间、停留地点和载运人员、货物情况，向有关的边防检查站报告。交通运输工具抵达口岸时，船长、机长或者其代理人必须向边防检查站申报员工和旅客的名单，列车长及其他交通运输工具的负责人必须申报员工和旅客的人数。对交通运输工具实施边防检查时，其负责人或者代理人应当到场协助边防检查人员进行检查。出境、入境的交通运输工具在中国境内必须按照规定的路线、航线行驶。外国船舶未经许可不得在非对外开放的港口停靠。出境的交通运输工具自出境检查后到出境前，入境的交通运输工具自入境后到入境检查前，未经边防检查站许可，不得上下人员、装卸物品。

（三）中国公民出国旅游管理办法

2002年5月27日，国务院发布《中国公民出国旅游管理办法》。2017年3月1日，该办法根据《国务院关于修改和废止部分行政法规的决定》修订。该办法共33条。为了规范旅行社组织中国公民出国旅游活动，保障出国旅游者和出国旅游经营者的合法权益，制定本办法。

出国旅游的目的地国家，由国务院旅游行政部门会同国务院有关部门提出，报国务院批准后，由国务院旅游行政部门公布。任何单位和个人不得组织中国公民到国务院旅游行政部门公布的出国旅游的目的地国家以外的国家旅游。组织中国公民到国务院旅游行政部门公布的出国旅游的目的地国家以外的国家进行涉及体育活动、文化活动等临时性专项旅游的，须经国务院旅游行政部门批准。

国务院旅游行政部门统一印制《中国公民出国旅游团队名单表》（以下简称《名单表》），在下达本年度出国旅游人数安排时编号发放给省、自治区、直辖市旅游行政部门，由省、自治区、直辖市旅游行政部门核发给组团社。组团社应当按照核定的出国旅游人数安排组织出国旅游团队，填写《名单表》。旅游者及领队首次出境或者再次出境，均应当填写在《名单表》中，经审核后的《名单表》不得增添人员。《名单表》一式四联，分为：出境边防检查专用联、入境边防检查专用联、旅游行政部门审验专用联、旅行社自留专用联。组团社应当按照有关规定，在旅游团队出境、入境时及旅游团队入境后，将《名单表》分别交有关部门查验、留存。出国旅游兑换外汇，由旅游者个人按照国家有关规定办理。

旅游者持有有效普通护照的，可以直接到组团社办理出国旅游手续；没有有效普通护照的，应当依照《中华人民共和国公民出境入境管理法》的有关规定办理护照后再办理出国旅游手续。组团社应当为旅游者办理前往国签证等出境手续。组团社应当为旅游团队安排专职领队。领队在带团时，应当遵守本办法及国务院旅游行政部门的有关规定。

旅游团队应当从国家开放口岸整团出入境。旅游团队出入境时，应当接受边防检查站对护照、签证、《名单表》的查验。经国务院有关部门批准，旅游团队可以到旅游目的地国家按照该国有关规定办理签证或者免签证。旅游团队出境前已确定分团入境的，组团社应当事先向出入境边防检查总站或者省级公安边防部门备案。旅游团队出境后因不可抗力或者其他特殊原因确需分团入境的，领队应当及时通知组团社，组团社应当立即向有关出入境边防检查总站或者省级公安边防部门备案。

本办法第二十二条规定，严禁旅游者在境外滞留不归。旅游者在境外滞留不归的，旅游团队领队应当及时向组团社和中国驻所在国家使领馆报告，组团社应当及时向公安机关和旅游行政部门报告。有关部门处理有关事项时，组团社有义务予以协助。违反本条规定，旅游者在境外滞留不归，旅游团队领队不及时向组团社和中国驻所在国家使领馆报告，或者组团社不及时向有关部门报告的，由旅游行政部门给予警告，对旅游团队领队可以暂扣其导游证，对组团社可以暂停其出国旅游业务经营资格。旅游者因滞留不归被遣返回国的，由公安机关吊销其护照。

（四）国际航行船舶进出中华人民共和国口岸检查办法

1995 年 3 月 21 日，国务院发布《国际航行船舶进出中华人民共和国口岸检查办法》。2019 年 3 月 2 日，该办法根据《国务院关于修改部分行政法规的决定》修订。该办法共 17 条。为了加强对国际航行船舶进出中华人民共和国口岸的管理，便利船舶进出口岸，提高口岸效能，制定本办法。本办法中的"国际航行船舶"是指进出中华人民共和国口岸的外国籍船舶和航行国际航线的中华人民共和国国籍船舶；"口岸"是指国家批准可以进出国际航行船舶的港口；"船方"是指船舶所有人或者经营人。

中华人民共和国港务监督机构（以下简称港务监督机构）、中华人民共和国海关（以下简称海关）、中华人民共和国出入境边防检查机关是负责对船舶进出中华人民共和国口岸实施检查的机关（以下统称检查机关）。进出中华人民共和国口岸的国际航行船舶（以下简称船舶）及其所载船员、旅客、货物和其他物品，由本办法规定的机关依照本办法实施检查；但是，法律另有特别规定的，或者国务院另有特别规定的，从其规定。检查机关依照有关法律、行政法规的规定实施检查并对违法行为进行处理。港务监督机构负责召集有其他检查机关参加的船舶进出口岸检查联席会议，研究、解决船舶进出口岸检查的有关问题。

船舶进出中华人民共和国口岸，由船方或其代理人依照本办法有关规定办理进出口岸手续。除本办法第十条第二款、第十一条规定的情形或者其他特殊情形外，检查机关不登船检查。船方或其代理人办理船舶进出口岸手续时，应当按照检查机关的有关规定准确填写报表，并如实提供有关证件、资料。船方或其代理人应当在船舶预计抵达口岸 7 日前（航程不足 7 日的，在驶离上一口岸时），填写《国际航行船舶进口岸申请书》，报请抵达口岸的港务监督机构审批。拟进入长江水域的船舶，船方或其代理人应当在船舶预计经上海港区 7 日前（航程不足 7 日的，在驶离上一口岸时），填写《国际航行船舶进口岸申请书》，报请抵达口岸的港务监督机构审批。船方或其代理人应当在船舶预计抵达口岸 24 小时前

（航程不足 24 小时的，在驶离上一口岸时），将抵达时间、停泊地点、靠泊移泊计划及船员、旅客的有关情况报告检查机关。船方或其代理人在船舶抵达口岸前未办妥进口岸手续的，须在船舶抵达口岸 24 小时内到检查机关办理进口岸手续。船舶在口岸停泊时间不足 24 小时的，经检查机关同意，船方或其代理人在办理进口岸手续时，可以同时办理出口岸手续。

船方或其代理人在船舶抵达口岸前已经办妥进口岸手续的，船舶抵达后即可上下人员、装卸货物和其他物品。船方或其代理人在船舶抵达口岸前未办妥进口岸手续的，船舶抵达后，除检查机关办理进口岸检查手续的工作人员和引航员外，其他人员不得上下船舶、不得装卸货物和其他物品；船舶进出的上一口岸是中华人民共和国口岸的，船舶抵达后即可上下人员、装卸货物和其他物品，但是应当立即办理进口岸手续。

本办法第十条第一款规定，海关对船舶实施电讯检疫。持有卫生证书的船舶，其船方或其代理人可以向海关申请电讯检疫。本办法第十条第二款规定，对来自疫区的船舶，载有检疫传染病染疫人、疑似检疫传染病染疫人、非意外伤害而死亡且死因不明尸体的船舶，未持有卫生证书或者证书过期或者卫生状况不符合要求的船舶，海关应当在锚地实施检疫。本办法第十一条规定，海关对来自动植物疫区的船舶和船舶装载的动植物、动植物产品及其他检疫物，可以在锚地实施检疫。

船方或其代理人应当在船舶驶离口岸前 4 小时内（船舶在口岸停泊时间不足 4 小时的，在抵达口岸时），到检查机关办理必要的出口岸手续。有关检查机关应当在《船舶出口岸手续联系单》上签注，船方或其代理人持《船舶出口岸手续联系单》和港务监督机构要求的其他证件、资料，到港务监督机构申请领取出口岸许可证。船舶领取出口岸许可证后，情况发生变化或者 24 小时内未能驶离口岸的，船方或其代理人应当报告港务监督机构，由港务监督机构商其他检查机关决定是否重新办理出口岸手续。

定航线、定船员并在 24 小时内往返一个或者一个以上航次的船舶，船方或其代理人可以向港务监督机构书面申请办理定期进出口岸手续。受理申请的港务监督机构商其他检查机关审查批准后，签发有效期不超过 7 天的定期出口岸许可证，在许可证有效期内对该船舶免办进口岸手续。

（五）出入境邮轮检疫管理办法

2016 年 9 月 30 日，《出入境邮轮检疫管理办法》经国家质量监督检验检疫总局局务会议审议通过，自 2017 年 1 月 1 日起施行。2018 年 5 月 29 日，该办法根据《海关总署关于修改部分规章的决定》（海关总署令第 240 号）修订。该办法分为总则、风险管理、入境检疫查验、出境检疫查验、检疫处理、突发公共卫生事件处置、监督管理、法律责任、附则，共 9 章 45 条。为了规范出入境邮轮检疫监管工作，防止疫病疫情传播，促进邮轮经济发展，根据《中华人民共和国国境卫生检疫法》及其实施细则、《中华人民共和国动植物检疫法》及其实施条例、《中华人民共和国食品安全法》及其实施条例、《中华人民共和国传染病防治法》及其实施办法、《突发公共卫生事件应急条例》、《国际航行船舶进出中华人民共和国口岸检查办法》等法律法规的规定，制定本办法。本办法适用于对进出中华人民共和国国境口岸的外国籍邮轮和航行国际航线的中华人民共和国籍邮轮及相关经营、服务单位的检疫监督管理。

海关总署统一管理全国出入境邮轮检疫监管工作。主管海关负责所辖口岸的出入境邮轮检疫监管工作。海关对出入境邮轮实施风险管理。海关总署根据邮轮卫生状况、运营方及其代理人检疫风险控制能力、信用等级、现场监管情况及其他相关因素，制定邮轮检疫风险评估技术方案，确定邮轮检疫风险等级划分标准。

邮轮运营方负责建立并运行邮轮公共卫生安全体系，包括：（1）食品安全控制计划；（2）饮用水安全控制计划；（3）娱乐用水安全控制计划；（4）医学媒介生物监测计划；（5）邮轮公共场所卫生制度；（6）废弃物管理制度；（7）胃肠道疾病的监测与控制体系；（8）突发公共卫生事件应对工作机制。邮轮运营方负责建立邮轮有害生物综合管理措施（IPM）计划，开展相关监测、防治和报告工作，控制有害生物扩散。

邮轮运营方或者其代理人按照自愿原则，可以向母港所在地海关提出风险评估申请，申请时应当提交以下资料：（1）邮轮检疫风险评估申请书；（2）邮轮的通风系统、生活用水供应系统、饮用水净化系统、污水处理系统的结构图。海关总署负责组织邮轮风险评估工作，确定邮轮检疫风险等级，并对外公布。主管海关根据风险等级确定邮轮检疫方式、卫生监督内容及频次并实施动态分类管理。

在邮轮入境前24小时或者离开上一港口后，邮轮负责人或者其代理人应当向入境口岸海关申报，提交沿途寄港、靠泊计划、人员健康情况、《船舶免予卫生控制措施/卫生控制措施证书》等信息。如申报内容有变化，邮轮负责人或者其代理人应当及时向海关更正。入境邮轮应当依法接受检疫查验。邮轮负责人或者其代理人应当向最先到达的入境口岸海关申请办理入境检疫手续，经海关准许，方可入境。接受入境检疫的邮轮，在检疫完成以前，未经海关许可，不准上下人员，不准装卸货物、行李、邮包等物品。入境邮轮应当按照规定悬挂检疫信号，在指定地点等候检疫。在海关签发入境检疫证书或者通知检疫完毕之前，不得解除检疫信号。检验检疫人员登轮检疫时，邮轮负责人或者其代理人应当配合开展工作。

海关工作人员对入境邮轮实施的检疫查验内容包括：（1）在登轮前，检查邮轮是否悬挂检疫信号；（2）核查《船舶免于卫生控制措施证书/船舶卫生控制措施证书》、食品从业人员健康证明、来自黄热病疫区交通工具上船员和旅客的预防接种证书；（3）检查邮轮医疗设施、航海日志、医疗日志，询问船员、旅客的健康监测情况，可以要求邮轮运营方或者其代理人签字确认；（4）检查食品饮用水安全、医学媒介生物控制、废弃物处置和卫生状况；（5）检查公共卫生安全体系其他相关内容。完成入境检疫后，对未发现染疫的邮轮，检验检疫人员应当立即签发《船舶入境卫生检疫证》。对需要实施检疫处理措施的邮轮，经检疫处理合格后，予以签发《船舶入境检疫证》。邮轮负责人收到《船舶入境卫生检疫证》或者《船舶入境检疫证》，方可解除入境邮轮检疫信号，准予人员上下、货物装卸等。

入境旅客、邮轮员工及其他人员应当接受检疫。入境邮轮在中国境内停留期间，旅客、邮轮员工及其他人员不得将动植物、动植物产品和其他检疫物带离邮轮，需要带离时，应当向口岸海关申报。

出境邮轮在离港前4小时，邮轮负责人或者其代理人应当向出境口岸海关申报邮轮出境检疫信息。海关对出境邮轮实施检疫，未完成检疫事项的邮轮不得出境。出境检疫完毕后，海关工作人员对出境邮轮应当签发《交通工具出境卫生检疫证书》。海关可以根据风险评估情况确定是否实施登轮检疫。对邮轮实施出境检疫完毕后，除引航员和经海关许可的人员外，其他人员不得上下邮轮，不准装卸行李、邮包、货物等物品。违反上述规定，该邮轮必须重新实施出境检疫。出境检疫完毕后超过24小时仍未开航的出境邮轮，应当重新实施出境检疫。

【拓展阅读】

境外非法滞留事件的应急与处理

邮轮出境旅游快速发展，目的地国家对乘邮轮入境的旅游者纷纷免签。免签政策简化了旅游手续同时，也成为一些偷渡者的偷渡途径。邮轮旅游的旅游者在参加上岸观光旅游的时候存在滞留不归的情况。

邮轮出境旅游和其他出境旅游一样，时常有旅游者非法滞留境外的事件。但略有不同的是，邮轮出境旅游受岸上观光的时间限制，且一旦发生旅游者非法滞留境外事件，关联方还有邮轮公司，在处理上需要准确把握政策，及时快速处理。

《旅游法》第十六条规定：出境旅游者不得在境外非法滞留，随团出境的旅游者不得擅自分团、脱团。

《中国公民出国旅游管理办法》第二十二条规定：严禁旅游者在境外滞留不归。旅游者在境外滞留不归的，旅游团队领队应当及时向组团社和中国驻所在国家使领馆报告，组团社应当及时向公安机关和旅游行政部门报告。有关部门处理有关事项时，组团社有义务予以协助。

一、非法滞留事件的发生

（1）有预谋的非法滞留。近年来，随着邮轮旅游的签证政策越来越简便，不少想偷渡境外的不法分子或组织，以游客身份参加邮轮旅游，或以欺骗旅行社的方式，利用旅行社组团组织偷渡人员上船。在邮轮靠港上岸观光时，脱离团队非法滞留。

（2）旅游者上岸观光旅游期间，与旅行社或其他原因发生纠纷，发生纠纷后争议双方在短时间内无法协商解决，旅游者以纠纷没有解决为由拒绝跟随旅行社继续旅游行程，拒绝按照规定的时间返回港口，或返回港口后拒绝上船，涉嫌非法滞留。

（3）旅游者上岸观光期间，因迷路脱离旅游团队，由于各种原因也没能及时联系导游、领队、旅行社，错过了邮轮启航的时间，造成客观上的非法滞留。如某邮轮旅游团队，参加韩国釜山上岸观光旅游，在一大型购物中心自由活动期间，一位70多岁的老年男性游客，独自一人离开家属和团队，离开购物中心，在购物中心周边的马路上闲逛，走着走着就迷路了。老人不懂外语无法与人沟通，没带手机也无法联系家人、导游和旅行社，老人十分着急，在街上走来走去，而旅游团队在购物中心集合团队准备回船时，怎么也找不到这个老年游客，家属们急得大哭，互相之间埋怨没有照顾好老人。旅行社派了多人在购物中心上上下下地寻找，购物中心用中文广播寻人也没找到。眼看离邮轮启航时间越来越近，团队只能先行返回邮轮码头。

二、非法滞留事件的预防与应急处理

（1）旅行社在招揽客人的时候，要认真做好旅游者参团资料的收集和审核工作。关注来自重点防控地区的游客。

（2）旅行社要在邮轮旅游合同、产品说明会上，明确告知旅游者，参加邮轮旅游的上岸旅游观光一定要增强时间观念，严格遵守集合时间。要将停靠港上岸观光旅游的接待旅行社名称和联系方式告知旅游者并制作成方便携带的卡片，告知旅游者在参加上岸观光的时候，一定要带好卡片，一旦迷路且无法自行联系导游和领队时，可以找到当地的警察、商店工作人员、过路当地人求助，提供卡片上的信息，请求帮助联系导游或旅行社。

（3）领队要关注旅游者的动态，发现可疑情况要及时向旅行社和邮轮公司汇报。对有以下特征的人要特别注意：如只携带少量行李或仅有一个双肩包；沉默寡言，很少与团队中其他旅客交流，对旅游景点没兴趣；持有资料页信息均为本人的多本护照；在邮轮航行期间几乎不出房门也没有任何消费记录；对岸上游项目中的自由活动时间安排特别关注，对其他项目没有兴趣等。

（4）配合边检、邮轮公司做好预防非法滞留的相关工作。

（5）旅游者随团参加上岸观光，在旅游景点、购物场所脱离团队，集合时迟迟不归的，且同行者同时不归的，导游和领队要马上寻找。当景点、购物场所寻找无果，超过集合时间15分钟后，旅游者仍然不归的，要向组团社、邮轮公司报告，地接导游要马上向地接社报告。邮轮公司的相关部门马上启动应急预案，根据不归旅游者的相关信息，进行寻找。根据《中国公民出国旅游管理办法》规定，发现旅游者滞留不归的，旅游团队领队应当及时向组团社和中国驻所在国家使领馆报告，组团社应当及时向公安机关和旅游行政部门报告。有关部门处理有关事项时，组团社有义务予以协助。

（6）发生旅游者因纠纷与旅行社、旅游者，或其他人员争执争吵，在境外拒绝登车返回港口或到了邮轮码头拒绝登船的，要积极宣传相关规定、进行劝导，引导旅游者依法维权，如果旅游者不听劝阻，已经涉嫌非法滞留，导游应立即报告地接社，领队立即报告组团社和邮轮公司，当地旅行社或导游可报警寻求帮助，制止非法滞留的发生。

资料来源：刘老师课堂 2020-05-07.

【复习思考题】

1. 美洲、亚太地区、欧盟以及国际邮轮组织主要有哪些邮轮政策与法规？

2. 目前国际和国内有哪些防止船舶污染海洋环境的法规？这些法规对促进邮轮产业发展有何意义？

3. 一个国家的邮轮旅游立法体系由哪些部分组成？

4. 我国邮轮旅游合同有哪些类型？主要涉及哪些法律？

5. 根据《出入境邮轮检疫管理办法》，我国海关工作人员对入境邮轮实施的检疫查验内容包括哪些？

【推荐阅读】

［1］玄园园.我国邮轮旅游法律适用问题研究［D］.青岛：青岛大学，2021.

［2］黄晶，郑劼屹.论邮轮公司对旅客的民事法律责任［J］.武汉交通职业学院学报，2020，22（4）：70-75.

［3］徐房茹.涉外邮轮旅客人身损害赔偿案件法律适用分析：中美比较法视角［J］.中山大学青年法律评论，2020（0）：280-298.

［4］陈琦.邮轮旅游经营者法律定位分歧的破解：以《旅游法》《海商法》的制度冲突为视角［J］.法学，2020（6）：141-156.

［5］俞佳琦.邮轮旅游中邮轮公司的民事法律地位与责任研究［D］.大连：大连海事大学，2020.

［6］张舒婷.邮轮旅客海上人身损害赔偿责任研究［D］.大连：大连海事大学，2020.

参考文献

［1］叶欣梁，孙瑞红，梅俊青．邮轮概论［M］.2版.大连：大连海事大学出版社，2019.

［2］刘艳．邮轮运营管理［M］.北京：化学工业出版社，2018.

［3］"上海国际邮轮旅游人才培训基地"教材编委会．国际邮轮产品运营和服务规范［M］.北京：中国旅游出版社，2017.

［4］龙京红，刘利娜．邮轮运营与管理［M］.北京：中国旅游出版社，2015.

［5］甘胜军，孙玉琴．邮轮运营管理［M］.北京：旅游教育出版社，2021.

［6］张颖超，亓元．邮轮旅游业概论［M］.哈尔滨：哈尔滨工程大学出版社，2020.

［7］黄丽华，邢淑慧，魏亚平．邮轮概论［M］.青岛：中国海洋大学出版社，2018.

［8］李肖楠，徐文苑．邮轮前厅服务与管理［M］.北京：化学工业出版社，2017.

［9］钱茜露．邮轮乘务对客服务［M］.上海：上海浦江教育出版社，2016.

［10］倪望清，胡志国．国际邮轮服务与管理［M］.天津：天津大学出版社，2014.

［11］林增学，胡顺利．邮轮客舱服务管理［M］.大连：大连海事大学出版社，2015.

［12］丁陈娟，覃雪梅．中国高等院校邮轮人才培养联盟．邮轮餐饮服务管理［M］.大连：大连海事大学出版社，2015.

［13］柴勤芳，崔慧玲．中国高等院校邮轮人才培养联盟．邮轮休闲娱乐服务管理［M］.大连：大连海事大学出版社，2016.

［14］孙晓东，林冰洁．中国邮轮产业有形之手：政策创新与产业演化［J］.旅游科学，2021，35（6）：67-91.

［15］王丽，齐林恺，邱羚．我国邮轮港口综合竞争力提升研究［J］.中国水运，2021（7）：21-23.

［16］孙晓东，林冰洁．谁主沉浮？全球邮轮航线网络结构及区域差异研究［J］.旅游学刊，2020，35（11）：115-128.

［17］魏鋆依．广西出台意见支持北海建设国际化邮轮港口［N］.中国水运报，2021-09-24（002）.

［18］姜宏丽，李晋玉，马莹，等．我国邮轮母港航线现状调查及拓展研究［J］.广西质量监督导报，2020（3）：152-153.

［19］智路平.基于主体类别分析的邮轮航线规划布局影响要素研究［J］.中国水运，2020（1）：60-61.

［20］刘艳.邮轮旅游市场营销［M］.2版.大连：大连海事大学出版社，2020.

［21］赵序.国际邮轮服务与管理［M］.北京：旅游教育出版社，2017.

［22］唐由庆.邮轮实务［M］.北京：高等教育出版社，2012.

［23］王梓安.茶文化背景下邮轮旅游饮品的创新与发展［J］.产业与科技论坛，2022，21（1）：16-17.

［24］李珊英.基于网络文本分析的邮轮产品感知形象研究［J］.旅游纵览，2021（12）：36-39.

［25］李珊英.基于网络文本的邮轮旅游吸引力提升研究［J］.旅游纵览，2021（22）：35-37，41.

［26］李瑞雪.产品属性视角下中国邮轮旅游顾客价值影响机制研究［D］.青岛：青岛大学，2021.

［27］衣博文，史达.文化适应与文化认同：基于中国邮轮游客的行为研究［J］.云南民族大学学报（哲学社会科学版），2021，38（2）：19-29.

［28］张萍.去季节性影响的邮轮产品设计与开发：以近海邮轮为视角［J］.旅游纵览，2021（1）：145-147.

［29］伊莱亚斯·卡拉基索斯，兰布罗斯·瓦纳维兹.宏观航运经济学［M］.金海，等译.上海：上海人民出版社，2020.

［30］陈刚.市场营销学［M］.南京：南京大学出版社，2017.

［31］李小年.亚洲邮轮旅游协同创新发展研究［M］.上海：上海社会科学院出版社，2020.

［32］黄安民.酒店康乐服务与管理［M］.重庆：重庆大学出版社，2016.

［33］程瑞芳.旅游经济学［M］.重庆：重庆大学出版社，2018.

［34］孙晓东，冯学钢.中国邮轮旅游产业：研究现状与展望［J］.旅游学刊，2012（2）：101-112.

［35］张言庆，马波，范英杰.邮轮旅游产业经济特征、发展趋势及对中国的启示［J］.北京第二外国语学院学报，2010（7）：26-33.

［36］程爵浩，高欣.全球邮轮旅游市场发展研究［J］.世界海运，2004，27（4）：25-27.

［37］龙京红，刘利娜.邮轮娱乐服务与管理［M］.2版.北京：中国旅游出版社，2021.

［38］马魁君.邮轮旅游地理［M］.大连：大连海事大学出版社，2016.

［39］程丛喜.国际邮轮旅游地理［M］.武汉：华中科技大学出版社，2018.

［40］孟宪军，赵玲.邮轮旅游政策法规概论［M］.大连：大连海事大学出版社，2015.

［41］闫国东.邮轮安全与救生［M］.北京：清华大学出版社，2017.

［42］孙思琪.邮轮旅游法律要论［M］.北京：法律出版社，2018.

［43］戴慧.邮轮旅游业法律基础及案例分析［M］.大连：大连海事大学出版社，2020.

［44］闻银玲.我国国际邮轮旅游法律问题研究［M］.北京：中国旅游出版社，2020.

［45］玄园园.我国邮轮旅游法律适用问题研究［D］.青岛：青岛大学，2021.

［46］黄美春.国际邮轮旅游合同法律适用研究［D］.上海：华东政法大学，2021.

［47］范硕.我国邮轮船供法律与政策研究［D］.大连：大连海洋大学，2020.